# Auf den Ebenen mit Custer

Das westliche Leben und die Taten des Häuptlings mit dem gelben Haar, unter dem der junge Bugler Ned Fletcher diente, als in den unruhigen Jahren 1866–1876 die kämpfende Siebte Kavallerie dazu beitrug, die Pioniere Kansas, Nebraska und Dakota für White zu gewinnen Zivilisation und heutiger Frieden

Edwin L. Sabin

Writat

Diese Ausgabe erschien im Jahr 2023

ISBN: 9789359255712

Herausgegeben von
Writat
E-Mail: info@writat.com

# Inhalt

# VORWORT

Dies ist eine Geschichte von Ned Fletcher und der Siebten regulären Kavallerie der US-Armee, als sie dem gelbhaarigen General Custer in die westlichen Ebenen folgten. Doch es ist nicht alles eine Kampfgeschichte; Denn ein guter Soldat zu sein bedeutet nicht, dass man nur dienen muss, um zu kämpfen. Tatsächlich gibt es auch andere würdige Schlachten als die mit Blei und Stahl, Pferd und Fuß. Jeder ernsthafte Bürger ist ein guter Soldat. General Custer war im Frieden ebenso großartig wie im Krieg; zu Hause wie auf dem Feld, und er liebte seine häuslichen Pflichten genauso sehr wie seine anderen Pflichten, was ein Zeichen eines wahren Mannes ist.

General Custer ist heute real. Es leben Männer und Frauen, die mit ihm marschierten. Was Ned Fletcher betrifft, wer mag das sagen? Ein kleines Mädchen namens Fletcher wurde von Cheyennes und Sioux gefangen genommen, ebenso wie Neds Schwester. und Chief Cut Nose nannte sie „Little Silver Hair". General Custer hätte sie gerettet, wie offizielle Aufzeichnungen zeigen. Im Dorf Cheyenne am Washita wurden zwei kleine Kinder gefunden. In der Schlacht hier wurde ein Hornistenjunge verwundet, genau wie Ned. Ja, und in Fort Wallace wurde ein kleiner Hornistenjunge getötet. Diese Jungen dienten also in der alten Siebten Kavallerie unter General Custer. Als tapferer Junge hätte Ned dort gewesen sein können, wenn auch unter einem anderen Namen.

General Custer hat seine eigene Geschichte seiner Tage in Kansas und Nebraska hinterlassen. Es liegt vor mir. Mrs. Custer, seine Kameradin aus Garnison, Lager und Marsch, hat mehrere Bücher über ihn geschrieben. Sie liegen vor mir. Es gibt eine Biografie eines gewissen Captain Whittaker, die am Ende der letzten Schlacht vor fast vierzig Jahren geschrieben wurde. Bei ihrem Feldzug gegen die Cheyennes und die Kiowas begleitete General Sheridan und General Custer einen Zeitungsreporter, Randolph Keim, der auch ein Buch schrieb. Es gab Kapitel in anderen Büchern, Zeitschriften und Broschüren aus längst vergangenen Zeiten; und wie gesagt, es sind jetzt Männer und Frauen am Leben, die den General kannten. Von all diesen sollten weitere Informationen eingeholt werden. Keine einzige Feder kann etwas so Schönes beschreiben wie einen Mann.

Dieses Buch muss also von dem Custer erzählen, den Ned, der Junge und der Jugendliche, sah; und von den Angelegenheiten, an denen er während des letzten Kampfes teilnahm, als die weiße Rasse die rote Rasse in den Ebenen im Norden und Süden verdrängen würde. In der Erzählung dieser Jahre habe ich versucht zu zeigen, wie sich die weiße und die rote Rasse fühlten; denn jeder hatte sein Recht und sein Unrecht, und jeder tat Gutes und Unrechtes. Das Ergebnis war das allgemeine Wohl, dass die Kirche und das Schulhaus entstehen und die Menschen in Frieden arbeiten und spielen könnten, wo früher nur die unproduktiven Versteckhütten standen und der Hauptgedanke Krieg und Plünderung war.

EDWIN L. SABIN.

Coronado, Kalifornien, 1. Juni 1913.

# ZEITTAFEL

## GEORGE ARMSTRONG CUSTER

Berühmter amerikanischer Soldat und Kavallerieführer im Bürgerkrieg und auf Indianerfeldzügen danach. Ein treuer Bürger, ein zärtlicher Sohn, ein hingebungsvoller Ehemann. Familienname „Autie"; sonst Armstrong genannt; von Kriegsberichterstattern als „der Generaljunge" bezeichnet; von den Soldaten mit den Spitznamen „Old Curly" und „Jack"; Von den Indianern wird es „das gelbe Haar", „das lange Haar" oder vollständig „weißer Häuptling mit dem langen gelben Haar" genannt.

Geboren am 5. Dezember 1839 in New Rumley, Ohio.

Vater: Emmanuel H. Custer aus Maryland.

Mutter: Maria Ward Kirkpatrick aus Pennsylvania.

Verbrachte seine Kindheit in New Rumley, auf der Farm und bei seiner Schwester in Monroe, Michigan.

Ausbildung in New Rumley, an der Stebbins Academy (Monroe) und am Monroe „Seminary" sowie an der Hopedale, Ohio, Normal School.

1857 an die Militärakademie West Point berufen.

Letzter Absolvent seiner Klasse, 1861.

Zugewiesen als Zweiter Leutnant, G-Kompanie, Zweite Kavallerie der Vereinigten Staaten.

Drei Tage nachdem er West Point verlassen hatte, meldet er sich am Morgen der Schlacht von Bull Run zum Dienst bei der Armee von General McDowell.

Bald wurde er zum Adjutanten und stellvertretenden Generaladjutanten im Stab von General Philip Kearny ernannt.

Zweiter Leutnant der Fünften Kavallerie der Vereinigten Staaten, 1862, unter General Stoneman.

Dient kurzzeitig bei den Topographical Engineers, 1862.

Ernennung zum Adjutanten im Stab von General McClellan im Juni 1862 im Rang eines Hauptmanns.

Nach McClellans Absetzung wird er zum Oberleutnant der Fünften Kavallerie ernannt.

Auf Wartebefehl wirbt er im Winter 1862/63 in Monroe um seine zukünftige Frau Elizabeth Bacon und gewinnt sie.

Meldet sich zum Dienst als Oberleutnant bei der M-Kompanie, Fünfte Kavallerie, Potomac-Armee, April 1863.

Ernennung zum Adjutanten von General Pleasanton, Kommandeur der Ersten Division des Kavalleriekorps der Potomac-Armee.

Juni 1863, im Alter von 23 Jahren, zum Brigadegeneral der Freiwilligen ernannt, Kommandeur der Zweiten Brigade (der „Michigan"-Brigade), der Dritten Division des Kavalleriekorps unter General Kilpatrick, und zeichnet sich in der Schlacht von Gettysburg aus. „Der Generaljunge mit den goldenen Locken."

Im September 1863 in Culpepper leicht verwundet.

Verheiratet am 4. Februar 1864 in Monroe, Michigan, mit Elizabeth Bacon, der Tochter von Richter Daniel S. Bacon, und nimmt seine Braut mit ins Brigadehauptquartier.

Sheridan, der neue Kavalleriekommandant, erhält den Vormarsch bei den verschiedenen Überfällen.

Übertragen auf das Kommando der Zweiten Kavalleriedivision und schließlich im September 1864 auf das Kommando der Dritten Division.

Im Oktober 1864 wird er im Alter von 25 Jahren zum Generalmajor der Freiwilligen für Tapferkeit ernannt. Der Jüngste in der Armee.

Führt weiterhin die dritte Division der Kavallerie an, die durch ihre Disziplin, ihren Mut und die langen Haare, Kavalierhüte und fliegenden roten Krawatten ihrer Männer auffällt, die der bekannten Custer-Tracht nachempfunden sind.

Elf Pferde werden unter ihm im Kampf erschossen. In sechs Monaten erbeutet seine Division 111 Feldartilleriegeschütze, 65 Kampfflaggen und 10.000 Gefangene, darunter sieben Generäle. Es verliert keine Flagge oder Waffe und erleidet keine Niederlage.

Am 9. April 1865 erhält er die Waffenstillstandsfahne mit der ersten Nachricht, dass General Lee über eine Kapitulation nachdenkt. So hat sich „der Boy General" von Bull Run bis Appomattox durchgekämpft.

Am Ende des Krieges wird eine Kavalleriedivision nach Texas beordert.

Bietet das Kommando über die Kavallerie der Armee von General Juarez, Mexiko, im Konflikt mit Kaiser Maximilian an; aber vom Kongress ist die Annahme nicht gestattet.

Im Jahr 1866 wurde er zum Generalmajor der regulären Armee für Kriegsdienste ernannt.

Im Oktober 1866 wurde er zum Oberstleutnant zum Kommandeur der Siebten Kavallerie der Vereinigten Staaten ernannt und nach Fort Riley, Kansas, beordert.

Fünf Dienstjahre, 1866–71, in den Ebenen von Kansas, Nebraska, Colorado und dem Indianerterritorium, was zur Unterwerfung der Kiowas, Arapahos, Cheyennes, Comanchen und Apachen in diesem Bezirk führte.

Von 1871 bis 1873 mit seinem Regiment in Kentucky stationiert.

Im Frühjahr 1873 befahl er mit seinem Regiment nach Fort Rice, Dakota, für Operationen bei den Sioux. Besetzt den neuen Posten von Fort Lincoln.

Beteiligt sich an Kampagnen entlang des Yellowstone River und erkundet und nutzt die Black Hills aus.

25. Juni 1876, 37 Jahre alt, getötet mit fünf Kompanien seiner Kavallerie, von denen nur ein Mann, ein Crow-Scout, entkommt, in der Schlacht am Little Big Horn, Montana, mit 3000 Sioux.

# Ich
## bin ein Waif in der Prärie

In alle Richtungen erstreckte sich das einsame braune Prärieland im Norden von Zentral-Kansas im Jahr 1866. Von Horizont zu Horizont war kein Haus irgendeiner Art zu sehen, noch nicht einmal ein Baum außer niedrigen Weidenreihen und gelegentlichen Pappeln, die den Lauf der Bäche markierten . Der blassblaue Himmel Ende November neigte sich sanft, die stetige Brise der Ebene ließ das getrocknete Unkraut und den sonnengetrockneten Teppich aus Büffelgras rascheln; und Ned Fletcher, der müde dahintrottete, hatte das Gefühl, ein sehr kleiner Junge in einer sehr großen Welt zu sein.

Allerdings hatte er keine Angst vor der Größe; Und als er so schnell er konnte eilte, sein Ohr auf die sich sonnenden Klapperschlangen achtete und sein Auge auf eine riesige Büffelherde weit im Nordosten richtete, war er ziemlich froh über die Einsamkeit. Sich bewegende Gegenstände, zu Pferd, könnten Indianer bedeuten, und Indianer wollte er nicht. Ah nein, nein, nein.

Ned war barhäuptig, sein Haar war lang und verfilzt, als müsste es geschnitten und gekämmt werden. Aber wer hatte es in den Indianerlagern gegeben, einem weißen Gefangenen die Haare zu schneiden oder zu kämmen? An seinem Körper trug er ein zerfetztes Stück fleckiger Decke, sein Kopf steckte durch einen Schlitz. Ein Fuß war mit einem alten Mokassin ausgestattet, dem ein Teil der Sohle fehlte; der andere Fuß hatte nichts. Während er eilig ging, hinkte er.

Wo er war, wusste er nicht. Er glaubte, er sei immer noch in Kansas, obwohl ein Teil dieses flachen Prärielandes einem anderen sehr ähnlich sah. Seit seiner Flucht vor den Sioux hatte er versucht, direkt nach Osten zu reisen; aber er war krumme Bachbetten hinuntergeschlichen und hatte ein wenig geschlafen, und jetzt konnte er nicht genau sagen, wo er sein könnte oder wie weit er gekommen sein mochte.

Irgendwo zuvor befanden sich die Siedlungen an der Kansas-Grenze, von der aus die Kansas Pacific Railroad nach Westen nach Denver fuhr. Im Norden verlief der Auswandererweg Republican Fork nach Denver und im Süden der Smoky Hill Trail. Mit diesen und den abgelegenen Ranches und Weilern, auf die man möglicherweise stoßen würde, kam es Ned tatsächlich so vor, als würde er durch alle Mittel gerettet werden, wenn er nur weitermachte.

Plötzlich blieb er mit erhobenem lahmen Fuß stehen und spähte. Er war bereit, wie ein Präriehund oder ein anderes scheues Wildtier zu verschwinden. Das war es, was ihn beunruhigte: Die grasende Büffelherde, die einem großen Stück schwarzer Stachelbeersträucher ähnelte, war auseinandergebrochen und auf der Flucht!

Wie jeder im fernen Westen wusste oder wissen sollte, waren rennende Büffel verängstigte Büffel; und die Frage wäre natürlich: „Was hat ihnen Angst gemacht – weiße Jäger oder indianische Jäger?" Von der Antwort könnte vieles abhängen, sogar das Leben.

Neds Herz hämmerte in seiner knochigen Brust unter der dünnen Decke, und er sah sich nach einem Versteck um.

Das Bachbett war zu weit; die Erde ringsum war flach und sandig und kahl; Aber in der Nähe befand sich eine seltsame kreisförmige Mulde, die wie ein Grübchen in der braunen Fläche der Prärie aussah. Ned duckte sich und flog davon, stürzte sich darauf und stürzte sich hinein.

Das war ein Büffelsuhlen. Am Anfang hatte ein alter Büffelbulle, geplagt von Fliegen, mit den Pfoten und Hörnern den Rasen an einer Schwachstelle in der Prärie aufgewühlt, und dort hatte er eine gute Fahrt hingelegt. Andere Büffelbullen waren ihm gefolgt und hatten das Loch vergrößert, während sie ihr Schlammbad genossen. Jetzt, Ende November, war die Suhle trocken, aber sie war zwei Fuß tief und fünfzehn Fuß breit.

Ned lag dicht hinter der schrägen Kante der Suhle und spähte hinüber. Er war ein tapferer Junge, aber er zitterte vor Aufregung. Sollte er, nachdem er entkommen war, so weit gekommen war und sich fast in Kontakt mit Weißen befand, wieder gefangen genommen werden? Er konnte es nicht ertragen – nein, er konnte es nicht ertragen, es sei denn, er musste es. Wenn es sein muss, können Menschen viel aushalten.

Die Büffel wurden immer größer und donnerten in ihrem eigentümlichen, rasanten Galopp heran. Es waren mehrere Tausend; der Schlag ihrer Hufe verschmolz zu einem dumpfen Brüllen; Über ihrem Strom schwarzer Rücken schwebte eine gelbe Staubwolke.

Ned blickte ängstlich an ihnen vorbei und suchte nach den Jägern. Er glaubte, sie zu sehen – einige Reiter, die im Staub verschleiert waren, während sie so wütend verfolgten. Waren es weiße oder rote Reiter? Dann sah er zu seiner Erleichterung, dass der Kurs der hin und her treibenden Herde über sein Suhlen hinaus und nicht darüber hinaus verlief. Er würde sowieso nicht zu Tode getrampelt werden; und vielleicht würde man ihn nicht sehen. Und dann sah er, dass sich ein einzelner Büffel von der fliegenden Herde getrennt hatte und dass sich ein einzelner Reiter mit ihm zusammengetan hatte, um ihn niederzureiten. *Sie* waren fast direkt auf dem Weg zum Suhlen.

Ned drückte sich so flach wie eine gehörnte Kröte oder eine Eidechse und sah regungslos zu. Er wagte nicht, den Kopf zu bewegen, er wagte kaum zu atmen. Wie er wusste, hatten Indianer sehr scharfe Augen für jede Bewegung auf der Bodenoberfläche.

Der Büffel lief galant – den Kopf gesenkt, den Schwanz gekrümmt, die schweren Vorderbeine wurden von den leichten Hinterbeinen angetrieben. In seinem Rücken verfolgte der Jäger. Ned spähte durch einen Vorhang aus Unkraut und richtete seinen Blick auf ihn, um ihn zu lesen. Er trug einen Hut; Gut! Er trug ein Hemd oder einen Mantel; ziemlich gut! Er hielt einen Revolver in der Hand; sehr gut! Er ritt wie ein weißer Mann; Hurra!

Mit erneutem Herzklopfen wartete Ned noch eine Minute, um sich zu vergewissern.

Wie der Büffel lief! Wie der Jäger ritt! Es war ein großer Büffelbulle. Ned konnte seinen zottigen Kopf sehen, der einem Löwen ähnelte; es war ihm, als könnte er seine Zunge sehen, wie sie schaumig und rot herabhing; Er konnte fast seine funkelnden Augäpfel sehen und seinen keuchenden Atem hören. Der Reiter – ja, er war weiß! – beugte sich vor und hob seinen langbeinigen Braunen zum Rennen. Seine rechte Hand hielt einen schweren Revolver hoch, seine linke Hand umfasste die lose gezogenen Zügel; sein breitkrempiger Hut flatterte im Wind, den er machte; sein Haar, gelb und locker, fiel nach hinten. Er gab ein wildes, jubelndes Hallo von sich, und sein Pferd, das mit einem Satz nach dem anderen länger wurde, fraß den Raum förmlich in Richtung des mühsamen, schwerfälligen Wildes. Dazu brauchte es ein schnelles Pferd; aber der Büffel war verwundet, denn jetzt tropfte von seiner roten Zunge etwas noch Rötlicheres.

Ned war gerade zu dem Schluss gekommen, dass der Jäger ein Soldat sein musste, denn die Nähte seiner Hose, die zwischen Stiefelschaft und Hemd oder Mantel sichtbar waren, trugen breite Streifen, als ihm auch klar wurde, dass diese Jagd, wie der Rest der Jagd, an ihm vorbeiging Suhle; und dass er nicht gesehen werden würde, wenn er sich nicht zu erkennen geben würde. Noch eine Minute, und Büffel und Reiter würden vorbei sein, und die Wahrscheinlichkeit, dass sie jemals ein so kleines Ding wie ihn hinter sich bemerken würden, war gering. Mit einem Sprung stürzte Ned heraus; Mit den Armen wedelnd und rufend rannte er durch die Prärie.

Seine Gedanken und Augen waren auf den Reiter gerichtet – diesen weißen Reiter. Er war jetzt ohne Rücksicht auf den Büffel – aber der Büffel erwies sich als nicht ohne Rücksicht auf ihn. Direkt auf dem Weg der weiteren wilden Verfolgungsjagd ging Ned winkend und schreiend; und der Büffel stürmte augenblicklich auf ihn zu, indem er in scharfer Tangente abbog. Der kleine Schwanz des Büffels schnellte halb gespannt nach oben, sein zottiger

Kopf senkte sich tiefer und er machte einen wilden Ausfallschritt auf etwas, von dem er glaubte, es sei ein neuer Feind.

Ned hielt nicht zum Verhandeln inne. Ein wütender Büffelbulle, der auf Hochtouren läuft, hört nicht zu, wenn er redet, und die Tatsache, dass Ned nur ein Junge war, machte für diesen großen Kerl keinen Unterschied. Mit einem Seitwärtssprung wich Ned aus, drehte sich um und machte sich wieder auf den Weg, sich zu suhlen.

Das schien das Richtige zu sein. Jetzt vergaß er den Reiter und dachte an den Büffel. Er hatte wenig Hoffnung, ihn zu besiegen, denn ein Büffel kann so schnell rennen wie ein gewöhnliches Pferd, und dieser Büffel war sehr wütend. Ned stellte sich vor, dass der heiße Atem des großen Tieres seinen Rücken verbrannte – dass die harten, stumpfen Hörner ihn dort streiften; seine Beine waren schwach und seine Füße schwer; Während er rannte, warf er einen nervösen Blick hinter sich, stolperte und fiel Hals über Kopf zu Boden. Wenn er aufhören sollte zu rollen, was dann?

Er blieb stehen, suchte nach seinen Füßen und blickte schnell auf Hände und Knie, bevor er aufstehen sollte. Seine nächsten Bewegungen hingen vom Büffel ab. Der Büffel war wie überrascht stehen geblieben. Er ragte fast in die Höhe, so riesig, dass er stand; Er musterte Ned, sein verfilzter Buckel hoch, sein bärtiger, haariger Kopf wieder gesenkt, von seiner Zunge tropfte purpurner Schaum, seine rotgestreiften Augäpfel ragten zwischen seinen verfilzten Locken hervor, seine Kehle grollte, seine Vorderhufe schleuderten trotzig den Dreck. Sobald er ein wenig darüber diskutieren konnte, was seinen neuen Feind verärgert hatte, würde er erneut angreifen.

Ned, der auf Händen und Knien hockte, starrte den Büffel an; Der Büffel starrte Ned rumpelnd, scharrend und blutend an.

Aber der Reiter – der Reiter! Mit schnellem Hufschlag galoppierte er. „Bleib unten, Junge! Bleib unten!" schrie er mit klarer, klingender Stimme. Ned vergaß nie, wie er aussah, als er mit leuchtend gelbem Haar, das wehte, die purpurroten Krawattenenden an seinem Hals flatterten, die Krempe seines schwarzen Hutes aufgeweitet war, die großen blauen Augen in seinem gebräunten, schnurrbärtigen Gesicht strahlten, das Zaumzeug frei und der Revolver im Anschlag, wie ein Wirbelsturm, an dem er vorbeizog Das große Tier schoss dabei, <u>und als er nun mit voller Geschwindigkeit auch Ned passierte, beugte er sich nach Indianerart vor</u>, packte Ned unter den Armen und hob ihn mit kräftigem Schwung bis zum Sattel.

Einen Augenblick lang raste das Pferd, während Ned so neben ihm hing, weiter. Als Reaktion auf einen energischen Befehl und einen Zug der behandschuhten Hand, die sowohl den Revolver als auch die Leinen hielt, drehte er sich um und blieb stehen. Schwindelerregend blickte Ned vor sich hin und klammerte sich verzweifelt an die Wildledertaille. Der große Bulle lag auf dem Boden und trat schwach mit dem Leisten. Ned blickte auf, in ein Gesicht, das nach unten blickte. Es war ein hübsches, männliches Gesicht; schlank und tief gebräunt, mit sonnenblauen Augen, breiter hoher Stirn, gerader Nase, wallendem gelbbraunem Schnurrbart, festem, gespaltenem Kinn, alles unter einem großen schwarzen Schlapphut mit weicher Krempe, unter dem das leuchtend gelbe Haar in langen, lockigen Wellen nach unten fiel Hemdkragen. Dieser Hemdkragen war großzügig und rollend, aus blauem Flanell mit einem weißen Stern an beiden Punkten vorne. Unter dem Kragen lag eine lange, weiche Krawatte aus purpurner Seide, deren Enden locker geknotet waren und über einen mit Fransen besetzten Wildledermantel herabhingen. Zwischen dem Mantelrock und den Oberteilen der Reitstiefel befanden sich staubige, armeeblaue Hosen mit breiten gelben Streifen an den Nähten. Alles in allem war er für Neds schnelles und fragendes Auge ein äußerst attraktiver und bemerkenswerter Mensch.

Während Ned nach unten schaute, lächelte er herzlich und sagte:

„Nun, wir haben den Büffel erwischt, bevor er dich erwischt hat, nicht wahr? Mal sehen."

Mit einem „Whoa, Phil! Jetzt ruhig!" zum Pferd, er ließ Ned vorsichtig herab und setzte ihn wieder auf den Boden; Dann schwang er sich mühelos ab, stieg ab, ließ das Pferd stehen und näherte sich mit schussbereitem Revolver dem Büffel. Aber der Büffel war tot.

„In Ordnung", rief er Ned zu, der ihn besorgt beobachtete. "Hurra! Er ist ein großer Kerl, nicht wahr? Und da kommen die Hunde! Hallo!" und er hob ein Kuhhorn aus der Schlinge und blies einen mitreißenden, ausgelassenen Ton. „Pass auf, wie sie es machen! Diesmal war ihnen das Tempo zu heiß. Nun", sprach er direkter zu Ned, „komm her und erzähl mir etwas über dich." Du bist ein weißer Junge, nicht wahr? Mein Name ist Custer – Autie Custer; welches ist deines?"

„Ned Fletcher", stockte Ned. „Ich bin ein weißer Junge, aber ich war bei den Indianern gefangen. Jetzt flüchte ich. Sie – Sie sind ein Offizier der Armee, schätze ich."

"Was bringt dich dazu, so zu denken?" Die Frage war schnell und klar – mit funkelnden blauen Augen dahinter.

Ned zögerte. Sein Blick wanderte zu den schwärzlichen Flecken, bei denen es sich angeblich um Hunde handelte, die sich rasch über die Prärie näherten; und kehrte zu dieser geraden, geschmeidigen, breitschultrigen Gestalt zurück, die so faszinierend in Gesicht, Form und Kleidung dastand. Ned konnte nicht genau sagen, warum, aber er hatte das Gefühl, dass dieser Mann durch und durch ein Soldat und ein Anführer war. Wenn er kein Offizier war, sollte er es auf jeden Fall sein. Also riskierte Ned:

„Bei diesen Streifen – und du hast Sterne auf deinem Hemdkragen."

Die blauen Augen funkelten fröhlich.

„Oh, diese Sterne zählen nichts. Das ist ein Matrosenhemd. Und vielleicht habe ich die Hose gestohlen. Meine Frau nennt mich „Autie", die Männer nennen mich „Jack", aber hin und wieder nennt mich jemand „Colonel", also bin ich wohl doch so etwas wie ein Offizier. Aber hier – wenn du ein weißer Junge bist, musst du etwas anhaben. Ist dir nicht kalt? Dir muß kalt sein. Nimm meinen Mantel. Sie sind Gefangene der Indianer, sagen Sie? Wo? Wie ist das passiert? Zieh den Mantel an und sag es mir. Ich werde diesem Büffel die Zunge herausschneiden. Haben Sie jemals die herausgeschnittene Zunge eines Büffels gesehen? Es ist eine ziemliche Arbeit, nicht wahr? Hallo! Hallo, Welpen! (Denn die Hunde kamen.) Runter, Maida! Runter, Flirt! Blücher! Guter Hund, Byron! Wo ist Rover? Oh ja; Ich verstehe. Beeil dich, Rover, sonst kommst du zu spät. Dort! Das wird gehen. Wenn du das nächste Mal mit dem alten Mann auf die Jagd gehst, wirst du deinen Wind für den Endspurt aufheben, nicht wahr?"

Die Hunde waren prächtige Tiere: drei hagere, rauhaarige Hirschhunde, ein Hirschhund, ein oder zwei Fuchshunde. Sie kamen keuchend und eifrig herein, jammerten und tobten und schnüffelten nach rechts und links. Colonel Custer kniete nieder, zog sein Jagdmesser hervor, öffnete das Maul des toten Bullen und hieb auf die dicke Zunge ein.

Ned wollte den Wildledermantel nicht anziehen, aber es war ihm befohlen worden, also tat er es und ließ die zerlumpte Decke fallen. Der Mantel bedeckte ihn fast. Während die Hunde ihn beschnüffelten und noch immer Aufregung herrschte, beantwortete er die Fragen.

„Die Hundesoldaten haben meinen Vater getötet, die Ranch niedergebrannt und meine Mutter, meine Schwester und mich mitgenommen. Meine Mutter ist tot – sie musste zu hart arbeiten (und Ned verschluckte sich), und ich weiß nicht, wo meine Schwester ist, aber ich werde sie finden."

„Wo war die Ranch?"

„Auf dem Bijou in Colorado."

"Wie lange her?"

"Ungefähr ein Jahr. Ich wurde an die Sioux verkauft. Aber als ich die Gelegenheit dazu hatte, bin ich weggelaufen."

„Aus ihrem Dorf?"

"Nein Sir; auf dem Marsch."

„Wer waren die Häuptlinge?"

„Der Sioux-Häuptling war Pawnee Killer und der Cheyenne-Häuptling war Cut Nose. Ich bin vor Pawnee Killer weggelaufen. Ich glaube, meine Schwester ist mit den alten Cheyennes von Cut Nose unterwegs.

„Wo willst du hin, mein Junge?"

„Überall, damit ich meine Schwester finde."

"In Ordnung." Colonel Custer hatte die Zunge herausgeschnitten. Jetzt wischte er sein Messer an der Wolle des Büffels ab und stand auf. „Wir bringen dich zuerst zurück zu Riley. Dort lebe ich – Fort Riley. Es ist nicht weit; eine Tagesfahrt. Wir sind auf einer kleinen Erkundungstour. Da kommt jetzt mein Pfleger. Der faule Kerl! Äh, Phil?" und der so angesprochene hübsche Braune spitzte die Ohren. „Zuerst verlassen wir den Pfleger, dann verlassen wir die Hunde, und wir töten einen Büffel und holen einen Jungen ab! Das werden wir der alten Dame sagen, wenn wir zurückkommen."

Dieser gutaussehende, energische Armeeoffizier hatte eine so fröhliche und jungenhafte Ausstrahlung, dass Ned, ein anderer Junge, bereits merkte, dass er ihn liebte.

Jetzt galoppierte der Pfleger heran. Er trug eine Uniformmütze, eine Bluse und eine Hose in der Farbe des regulären Dienstblaus; und dem gelben Zopf und den Chevrons und dem Messinghorn an seiner Schulter nach zu urteilen, war er ein Hornist.

Er kam staubig und rot an, sein Pferd war stark geschädigt; Er zog sich zurück, salutierte und versuchte, nicht anzustarren. Colonel Custer richtete sich sehr aufrecht und militärisch auf, musterte ihn streng und sprach schroff – obwohl Ned sicher war, dass in diesen blauen Augen ein Funkeln zu sehen war.

„Nehmen Sie diesen Jungen vor sich auf, Odell. Wo ist der Rest der Truppe?"

"Jawohl. Wir folgen dem Büffel, Sir."

"Wo bist du gewesen?"

„Ich versuche Sie einzuholen, Sir."

"Oh! Ich verstehe." Und als Colonel Custer sich zu seinem eigenen Pferd umdrehte und die Büffelzunge an den Sattel band, stellte sich Ned nicht nur das Funkeln in den Augen vor, sondern auch ein Lächeln unter dem gelben Schnurrbart.

„Nun, Junge, du sollst mit mir an Bord gehen, sagt der General", sagte Bugler Odell. „Gib mir Halt und ich helfe dir hoch." Aber du solltest deine Beine bedecken. Es ist kalt, verdammt. Benutz jetzt die Decke, ich sehe, da liegt sie."

"NEIN. Ich habe genug", beteuerte Ned und beäugte das Deckenfragment verächtlich. Der schwere Wildledermantel reichte ihm bis unter die Knie, und er war an die kalte Luft gewöhnt.

"Ja; Wickeln Sie dieses Stück Decke um sich, sonst reißen Sie ein Loch durch Odells Sattelröcke", befahl Colonel Custer, während er rittlings auf seinem eigenen Sattel sprang.

„Sie hören, was der General sagt", erinnerte Bugler Odell nüchtern. „Hol die Decke und komm schon."

Ned erkannte also, dass es offensichtlich Brauch war, allen Anweisungen des Mannes mit den gelben Haaren zu gehorchen, hob vorsichtig das Stück der schmutzigen Decke hoch und näherte sich dem Steigbügel des Hornisten. Mit einem Fuß darauf und dem Soldaten, der ihn kräftig zog, saß er schon bald vor dem niedrigen Knauf, wo er die Decke um seine Beine band.

"Bereit?" fragte der Hornist. „Los geht's, und Sie sollten besser durchhalten, denn der General wird nicht warten. Sein Pferd ist ein Tarrer.

"Die allgemeine? Ist er ein General! Er sagte, er sei Oberst", stammelte Ned verblüfft, als sie dem Mann mit den gelben Haaren folgten und in stoßendem Trab davonliefen, der schnell in einen sanfteren Galopp überging.

"WHO? General Custer? Sicher, er ist ein Oberst der Stammtruppen und kommandiert die Sivinth-Kavallerie. Aber er war Brigadegeneral und Brevet-Generalmajor der Freiwilligen im Krieg und außerdem der jüngste in der gesamten Armee. Ja, und es ist das Brevet eines Generalmajors oder eines Stammsoldaten, das ihm gerade verliehen wurde. Man muss ihn also ‚allgemein' nennen, und vergessen Sie das nicht."

„ *General* Custer! Oh, ich kenne *General* Custer! Er war der ‚Boygeneral'!" rief Ned aufgeregt aus. „Mein Vater kannte ihn, meine ich. Er war der General meines Vaters. Jetzt erinnere ich mich. Das habe ich zunächst nicht gedacht."

„Nun, er ist ein guter Soldat und ein guter Mann", kommentierte der Hornist lapidar; „Und aus der Sivinth-Kavallerie wird er ein Regiment machen, sonst irre ich mich sehr."

Der Kadaver des toten Büffelbullen war zurückgelassen worden. Die Prärie war zuvor frei von anderen Büffeln, denn die große fliehende Herde war verschwunden. General Custer ritt hervorragend, seine purpurroten Krawattenenden und sein gelbes Haar flossen ineinander, seine Hunde hechelten zu beiden Seiten und auf seinen Fersen und baute seinen Vorsprung rasch aus; sein junges Pferd war ein Rennpferd und ein Vollblut, und das Pferd des Soldaten war schwer und gewöhnlich. Ned , der sich mit seinen Händen fest an der Mähne und mit den Schienbeinen an den Sattelblättern festklammerte, genoss den Galopp, obwohl er sicher und nicht im Geringsten ängstlich war (er war bei den Indianern zu oft mit bloßen Beinen und ohne Rücken geritten). dass sie „dem General" näher sein könnten.

Schon zuvor waren schwarze Flecken zu sehen, die sich über die Oberfläche der Prärie bewegten. Der General verlangsamte sein Tempo, und als der Hornist und Ned näher kamen, befahl er über seine Schulter:

„Sound the Rally."

Hornist Odell versuchte zu salutieren, sein Pferd zum Traben zu bringen und sein Signalhorn ans Maul zu heben – alles in einem Augenblick. Doch das Pferd schüttelte den Kopf, keuchte und zerrte, und das Signalhorn, das zwischen dem männlichen Reiter und dem jungen Reiter schwang, verkeilte sich schnell. Odell murmelte mehrere wütende, verärgerte Bemerkungen.

„Ich werde es vermasseln", bot Ned freundlich an. "Soll ich?"

"Du!" grunzte Trooper Odell. „Es ist die Kundgebung, beim Signalhorn, die der General will. Wenn du diesen Kerl jetzt kurz festhalten würdest –" und rot und nervös zog er kräftig.

„Ich werde es vermasseln. Das kann ich", wiederholte Ned eifrig, bestrebt, seinen Mut unter Beweis zu stellen und dem verlegenen Odell zu helfen.

Während das hartnäckige Pferd tänzelte, schwang sich das Signalhorn wieder frei und drehte sich ziemlich herum, so dass Ned es nur noch erreichen und ergreifen musste. Er trug es sofort auf seine Lippen auf (während er es mit einer Hand und seinen beiden Schienbeinen fest umklammerte) und blies den Ball so gut er konnte. Die hohen Töne klingen klar und einigermaßen gleichmäßig.

„Gut genug, b'gorry!" murmelte Odell. „Aber was wird der General sagen? Gib mir das Horn."

In dem Moment, als der letzte Ton verklungen war, hatte der General sein Pferd herumgedreht, um zu starren.

„Wer hat diesen Anruf vermasselt?" er schrie.

„Das habe ich", verkündete Ned mutig. "Herr. Odell kümmerte sich um sein Pferd, und er sagte nicht, dass ich es könnte, aber ich tat es."

„Der Junge hat die Hupe ergriffen, bevor ich ihn aufhalten konnte, Sir", erklärte der aufgeregte Odell. „Ich werde es jetzt vermasseln, Sir. Dieses lästige Miststück –" und Bugler Odell zuckte heftig am Gebiss und riss sein Reittier in die Hocke.

„Er hat es also gewaltig vermasselt", erklärte General Custer. „Versuch es noch einmal, Junge. Setzen Sie mehr Kraft ein, damit die Soldaten dort es hören. Wir läuten die Kundgebung ein, damit sie kommen; sehen?"

Ned blies furchtbar – seine Lippen klebten, seine Wangen blähten sich und seine Augen traten hervor. Weit erklangen die Noten über die braune Prärie. Und jetzt mussten die Flecken es gehört haben, denn sie kamen zu zweit und zu dritt, wurden immer größer und verwandelten sich in berittene Männer.

Der General joggte mühelos, Bugler Odell und Ned dicht hinter ihm.

„Wo hast du das Signalhorn gelernt?" er forderte an.

„Von meinem Vater", antwortete Ned stolz. „Er kannte alle Armeerufe."

„Das hat er, oder? Wo hat er sie gelernt?"

"Im Krieg. Er war ein Hornist."

„Welches Regiment?"

„Sechste Michigan-Kavallerie."

"Was!" General Custer hielt sein Pferd an, drehte sich im Sattel um und musterte Ned mit leuchtenden blauen Augen. „War er ein Michiganer? Also in meiner alten Brigade! Er war einer meiner Jungs! Der Sohn oder die Tochter eines meiner Jungs ist wie ein Mitglied meiner eigenen Familie. Natürlich kommst du mit mir nach Fort Riley. Was möchten Sie tun?"

Plötzliche Entschlossenheit erfasste Ned.

„Ich würde auch gerne zur Armee gehen und Indianer jagen, bis ich meine Schwester finde."

„Das werden Sie", erklärte der General begeistert. „Ich werde dich als Hornist bei der Siebten Kavallerie anheuern, und wir werden gemeinsam Indianer jagen und deine Schwester finden, da bin ich mir sicher. Geben Sie ihm die Hand." Geschickt zügelte er seinen unruhigen Braunen an die Seite des Truppenpferdes und streckte seine Hand aus. Mit festem Griff schloss sich sein nervöser Handschuh warm um Neds schmale, vernarbte Finger. „Jetzt erzähl mir mehr über deinen Vater."

Während sie also langsam ritten und auf die Ankunft der Soldaten warteten, tat Ned: Er erzählte von diesem außergewöhnlich jungen General (dem jüngsten, hatte Bugler Odell gesagt, in der gesamten Armee, der wie Neds

Vater Männer befehligte, die fast doppelt so alt waren wie er). Geschichte darüber, wie Mr. Fletcher nach dem Krieg an die Grenze des Colorado-Territoriums gezogen war und sich auf einer Ranch niedergelassen hatte; wie die gesetzlosen Cheyennes und Sioux, sogenannte „Hundesoldaten", die Ranch überfielen, ihn auf dem Feld töteten, die Gebäude niederbrannten und Ned, Neds Mutter und seine achtjährige Schwester entführten.

Während der General Fragen stellte, trafen die anderen Soldaten ein, die auf die „Kundgebung" reagierten.

# II

# IM ALTEN FORT RILEY

Früh kam ein Lanzenträger, der den schwalbengabeligen Guidon trug, sein Ross geblasen und nass. Die Soldaten versammelten sich um ihn.

Der erste der Reiter war ein Mann, kein Soldat; Zumindest sah er eher wie ein gutaussehender Gentleman-Desperado aus. Er saß entspannt und geschmeidig und breitschultrig; Unter seinem breitkrempigen schwarzen Hut fielen lange, lockige helle Haare auf seine Schultern. Um seine Hüfte trug er ein Paar Revolver mit Elfenbeingriffen, jeweils einen an jedem Oberschenkel. Er trug glänzende, flexible Stiefel, die bis zum Knie reichten; eng anliegende Reithosen aus weißem Rehleder; ein feines blaues Flanellhemd, das am Hals offen und vorne mit rotem Besatz versehen war; um seinen Hals war lose ein blaues Seidentaschentuch geknotet; An seinen Händen trug er gutbesetzte Stulpenhandschuhe. Seine Haut war hell, mit einem Hauch Sonnenbraun; ein langer blonder Schnurrbart hing zu beiden Seiten eines festen, sauberen Kinns herab; Seine Nase war eine kräftige Habichtsnase, und seine Augen waren so durchdringend wie die Augen eines Habichts und von stahlblauem Glanz. Alles in allem schien er ein Mann zu sein, mit dem man rechnen musste.

„Nun, Bill", wandte er sich fröhlich an den General, „ich wollte euch nicht im Stich lassen, aber ich brauchte Bewegung."

„Ich verstehe", nickte Bill ernst. Seine scharfen, stählernen Augen bemerkten die Büffelzunge; sie lesen jedes Detail von Neds Gesicht und Figur; und schnell über den Horizont schweifend kehrten sie zu ihm zurück.

„Einen großen Bullen getötet und einen kleinen Jungen gefunden", fuhr der General fort. „Ned, dieser Herr ist Mr. James B. Hickok, besser bekannt als Wild Bill. Er ist ein wertvoller Freund."

Mr. Hickok zügelte sein Pferd und reichte Ned seine Hand.

"Wie geht es dir?" Er sprach höflich. Seine Stimme war sanft, aber lebendig, und Ned mochte ihn. „Zählen Sie mich zu Ihren Diensten."

Ned war sich sicher, dass Mr. Hickok sich nicht über ihn lustig machte; und beschämt schüttelte er die Hand. Daraufhin zügelte Mr. Hickok anmutig sein Pferd zurück zum General.

Alle Soldaten waren angekommen. „Ihren Deckenrollen und Rucksäcken nach zu urteilen, müssen sie auf einer Erkundungstour sein", dachte Ned, „und nicht nur auf der Jagd." Zu den Letzten, die eintrafen, gehörte ein weiterer junger Offizier – ein Hauptmann, wie die Doppelstäbe an seinen Schultergurten verrieten.

„In Ordnung, Hamilton. Nachdem Sie uns gezeigt haben, dass Sie in Sicherheit sind, machen wir weiter", rief der General, immer noch im Scherzzustand. Dass er seine ganze Gesellschaft distanziert hatte und ein Abenteuer erlebte, gefiel ihm ungemein.

Mit einer schnellen Geste winkte er ab und trabte in Begleitung von Herrn Hickok nach vorne. Kapitän Hamilton begleitete die Kolonne auf einer Seite, während sich die Soldaten zu zweit aufreihten. Hinter dem General ritten der Gefreite und Bugler Odell, Ned hielt ihn fest. Hin und wieder ließ Bugler Odell Informationen über Neds Schulter schweifen.

„Das ist Wild Bill", sagte er vorsichtig. „Das ist der Name, der ihm am besten gefällt. Er ist der Chefaufklärer des Generals und der Friedenswächter rundum, denn er ist der Boss von Riley, sage ich euch. In seinen Socken steht er 1,80 Meter groß; Ihr könnt seine Taille mit euren Händen umspannen. Der schnellste Schuss mit der Pistole, den ich je gesehen habe; Chain Lightning kann ihn nicht schlagen. Aber man würde nicht denken, dass er so ein Tarrer ist, mit ihm zu reden. Und wenn er wütend ist, spricht er nicht viel lauter und sagt nicht viel mehr; Und doch können Sie darauf wetten, dass sein Wort und sein Blick den schlimmsten Bösewicht auf der Spur dazu bringen, sich zu beruhigen und zu sagen: „Gewiß, Bill." „Entschuldigen Sie, Herr Hickok." Er diente in den Kansas-Unruhen vor dem Krieg, als die Free-Soil-Männer und die Sklaverei-Männer die Grenze zu einem glühend heißen Ort machten. Er war auch hier während des Krieges als Pfadfinder der Union unterwegs und kämpfte in der Schlacht von Pea Ridge unten in Arkansas. Wan-Zeit, in Sixty-wan, wurde er allein in einem Raum von zehn Grenzgängern Hand in Hand angegriffen, und als es vorbei war, waren sie alle tot und er war mit elf Schrotschüssen in ihm und dreizehn weiteren Wunden am totsten. ”

„Ist er jetzt Soldat?" fragte Ned beeindruckt.

"Nein; nicht das, was man einen regulären Soldaten nennen würde. Er ist ein Grenzgänger – ein Grenzgänger. Manche würden ihn hinter seinem Rücken einen Disperado nennen; und manche ein Spieler; Aber egal, er hat den Mut und die Nerven, und sein Wort ist Gold wert, und genau solche Männer braucht es in diesem Land."

Sie ritten weiter, während Ned über die Figur des schrecklichen wilden Bill Hickok nachdachte. Er wirkte wie ein so milder Gentleman, dass Bugler Odells Beschreibung nicht zu passen schien.

„Die Sivinth-Kavallerie wird ihren Anteil an guten Männern bekommen", fuhr Bugler Odell vertraulich fort. „Ihr Kapitän – er ist ein toller Kerl und ein toller Witzbold. Captain Hamilton, meine ich. Sicher, er ist ein Oberstleutnant aus dem Krieg; aber er ist nach Ernennung zum Sivinth Kapitän der Reg'lars. Sein Großvater war ein großer Mann namens Alexander Hamilton. Ah, die Sivinth werden ausschließlich von Generälen, Obersten und Majors befehligt; Und Titel sind so dick, dass einem der Kopf schwirrt. Ich bin nur ein einfacher Sergeant, aber einige der Rekruten sind aus Höflichkeit Generäle, wie Sie noch herausfinden werden.

„Da hast du recht", stimmte der Gefreite zu. „Der Krieg hinterließ für viele Männer den Soldatendienst als einzigen Job."

Wild Bill war ein treffsicherer Kundschafter, denn als die Sonne unterging, blickten sie alle direkt vor sich, hoch oben auf einer von Hügeln gesäumten Hochebene, auf eine unregelmäßige Gruppe von Gebäuden, deren Fenster über der ebenen, dünnen Fläche darunter blitzten. Dazwischen standen Bäume, die einen Bach markierten.

„Da ist Riley", verkündete Bugler Odell und zeigte darauf. „Unten liegt der Smoky Hill Fork des Republikaners, und die Linie der Pappeln verläuft nördlich des Republikaners selbst. Der Pfosten sitzt im Ellbogen der beiden, wo sie zusammenkommen und den Kaw oder Kansas bilden."

Als sie näher kamen, blickte Ned neugierig. Der Beitrag sorgte für großes Aufsehen, und jeder in der Kolumne schien froh zu sein, zurückzukommen. Jetzt war der Fahnenmast des Pfostens mit den noch schwebenden Farben deutlich zu erkennen. Der General bewegte sich unruhig in seinem Sattel, als wollte er den Abstand verkürzen. Die Hunde, die weit und breit umhergewandert waren, galoppierten immer weiter voran und blieben dann stehen, um hoffnungsvoll hinter sich zu schauen und festzustellen, dass die Kolonne mit Sicherheit heranrückte.

Plötzlich wehten über dem rosa-violetten Schein, der die flache Landschaft lieblich machte, hoch und süß die Töne eines Signalhorns am Pfosten. Die ganze Kolumne hörte zu – oder schien zuzuhören.

„Es ist ein Rückzugsort; „Boom ertönt, das Rächergewehr und herab die Flagge", erklärte Bugler Odell, als ob Ned es nicht wüsste.

Aber Ned wusste es und nickte vor sich hin; denn dies war einer der Armeeberufe, die ihm sein Vater beigebracht hatte.


Die langen Töne verstummten inmitten eines dumpfen „Boom!" beim Abendgeschütz; und Ned sah, wie die Flagge an der hohen Stange herunterrutschte.

„Faith, wir werden ausgesperrt", kicherte Odell scherzhaft. „Dem General wird das nicht gefallen; er möchte zu Hause bei seiner Frau sein."

„Machen Sie den Trab", befahl der General knapp, ohne den Kopf zu drehen.

Bugler Odell tat es; und durch die klappernde Kolonne ertönte die lebhafte Stimme des jungen Kapitäns Hamilton: „Trott – Marsch!" Sie trotteten alle davon, Feldflaschen klirrten, Karabiner rüttelten, Sättel knarrten und Pferde grunzten. Dicht davor befand sich das spärliche Waldgebiet des Republican River, der aus dem Norden floss; diesen Fluss mussten sie offenbar überqueren, da sich der Posten auf der anderen Seite befand.

„Geben Sie ihnen Garryowen, Hamilton", rief der General. Und er fügte nebenbei hinzu: „Dann gibt es ein warmes Abendessen."

Kapitän Hamilton nickte Bugler Odell zu; und jetzt, als die Kolonne in die Furt plätscherte, blies Odell einen lebhaften Ton. Es war eine der fröhlichsten und mitreißendsten Melodien, die Ned je gehört hatte, und er beschloss, sie zu lernen. Es hat der ganzen Kolumne Leben eingehaucht.

„Ich wette, das ist ein neuer Traum für euch", bemerkte Odell, nachdem er eine Pause eingelegt hatte, um Luft zu holen. „Es ist ein irisches Lied, das dem General gefällt, und es ist der Marsch der Sivinth-Kavallerie."

Der Pfosten befand sich über dem gegenüberliegenden Ufer. Es zeichnete sich deutlich in der klaren Luft ab, und zwischen den Gebäuden konnte Ned Gestalten sehen, die hin und her huschten. Einige von ihnen waren Frauen. Die Hunde rasten davon, zappelten durch die Untiefen und kletterten den Anstieg hinauf, um zum Abendessen zu rennen. Als nächstes kletterten die Pferde auf den steilen, ausgetretenen Pfad, der vom Flussbett zum darüber liegenden flachen Plateau führte. und im Trab ritt die zurückkehrende Kolonne bald in den Armeeposten des alten Fort Riley.

Es war trostlos; bestehend aus kahlen, aber stattlichen Kasernen und Offiziersunterkünften, zwei Stockwerke hoch, aus weißlichem Stein mit Gips ausgelegt. Diese von Veranden gesäumten Gebäude waren nach innen ausgerichtet und bildeten ein unterbrochenes Quadrat. Außerhalb des Platzes befanden sich mehrere andere Gebäude aus Stein und Brettern – es handelte sich, wie Ned bald erfuhr, um Lagerhäuser und Ställe.

Sobald die Kolonne anhielt, stieg der General flink ab, überließ sein Pferd seinem Ordonnanzmeister und die Entlassung der Kolonne Kapitän Hamilton und ging direkt auf zwei Frauen zu, die ihn erwartungsvoll erwarteten und von den bellenden Hunden überwältigt waren.

Den einen küsste er gerne, während er dem anderen seine freie Hand reichte.

„Hier sind wir, Libbie", hörte Ned ihn sagen. „Bereit für Lizzies Bestes." Ich habe ihr eine Büffelzunge mitgebracht – eine große. Und auch ein Rekrut." Mit seinem Arm um die Schultern der Frau winkte er Ned. „Oh, Ned! Komm her."

Ned ging langsam vorwärts. Er schämte sich seiner Lumpen.

Die Frau, die der General so liebevoll behandelte, war klein, dunkeläugig und süß; Die andere Frau war ein hübsches Mädchen, rundlich und schelmisch, mit sehr lockigem Haar und einer Fülle tanzender goldener Haare. Sie lächelte Kapitän Hamilton an, der die Kolonne inzwischen entlassen hatte.

„Ned, eine dieser Damen ist meine Frau, Mrs. Custer, und die andere ist unser Gast, Miss Diana", informierte der General mit einem Funkeln in seinen blauen Augen. „Sie können erraten, welches welches ist. Ich habe Ned in der Prärie abgeholt, gleichzeitig habe ich den Büffel gefangen – und als der Büffel *ihn holen wollte*", erklärte er den beiden. „Er möchte Soldat werden, und ich denke, wir machen einen Hornisten aus ihm. Was denkst *du* ?"

„Oh, du armer Junge!" rief die dunkeläugige kleine Frau aus und hielt Ned mit beiden Händen fest, während Miss Diana ihn strahlend anlächelte. „Ist er verloren, Autie?"

„Die gleiche alte Geschichte", antwortete der General nüchtern. „Ein Waisenkind von einem anderen Indianerangriff. Ich werde es dir erzählen. Aber er wird bei uns bleiben und wir werden seine Schwester für ihn finden. Sie ist alles, was noch übrig ist – irgendwo draußen bei den Stämmen."

"Oh!" keuchten beide Frauen.

„Er kann doch gut mitkommen, oder?" fragte Frau Custer. „Er muss hungrig sein und er sollte ein paar Klamotten haben."

„N-nein, er bleibt besser bei Odell", entschied der General. „Ich werde ihn vom Quartiermeister ausrüsten lassen. Er muss sich mit den anderen Männern anlegen. Er soll als Hornist angeworben werden."

Old Fort Riley erwies sich als geschäftiger Ort. Es war im Herbst 1852 gefunden und 1855 wieder aufgebaut worden, um den Siedlern Schutz zu bieten, die nach Westen entlang des Kansas River Valley zogen. Bevor es zu Ehren von General Bennet C. Riley getauft wurde, hieß es Camp Center, weil es das geografische Zentrum der Vereinigten Staaten sein sollte. Jetzt füllte sich der Raum schnell mit Rekruten für die neue Siebte US-Kavallerie. Auch viele andere Menschen strömten in Scharen von Ochsengespannen, Maultieren und Pferden vorbei. Die Schienen des nach Westen kriechenden

Kansas-Pacific-Zweigs der Union Pacific Railroad hatten sich Denver genähert, um immer weiter weiterzufahren.

Der Posten befand sich auf einer breiten Hochebene hoch über den Flüssen, ohne einen Baum oder Strauch, wo immer der Wind wehte. Der Republican River, der von Norden herabfloss, und der Smoky Hill, der von Westen her einströmte, vereinigten sich; und unterhalb der Festung rollte der edle Kansas River ostwärts, in einem wunderschönen Tal, das mit Siedlerhöfen übersät ist und von der neuen Kansas Pacific Railroad durchzogen wird. Westlich der Festung waren weitere Bauernhöfe entlang des Smoky Hill und die Stadt Junction City zu sehen.

Trotz der Kargheit und des Windes (die für Ned, der in den Ebenen Colorados gelebt hatte, nichts Ungewöhnliches waren) hatte Fort Riley seinen Charme. Die Luft war frisch, die Aussicht weit, und mit den vielen Soldaten und den häufigen Ankömmlingen per Bühne, Pferd oder Wagen war ständig etwas los.

Wo auch immer sich der General aufhielt, es musste tatsächlich etwas passieren. Er sorgte für Lebendigkeit – vor allem, wenn er nicht im Dienst war. Er und Mrs. Custer waren gute Freunde; und neben ihr mochte er Pferde und Hunde – aber was besser war, war schwer zu sagen. Er hatte ein komplettes Rudel Hunde: Fox Hounds (der alte hieß Rover) aus Texas, wo er nach dem Krieg stationiert war; ein Paar Hirschhunde, von denen einer Byron hieß; Fannie, ein Foxterrier; Hirschhundwelpen, Maida und Blucher; und eine krummbeinige weiße Bulldogge namens Turk, der der tödliche Rivale von Byron war. Er hatte drei Pferde, prächtige, benannt nach Armeefreunden; Jack Rucker war eine Vollblutstute aus Texas; Phil Sheridan war ein Vollbluthengst aus Virginia; und Custis Lee, ein sehr schnelles Tempopferd, wurde normalerweise von Mrs. Custer geritten.

Das Posthauptquartier, in dem der General und seine Familie lebten, war das beste der zweistöckigen Steinhäuser rund um den Exerzierplatz. Es hallte oft von Gesang, Gelächter, fröhlichem Geschrei und dem Jagdhorn des Generals wider. Der Haushalt bestand aus dem General und Mrs. Custer, Lizzie, der treuen schwarzen Köchin, die während des Krieges beim General im Süden gewesen war, und einem kleinen Negerjungen, der Jockey werden wollte. Dann waren da natürlich noch die Hunde. In der anderen Hälfte des Hauses wohnten Major Alfred Gibbs und seine Familie. Major Gibbs war ein beleibter, sorgfältig gekleideter Mann, der seit 1846 Soldat war. Er stand im Rang neben General Custer.

In seinem Haus war der General derselbe ausgelassene, aktive Geist wie zu Pferd; Ob auf dem Posten oder im Felddienst, und wenn er sich unter die Soldaten mischte, verhielt er sich wie ein strenger Offizier. Er scherzte vielleicht mit den anderen Offizieren, aber alle Männer verstanden, dass er der Chef war und dass er keinen Eingriff in seine militärische Würde dulden würde. Obwohl sie ihn (außerhalb seiner Hörweite) den „alten Mann" und „alten Jack" (wegen der Initialen GAC für George Armstrong Custer auf seinem Gepäck) nannten, salutierten sie prompt, gehorchten sofort und versuchten es Keine Witze über *ihn* !

Während des langen Winters trafen fast täglich Offiziere, Rekruten und Pferde in Fort Riley ein, um die Liste der Siebten Kavallerie vorzustellen. Ned lernte sie alle kennen. Der gelbhaarige, jungenhafte General Custer behielt das Kommando; Denn obwohl er den Rang eines Oberstleutnants innehatte, wurde sein Vorgesetzter des Regiments, Oberst Andrew Jackson Smith, ein Generalmajor und Veteran, der bis ins Jahr 1838 zurückreichte, anderswo im Dienst gehalten. Daher hielt „der alte Jack" die Zügel am Posten – und die Soldaten wurden schnell darauf aufmerksam gemacht.

Von den jüngeren Offizieren mochte Ned besonders seinen Kapitän, Louis M. Hamilton – der auch Oberstleutnant war; Oberleutnant Tom Custer, der unbeschwerte jüngere Bruder des Generals, ein Oberstleutnant, der mit sechzehn Jahren in den Krieg eingetreten war und zwei Orden für erbeutete feindliche Flaggen trug; Kapitän Myles Keogh, der sowohl dem Papst als auch in der Potomac-Armee gedient hatte; Leutnant Myles Moylan, der Adjutant; und die jungen Leutnants, die „Shave-Tails" und „Kaulquappen" und „Plebés" genannt wurden.

Wild Bill, der Grenzer-Späher, war häufig am Posten und ging mit Pferd oder Bühne den Weg nach Westen auf und ab. Er war in seiner Kleidung ebenso sorgfältig gekleidet wie der alte Major Gibbs; Alles, was er trug, war aus feinstem Stoff, vom weichen weißen Hemd mit Rüschen und dem breiten Stoff in Junction City bis zum blauen Flanellhemd und den Reithosen auf dem Wanderweg. Egal wie gekleidet, er war immer derselbe ruhige, höfliche Mensch – aber man sah ihn nie ohne die beiden Revolver mit Elfenbeingriff an seinen Hüften. Dem Bericht zufolge konnte er ohne Sichtung in die Mitte schießen; und konnte mit gleicher Tödlichkeit über die Schulter oder unter den Arm nach hinten schießen.

Den ganzen Winter über wurden die Soldaten ständig ausgebildet und diszipliniert. „In Form gebracht", sagte Bugler Odell. Einige Männer beschwerten sich, andere verließen das Land; aber die besseren Männer erkannten, dass die strenge Ausbildung notwendig war.

Von früh bis spät ertönten Signalhörner. Jeder Kompanie waren zwei Hornisten zugeteilt. Ned wurde der Kompanie von Kapitän Hamilton zugeteilt, und darüber war er froh. Jetzt trug er die Hornistenuniform mit schmalen doppelten gelben Streifen an der Hose und einer gelben Borte auf der Brust. Es war wirklich eine Uniform, die der eines jeden Offiziers ebenbürtig war; Aber--

„Alle Streifen und keine Autorität", erklärte Odell, der Chefhornist, lachend. „Das sagt man über den Trompeter."

Der Winter verging ohne Indianerkämpfe, aber die Siebte Kavallerie machte sich bereit. Die Eisenbahnzüge kamen an, und es gab mehr Ausflügler als je zuvor: Einige wollten Büffel jagen, andere wollten Indianer sehen und wieder andere wollten Land suchen. Gerüchten zufolge hielten die Cheyennes, die Sioux und die Arapahos im Westen ihre Versprechen nicht; und dass sie sich in diesem Frühjahr dem weiteren Vormarsch der Eisenbahn durch ihre Jagdgründe widersetzen würden. Die Siedler im Westen von Kansas wurden erneut alarmiert. Die Siebte Kavallerie muss sie, die Smoky Hill-Etappe und die Auswandererroute nach Denver sowie die Eisenbahnvermessung schützen.

Bald war bekannt, dass die Siebte Kavallerie das Feld erobern würde, sobald der Frühling begann. Zu diesem Zeitpunkt war Ned unter der Anleitung von Chief Bugler Odell ein gründlicher Trompeter. Weckruf, Krankenruf, Messeruf, Ställe, Stiefel und Sättel, Montage, Übung, Feuer, Trab, Angriff, Tätowierung, Stepptanz – er kannte sie alle. Er hatte „The Girl I Left Behind Me" gelernt; und er hatte „Garryowen" gelernt –

„Unsere so starken Herzen haben uns Ruhm eingebracht,
denn bald wird bekannt, woher wir kamen.
Wohin wir auch gehen, sie fürchten den Namen
Garryowen in seiner Herrlichkeit."

Diese inspirierende Melodie, nach der die Dritte Brigade von Custer im Krieg angegriffen hatte und die nun von der Siebten Kavallerie übernommen wurde.

Nachdem er von Odell als „Verdienst des Regiments" bezeichnet worden war, fühlte sich Ned als Soldat und bereit für die anderen Soldaten.

---

# III
# Der siebte kommt ins Spiel

„Es ist so", sagte Odell nach dem Chaos. „Wir müssen gehen. Die 'Rapahos und Cheyennes und Kiowas und 'Paches und Sioux da draußen sind bereit, sich wieder gemein zu verhalten, und die Armee muss sie beruhigen. Haben sie in ihrem Vertrag von 65 nicht versprochen, sich von den Überlandpfaden fernzuhalten und weder bei Tag noch bei Nacht im Umkreis von zehn Meilen von ihnen zu campen oder eine weiße Siedlung ohne vorherige Erlaubnis zu besuchen? Und was haben sie getan? Erst im letzten Sommer machten sie immer wieder Mordangriffe, und der Vertrag war noch kein Jahr her. Haben sie nicht direkt getötet und geraubt und sind durch die Siedlungen am Saline und am Solomon gefahren, direkt westlich von hier, und haben die Bauern vertrieben? Und haben sie nicht die Etappenstraße entlang des Smoky und die südwestliche Fahrt über den Santy Fee Trail belästigt und den Vormarsch der Eisenbahn bedroht?"

„Sie geben der Bande der Hundesoldaten des alten Cut Nose und Pawnee Killer die Schuld", sagte jemand. „Diese Hundesoldaten waren nicht da, um den Vertrag zu unterzeichnen, und sie sagen, sie seien nicht daran gebunden."


„Wer sind diese Hundesoldaten, außer den schlimmsten Schurken aller Stämme?" grunzte Sergeant Henderson, der vor den Sechzigern gegen Indianer gekämpft hatte. „Ich kenne sie."

„Nun, dieses Land gehörte doch zuerst den Indianern, nicht wahr?" verfolgte einen Rekruten. „Wir überqueren es, ohne um Ihre Erlaubnis zu bitten, und wir lassen uns mittendrin nieder und nehmen alles, was wir kriegen können. Ich habe gehört, dass Büffel auch seltener sind als früher, seit die Weißen das Land geöffnet haben. Das ist es, wovon die Indianer ihren Lebensunterhalt verdienen: der Büffel."

„Ah, vielleicht hast du recht, und ich selbst denke, dass die Indianer manchmal etwas schäbig behandelt werden", antwortete Odell. „Es gibt Schurken auf beiden Seiten. Aber was würdet ihr tun? Den ganzen westlichen Landkram für die Indianer zur Jagd aufsparen? Wan Injun benötigt etwa zehn Quadratmeilen Territorium und er behält es so, wie er es vorgefunden hat. Der Weiße nimmt sich eine halbe Quadratmeile – ja, und viel weniger – und bleibt dabei und verbessert sie; und zwei weiße Männer und ihre Familien können in dem Raum leben, den die blassen Indianer für die Jagd benötigen, während die Frauen die Arbeit erledigen."

„Solange es einen nicht eingezäunten Weg gibt, werden die Indianer – und besonders die jungen Indianer – unruhig werden, wenn das Gras im Frühling grün wird und die Weiden- und Pappelknospen anschwellen", sagte Sergeant Henderson. „Der Frühling ist Kriegszeit, der Sommer ist Besuchszeit, der Herbst ist Jagdzeit. Im Winter sind die Indianer froh, dass sich die Regierung um sie kümmert. Wir drängen zwei Eisenbahnlinien durch, die Zahl der Weißen wird immer größer, die Indianer werden von der Regierung beherrscht und von Händlern betrogen und von Siedlern überrannt, und sie sehen nichts anderes für sie, als das Land zu säubern – wenn sie können."

Wild Bill war im Galopp auf den Exerzierplatz und hinüber zum Hauptquartier geritten. Auf der Veranda des Hauses des Generals machte er Halt und schwang sich zu Boden, als hätte man ihn gerufen. Dann trat er ein.

Als er bald herauskam, ritt er in großer Eile davon, als der Sergeant ihn im Vorübergehen begrüßte.

„Was gibt es Neues, Bill?"

„Schärfen Sie Ihre Säbel", sagte Wild Bill kurz, ohne die Zügel anzuziehen.

Er ritt weiter und bog in die Etappenstraße ein, die nach Westen, den Smoky Hill River hinauf, führte. Offensichtlich transportierte er Depeschen zu den Forts Harker und Hays, den neuen Posten der Siebten Kavallerie, die den weiteren Vormarsch der Kansas Pacific bewachten.

Wild Bill hatte wie immer auf den Punkt gebracht. Er verschwendete keine Worte. Vor der Nachmittagsübung verbreitete sich im Posten wie ein Lauffeuer die Nachricht, dass die Siebte Kavallerie bereit sein müsse, innerhalb von zwei Wochen einsatzbereit das Feld zu erobern.

Das waren großartige Neuigkeiten. Old Fort Riley brodelte davon. Nun, in diesen Tagen Anfang März, gab es eine plötzliche Zunahme der langen und harten Drillübungen; ein Versuch, Schießübungen mit den kurzen Spencer-Repetierkarabinern zu machen – was beweist, dass die meisten Männer nicht besser schossen als sie ritten; Beschlagen von Pferden und Basteln von Wagen in der Festungsschmiede; und Schleifen von Säbeln auf den Pfostenschleifsteinen.

Als Ned an einem Schleifstein vorbeikam, bemerkte er, dass der Soldat Malloy damit beschäftigt war, die Schneide eines ungewöhnlich langen Säbels anzubringen. Malloy war der „Stürmer" oder Offiziershelfer im Haus des Generals. Er sah zu Ned auf, wischte sich den Schweiß von der Stirn und grinste. Das tat auch der Soldat, der sich für ihn umdrehte.

„Erkennen Sie den großen Krötenaufkleber?" fragte Malloy.

Ned schüttelte zweifelnd den Kopf. Malloy reichte es ihm höflich.

„Schau es dir an und nimm es. Es gehört dem General. Ich dachte, du hättest es vielleicht an seiner Wand hängen sehen. Es ist einer, der im Krieg gefangen genommen wurde; und das Geräusch des Knirschens erinnerte ihn daran, dass er es auf Vordermann bringen wollte. „Malloy", sagte er, „poliere mein großes Skalpiermesser zusammen mit den anderen."

„Kannst du es schwingen?" scherzte der andere Soldat.

Ned hob den Säbel und untersuchte ihn. Es war so lang, wie er groß war; war viel länger und schwerer als die Norm. Auf der hellen Klinge waren Buchstaben eingraviert:

Zeichne mich nicht ohne Grund;
Verstecke mich nicht ohne Ehre.

Was für ein Schwert! Nein, Ned konnte es nicht schwingen. Er gab es zurück.


„Das ist echter Damaststahl, heißt es", informierte Malloys Helfer.

„Wird der General es mit auf den Marsch nehmen?" fragte Ned erwartungsvoll.

„Nein, das glaube ich nicht", antwortete Malloy; „Aber er würde es tun, wenn er wollte, wette ich – genauso wie er sein Haar lang und seine Krawatte rot trägt. Er ist ein großartiger Mann, weil er seinen eigenen Weg geht, ist der alte Jack."

„Eigensinnig könnte man ihn nennen", fügte der andere Mann hinzu. „Als würde man einen Büffel jagen, allein und weit weg von seinem Kommando, und man weiß nicht, dass Indianer direkt hinter dem nächsten Bergrücken sind."

Das gelbe Haar und die schnelle Stimme des Generals waren allgegenwärtig, als er mit schnellem Blick und klugem Verstand die Vorbereitungen für den Posten überwachte. Denn jetzt war klar, dass dies ein wichtiger Marsch werden würde, wohin auch immer er führen würde; mit Infanterie und Artillerie sowie Kavallerie und mit Generalmajor Winfield Scott Hancock selbst als Begleitung. Der Zweck schien darin zu bestehen, mit den Indianern zu sprechen und ihnen zu zeigen, dass die Vereinigten Staaten mit Soldaten bereit waren, um die Weißen in den Ebenen zu schützen.

General Hancock war der Kommandeur der Militärabteilung des Missouri. Sein Hauptquartier war Fort Leavenworth am Missouri River an der Ostgrenze von Kansas. Aus Fort Leavenworth kamen die Artillerie und der Großteil der Infanterie. Insgesamt wären es etwa 1400 Männer, dachte Odell.

Die Expedition verlieh Fort Riley ein kriegerisches Aussehen. Zuerst begannen die Pfadfinder zu sammeln. Wild Bill war sowieso da; und es kam unter anderem ein junger Pfadfinder namens Cody – Bill Cody. Er war schon ab und zu bei Riley gewesen. Mit seinem wallenden dunklen Haar, seinen großen schwarzen Augen, seinem seidigen Schnurrbart und Spitzbart sowie seinen Wildledern und Waffen schien ihm tatsächlich beträchtlicher Respekt zu verdienen.

"Kennst du diesen Mann?" hatte Odell von Ned gefragt.

"NEIN."

„Er ist ein guter Junge. Er ist Pony Express Bill. So nannten sie ihn früher. War der jüngste Pony-Express-Reiter in der Linie. Faith, er ist geritten, als er nicht älter war als du, mein Junge, und hat die Post über die Prärie getragen. Jetzt schließt er sich Wild Bill und den Rist der Späher an. Und sie sagen, er sei der beste Büffeljäger, ob weiß oder rot, westlich von Leavenworth."

Es gab auch einen untersetzten kleinen Mexikaner, dunkelhäutig und pockennarbig und sehr heimelig, den alle Romeo nannten, weil er Romero hieß. Und schließlich schlenderte ein großnasiger, blauäugiger Mann mit vielen ziegelroten Haaren und einem Schnurrbart herein, dessen Titel „California Joe" war.

California Joe wurde nie ohne seinen fettigen schwarzen Schlapphut auf seinem üppigen Haar und seine kurze, schwarze Bruyère-Pfeife zwischen seinen bärtigen Lippen gesehen. Weite Hosen steckten tief in staubigen Stiefeln, und ein ehrwürdiger Kavalleriemantel war über mehrere Lagen anderer Kleidungsstücke drapiert. Er ritt auf einem großen Maultier, das seiner Meinung nach ein „ganz hohles" Pferd besiegte. Während er herumlungerte, war er bereit, mit jedem zu reden. Durch seine zahlreichen kuriosen Bemerkungen war er eindeutig ein seltsamer Charakter.

Die Ankunft der Truppen aus Fort Leavenworth brachte eine Gruppe Delaware-Indianer als weitere Späher mit. Sie stammten aus ihrem Reservat in der Nähe von Fort Leavenworth. Der Häuptling war Fall Leaf, ein gut gebauter, wild aussehender alter Mann, Kriegshäuptling des Delaware-Stammes und ein großer Kämpfer. Vom Zug aus grunzte er: „Haufen gut! Ging wie ein Blitz! Besiege Büffel und Pony." Über den Telegraphen sagte er: „Kein Verständnis, aber sehr gut." Haufenweise schnell! Wie ein Pfeil oder eine Kugel zwischen weiten Orten; aber viel besser." Sein Neffe General Jackson war ein weiteres Mitglied der Truppe. General Jackson war schlank und klein, aber mutig.

Die Truppen, die mit dem Zug aus Fort Leavenworth ankamen, bestanden aus einer Batterie leichter Artillerie und sechs Kompanien der 37. Infanterie sowie einer Kompanie Pioniere für den Brückenbau. Sie schlugen ihre Zelte außerhalb des Postens auf.

Zur gleichen Zeit trafen auch General Winfield Scott Hancock und sein Stab, darunter General Smith, ein. General Hancock war der Abteilungskommandeur im Feld; aber General Smith befehligte als Oberst der Siebten Kavallerie den Marsch. Ein energischer Mann mit rundem Gesicht und kräftigem Schnurrbart erwies sich als General Smith, der alles selbst tun würde, um es richtig zu machen. Er hatte sich im späten Krieg einen großen Ruf erworben.

Alle Offiziere freuten sich, General Custer, dem Jüngsten der ganzen Schar, die Hand zu schütteln, mit Ausnahme einiger „Kleinigkeiten", die frisch von der Akademie kamen oder gerade aus dem Zivilleben berufen wurden.

Aber zu den interessantesten Neuankömmlingen gehörte ein kleiner Indianerjunge, der von den Cheyennes gefangen genommen worden war, als die Colorado-Freiwilligen am Sand Creek zur Thanksgiving-Zeit 1864 Black Kettles Dorf Cheyennes und Arapahos angriffen und es zerstörten. Die Cheyennes und Arapahos behaupteten, der Angriff sei ein Massaker gewesen; und sie hatten verlangt, dass die Weißen ihnen den kleinen Jungen und seine Schwester zurückgeben. Nun hatte General Hancock den kleinen Jungen mitgebracht, um ihn zurückzubringen und so den Indianern zu zeigen, dass das Herz des Großen Weißen Vaters in Washington gut zu ihnen war. Der kleine Junge war im Osten versorgt worden und sprach Englisch, und bis auf seine Hautfarbe war er wie jeder weiße Junge.

„Sicher, das ist Dummheit", erklärte Odell während der Messe. „Die Indianer werden nur denken, dass die Regierung Angst vor ihnen hat, und sie werden den Jungen nehmen und nichts dafür tun. Was ist mit all den weißen Gefangenen, die sie halten? Was ist mit Neds Schwester? Siehst du, wie sie sie zurückbringen?"

„Na ja, aber war dieser Sand-Creek-Kampf nicht ein großer Fehler der Soldaten?" fragte der gesprächige Rekrut, der vor seiner Einstellung Anwalt gewesen war. „Soweit ich weiß, wurde die Anklage gegen ein befreundetes Dorf erhoben, das zum Schutz die Flagge der Vereinigten Staaten gehisst hatte."

„Diese ganze Indianerfrage ist auf jeden Fall ein Problem", sagte Odell. „Wenn man sie so behandelt, wie man weiße Männer behandeln würde, verstehen sie es nicht, weil sie nach anderen Regeln leben. Und wenn man sie wie rote Männer behandelt und Feuer mit Feuer bekämpft, dann muss man Dinge tun, die ein weißer Mann nicht tun sollte. In Sand Creek übten die Weißen Rache, so wie die Roten Rache nehmen; und obwohl es nicht gerade eine zivilisierte Art zu kämpfen war, gab es den Siedlern dennoch eine Zeit lang Frieden, b'gorry."

Als Ned diese Diskussion hörte, kam ihm ein großer Gedanke. Was wäre, wenn General Custer den kleinen Indianerjungen gegen Neds Schwester eintauschen würde? Was ist, wenn! Vielleicht war das der Plan. Doch bevor er es wagte, den General zu fragen, erfuhr er es.

General Hancock war ein schöner, großer, sehr militärischer Mann mit grauem Schnurrbart und kurzem Spitzbart; und er sah aus und benahm sich, als wäre er tatsächlich derjenige, der sich im Mexiko-Krieg und in der Schlacht von Chancellorsville im Bürgerkrieg so galant verhielt, wie er es tat. Ned hatte innegehalten und beobachtete, wie er und General Custer zügig gingen und miteinander redeten, während sie den Exerzierplatz überquerten. General Custer erblickte plötzlich Ned, der aufstand, und winkte ihn mit einer impulsiven Geste vorwärts.


Ned straffte die Schultern, schritt in militärischem Schritt auf die beiden Offiziere zu, schlug die Fersen zusammen, zog Kinn und Bauch ein und salutierte, als er die beiden Offiziere abfing. Sie quittierten den Gruß – General Hancock beäugte ihn aufmerksam. Ned war froh zu spüren, dass er ordentlich und soldatenhaft war. Also wartete er.

„Dies ist der Junge, dessen Schwester von den Cheyennes festgehalten wird", sagte General Custer, „und über den ich Ihnen in der Mitteilung den Vorschlag gemacht habe, dass die Regierung den Cheyenne-Jungen gegen sie eintauschen soll."

„Ich verstehe", antwortete General Hancock. „Das Kriegsministerium hat, wie ich Ihnen mitteilen musste, entschieden, dass eine solche Vorgehensweise unklug sei, wenn man bedenkt, dass die vertragliche Vereinbarung zur Rückgabe des Jungen ohne eine solche Vorbehaltsbedingung getroffen wurde. Es tut mir leid, mein Junge", bot er Ned an. „Aber wir werden versuchen, deine Schwester so schnell wie möglich zurückzubekommen."

Neds Herz machte einen Sprung, nur um dann wieder zu sinken. Er konnte nicht sprechen. General Custer musste seine Enttäuschung erkannt haben, denn er sagte schnell:

„Ich verstehe, dass du jetzt ganz gut ins Signalhorn blasen kannst, Junge."

"Jawohl. Ich denke schon, Sir."

„Kennen Sie alle Anrufe; alle?"

"Jawohl."

„Und Garryowen?" Die blauen Augen von Custer tanzten.

"Jawohl."


„Nun", fuhr General Custer fort, „Sie können sich im Posthauptquartier als Hauptquartierhornist melden." Aber ich brauche einen *guten* . Erinnere dich daran."

"Jawohl. Das werde ich, Sir", stammelte Ned. Sein Herz klopfte erneut, seine Freude erstickte ihn, er wusste, dass er wie eine Rübe war.

Ein Hornist, der abwechselnd aus den Hornisten der Kompanie ausgewählt wurde, war im Hauptquartier stets als Ordonnanzhornist im Einsatz; aber Ned war ausgelassen worden, bis er die Rufe genau kannte. Nun wurde er endlich ausgewählt; er hatte das Recht, sein Bettzeug in die Krankenstube des Hauptquartiers zu bringen; Er blieb dort und schlief dort und hielt sich ständig in der Nähe des Generals auf, um Anrufe für die Post zu erledigen und Besorgungen zu machen, wohin der General oder der Adjutant ihn auch schicken mochten – oder wohin auch immer Mrs. Custer ihn schicken wollte . Einige der Hornisten mochten diese Pflicht; Einige taten dies nicht, aber alle freuten sich über eine Chance in der Küche und Elizas Kochkünste! Aber für Ned war es nicht das Kochen, vor allem: Es war die Zeit mit General Custer.

Eine weitere Kompanie der 37. Infanterie traf ein, außerdem mehrere Kompanien der 38. Infanterie, eines farbigen Regiments. Sie waren eine seltsame Art von Soldaten; Viele von ihnen kommen direkt von den Plantagen im Süden und sind noch nicht zum Militärdienst ausgebildet. Sie sollten den Posten besetzen, während die Siebte Kavallerie abwesend war!

Nun, Ende März, konnte die Expedition beginnen. Die Patronenhülsen und Gürtel waren voll, die Kleidung repariert, die Pferde beschlagen, und nach Angaben der Kavallerie hatten die Infanteristen (die „Doughboys" genannt wurden) alle ihre Schuhe neu besohlt. Ned wusste genau, dass der General besser ausgerüstet war als jeder andere; denn im Hauptquartier hatte er gesehen, wie Mrs. Custer geschäftig durch das Haus flog und Dinge sammelte, um sie in der dicken blauen Messetruhe mit der Aufschrift „GAC, 7th Cav., USA" zu verstauen.

In dem kleinen Zimmer, das ihm als Trompeter oder Trompeter gehörte, erwachte Ned früh und voller Vorfreude. Dies war der Tag des Starts, und er musste den Start übernehmen. Den Trompeterbefehlen zufolge, die der Adjutant geschrieben und an die Wand geheftet hatte, sowie an der Uhr war „First Call" erst in zwanzig Minuten fällig. Also musste er warten, bis er genau in der Sekunde in die rosafarbene Morgendämmerung hinaustrat, vor dem Büro, wie es hieß. Er stand aufrecht und soldatenmäßig am Fuß der Treppe, blickte in alle Richtungen und blies auf seinem ramponierten Messinghorn aus dem Vorrat des Quartiermeisters die Warnung „First Call".

Mit der Zeit begannen sich die Trompeten der Kompanie um den Fahnenmast zu versammeln; bis die Sonne aufging und es Zeit für die Enthüllung war. Auf die Nachricht des Wachtmeisters (der gähnte) setzten alle Signalhörner an die Lippen und ließen den ersten Ton ertönen. "Boom!" rülpste die Morgenpistole; Bis zur Spitze der Stange schwebte die Flagge prächtig dahin; und durch die helle Morgenluft ertönte aus den Trompeten darunter das ausgelassene Wecken:


Ich kann sie nicht aufstehen, ich kann sie nicht aufstehen, ich kann sie heute Morgen nicht aufstehen, ich kann sie nicht aufstehen, ich kann sie nicht aufstehen, ich kann sie nicht aufstehen. Ich kriege sie überhaupt nicht auf; Der Korporal ist schlimmer als der Gefreite, der Sergeant ist schlimmer als der Korporal, der Leutnant ist schlimmer als der Sergeant und der Hauptmann ist schlimmer als sie alle.

Im selben Moment ertönte auch aus dem Infanterie- und Artillerielager der Weckruf.

Es entstand eine kurze Pause; und als nächstes muss die „Versammlung" erklingen. Aus den Kasernen strömten die Männer, knöpften Mäntel zu und setzten Mützen auf, um ihre Kompanien zu bilden. Die Unteroffiziere riefen die Liste auf und berichteten über „Anwesend, Abwesend oder Erklärt".

Aus den Schornsteinen der Kompanieköche und der Frauen und Bediensteten in der Offiziersreihe stieg Rauch auf, und bald musste Ned, jetzt allein, vom Exerzierplatz aus „Mess" ertönen lassen:

Suppenartig, suppenartig, suppenartig, keine einzige Bohne;
Kaffee, Kaffee, Kaffee und kein bisschen Sahne;
Schweinefleischig, schweinefleischig, schweinefleischig, und es ist nicht die geringste Spur von Magerkeit!

So klang auch er „Stalls":

Kommt alle, die ihr könnt, in den Stall und gebt euren Pferden etwas Hafer und etwas Mais; Denn wenn Sie es nicht tun, wird Ihr Oberst es wissen, und dann werden Sie es bereuen, so sicher, wie Sie geboren sind.

Und „Sick Call":

Holen Sie sich Ihre Pillen, holen Sie sich Ihre Pillen; Holen Sie sich Ihre Pillen, holen Sie sich Ihre Pillen; Holen Sie sich Ihre Pillen, holen Sie sich Ihre Pillen; Hol deine Pillen. Hol dir deine Pillen.


Allerdings gab es an diesem Tag, an dem die Siebte Kavallerie marschieren sollte, nur wenige Kranke.

Der Rest der Garnisonseinsätze, wie zum Beispiel Wachdienst und Ermüdung, wurde dem farbigen Infanterie-Signalhornisten zugeteilt, denn die Infanterie folgte nun der Routine im alten Fort Riley. Die Kavallerie hatte etwas Besseres.

Während einer Besorgung zum Haus des Generals hörte Ned die dortigen Vorbereitungen. Vor den Stufen der Veranda stand das Pferd des Generals, Phil Sheridan. Drinnen verabschiedete sich der General von Mrs. Custer. Ned konnte hören, wie er der „alten Dame" (was neben Libbie Mrs. Custers Lieblingstitel war) versicherte, dass es sich um einen kurzen Feldzug handeln würde; dass die Indianer Angst hätten, Ärger zu machen, und dass er sehr bald zurück sein würde.

„Das wird er tun, Miss Libbie; „Er wird zurückkommen, das wissen wir", tröstete Eliza. „Jedenfalls ist dieser Wahlkampf in der Ebene kein schlechter Wahlkampf in Virginny. Das weißt du, nicht wahr?"

Heraus kam der General und klirrte mit seinen Sporen und seinem Säbel. Jetzt trug er nicht mehr seinen Wildledermantel; Er trug die Uniform eines Oberstleutnants der Kavallerie. Er trug immer noch seinen schwarzen Schlapphut mit goldener Kordel und Quaste. Seine Hunde rasten vor ihm her, überglücklich über die Aussicht auf einen Galopp. Offensichtlich sollten sie gehen.

Aus dem Hauptquartier kommt Adjutant Moylan, bereit zum Aufsitzen. Ausgestattet mit seinem eigenen Säbel und Revolver, wie jeder Trompeter, versteifte sich Ned.

„Gute Stiefel und Sättel", befahl der Adjutant.

Ned setzte sein Signalhorn an die Lippen und blies laut und deutlich den temperamentvollen Takt „Boots and Saddles". Die Soldaten huschten hin und her, zu den Ställen, um Sattel und Zaumzeug zu holen; und es sah so aus, als hätten einige von ihnen dies bereits getan. Die Fuhrleute befestigten das letzte Geschirr an ihren Maultieren und führten sie im Trab zum Vorfach.

General Custer, blauäugig, goldlockig, bronzefarbenes Gesicht, schlank, aber drahtig, stand auf der Veranda seines Hauses und zupfte an seinen

Handschuhen, während er das geschäftige Treiben beobachtete. Mrs. Custer stahl sich mit der hübschen Diana (verdächtig rotäugig, wie sich Ned vorstellte) hinaus und drängte sich neben ihn. Er legte seinen Arm um sie. Aus der Tür dahinter blickte Elizas schwarzes Gesicht mit einem Turban und einem roten Kopftuch hervor.

„Zu Pferd", befahl der Adjutant von Ned.

Ned rief „To Horse". Aus den Ställen drängten sich die Soldaten und führten ihre Pferde, um die Kompaniereihen zu bilden.

Der General bückte sich hastig und küsste Mrs. Custer. Er schlurfte die Stufen hinunter, den Schlapphut im Kavalierswinkel, den gelb gefütterten Offiziersumhang schwebend und darunter seine purpurrote Krawatte. Er nahm dem Negerjungen die Zügel ab und stürzte sich auf Phil Sheridan.

Adjutant Moylan stieg auf, und Ned bestieg sein Spezialpferd Buckie, um ihm im Trab über den Exerzierplatz zu folgen.

Die Kompanien hatten sich gebildet und warteten, jeder Mann an der Spitze seines Pferdes. Auch die Trommeln und Signalhörner der Infanterie hatten ertönt; Alle Zelte waren zerstört, und die blauen und weißen Linien standen in einem „richtigen Kleid" an einem Strang.

„Bereiten Sie sich auf den Aufstieg vor!" schrie General Custer und zog seinen Säbel.

„Bereiten Sie sich auf den Aufstieg vor!" wiederholten die Kompaniechefs.

Jeder Soldat drehte sich um, steckte den linken Stiefel in den Steigbügel, legte die Hand auf Mähne und Sattel und wartete.

"Montieren!"

Mit einer Bewegung hoben sich die blauen Blusen und waren im Sattel. Ein paar Pferde stürzten, konnten aber in der Reihe gehalten werden. Die Fuhrleute saßen auf ihren Sitzen, ihre Leinen waren gespannt, ihre Peitschen waren bereit. Auf den Stufen oder Veranden aller Offiziersquartiere winkten Frauen und versuchten zu lächeln (und einigen gelang es, anderen nicht); Außerhalb des Postens waren die Befehle der Infanterie- und Artillerieoffiziere zu hören.

„Machen Sie den Vormarsch", befahl der General knapp.

Als Ned dies tat, antworteten ihm die Signalhörner der Infanterie mit einem ähnlichen Ruf.

„Vier richtig – marschieren!" Die neue Band ritt tapfer nach vorne. Der General wirbelte sein Pferd herum und trottete, gefolgt von seinem Hornist, zügig voran, um die Führung zu übernehmen. Alle Kompanien stellten sich zu Vieren zusammen, eine hinter der anderen, und die Schwalbenschwanz-Kavallerieführer in Weiß und Rot flatterten fröhlich im Wind.

Die neue Band schmetterte eine Melodie. Diesmal kein „Garryowen", sondern „The Girl I Left Behind Me".

Es war eine traurige Stunde, als ich das Dienstmädchen verließ und
einen langen Abschied nahm.
Ihre Seufzer und Tränen verzögerten meine Schritte –
ich dachte, ihr Herz würde brechen.
Mit hastigen Worten segnete ich ihren Namen,
ich atmete die Gelübde ein, die mich binden,
und drückte voller Schmerz
das Mädchen, das ich zurückgelassen hatte, an mein Herz.

Dann machten wir uns auf den Weg nach Osten,
um uns in der Geschichte einen Namen zu machen.
Und dort, wo die Sonne des Tages aufgeht,
ging unsere Sonne der Herrlichkeit auf;
Beide flammten mittags auf Alnas Höhe auf.
Als
ich in dem mir zugewiesenen Posten den Ruhm dieses Kampfes teilte,
ließ ich ein süßes Mädchen zurück.

Viele Namen trugen unsere Banner –

Es war eine ebenso inspirierende Melodie wie „Yankee Doodle", aber süßer.

Die Expedition bot einen großartigen Anblick. Zuerst ritt ein Trupp ausgewählter Pfadfinder – Delaware und Weiße – angeführt von Wild Bill, gekleidet in auffällige Wildlederstiefel mit Fransen. Scout „Pony Bill" Cody war nicht dabei. Es war ihm vorbehalten, eine weitere Abteilung nach Fort Hays zu führen.

Nach der Kundschafterreihe kamen die kommandierenden Offiziere und ihre Stäbe. General Hancock vertrat die Abteilung nur, um mit den Indianern zu sprechen, aber er rannte häufig auf dem Marsch auf und ab und inspizierte. Er und General Smith bildeten ein aktives Paar, das zu Kritik anregte.

Die Infanterie, lange Springfield-Gewehre schräg über der Schulter, Feldflaschen klirrend an den Hüften, mit der Artillerie und dem Pontonzug, der dahinter rumpelte, bildeten eine Kolonne. Eine Abteilung Rekruten aus Fort Leavenworth, die auf die Posten im Südwesten verteilt werden sollte, war gerade noch rechtzeitig beigetreten. Sie standen unter dem jungen Leutnant John A. Hannay von der Dritten Infanterie.

Die Siebte Kavallerie bildete, ihrer Truppe folgend, die andere Kolonne. General Custer und sein Adjutant, Leutnant Moylan, führten; und dicht hinter dem General ritt Ned, der Ordonnanzhornist. Hinter Ned stand der farbige Wachmann – Sergeant Kennedy mit den großen seidenen Sternenbannern, ein weiterer Sergeant mit der breiten blauen Standarte mit gelben Fransen der Siebten Kavallerie und die beiden Wachen, die die vier vervollständigten.

Der Generalstab und natürlich die Kavallerieoffiziere sowie die Artillerieoffiziere und die meisten Infanterieoffiziere waren zu Pferd; außer dem alten Major Gibbs, der fleischig war und vor Jahren in einem Indianerkampf schwer verwundet worden war. Er fuhr im Krankenwagen mit. Der junge Leutnant Hannay muss mit seinen Rekruten gehen.

Als Ned von seinem Sattel aus zurückblickte, erschauerte sein Herz, als er die langen blauen Säulen sah, über denen große und kleine Fahnen schwebten, und den Wagenzug, dessen weiße Hauben jeweils von sechs Maultieren gezogen wurden, der hinterherzog.

Die Kavallerie schien am wenigsten auffällig zu sein, denn alle Soldaten waren vollgepackt mit Deckenrollen, einer Bratpfanne, einem Blechbecher, einer Feldflasche, einem mit Reißzwecken gefüllten Rucksack, einem siebenschüssigen Karabiner, einem Säbel und einem mit Butcher besetzten Patronengürtel - Durchgestecktes Messer, Revolverholster, Lasso und an den Sattel gehängte Anstecknadel, dass die Reiter wirklich wie reisende Hausierer aussahen!

Was die andere Kolonne betrifft – Odell und Sergeant Kennedy und andere erfahrene Kavalleristen hatten untereinander gelacht, als sie hörten, dass Indianer mit Artillerie und einem Pontonzug verfolgt werden sollten.

# IV
# SATANTA HÄLT EINE REDE

Abgesehen von den Custer-Hunden, die ständig Kaninchen und Wölfe und ab und zu eine Antilope jagten, war der Marsch nach Westen nicht aufregend. Nach einiger Zeit verschwanden die Spuren der Eisenbahn, und es gab nur noch Etappenstationen mit gelegentlichen Ranches und ein oder zwei Siedlungen.

Neunzig Meilen entlang der Smoky Hill-Route befand sich ein weiterer Posten der Siebten Kavallerie, Fort Harker, früher Fort Ellsworth genannt. Dies war keine große Festung, sondern bestand nur aus ein paar kahlen Blockhütten mit Rasendächern, auf denen tapfer das Sternenbanner zu sehen war. Noch weiter westlich lagen Fort Hays und Fort Wallace oder Pond Creek. Allerdings wurde die Expedition in Fort Harker durch zwei weitere Truppen der Siebten Armee verstärkt und wandte sich nach Süden nach Fort Larned, siebzig Meilen quer durchs Land, entlang des Arkansas River und des alten Santa Fé Trail nach New Mexico. Von Harker aus zweigte eine Wagenstraße dorthin ab.

In Fort Harker wurde die Expedition von einem großen, bärtigen, soldatenfähigen Mann empfangen, der, wie Ned schnell hörte, als die Nachricht durch die Kolonne ging, Oberst Jesse H. Leavenworth war, Sohn des älteren Armeeangehörigen, nach dem Fort Leavenworth benannt wurde, und früher selbst ein Armeeoffizier.

„Er hat während des Krieges in den Ebenen von Colorado gedient", erklärte Sergeant Kennedy, den Ned sehr mochte, in der Mittagspause. „Kommandierte die Rocky Mountain Rangers. Ein guter Offizier, sagen sie. Jetzt ist er der Agent der Comanchen und Kiowas unten in Larned. Am selben Ort befindet sich auch ein weiterer Soldat und Agent: Major Wyncoop. Seine Indianer sind Arapahos, Cheyennes und 'Paches. Jeder Agent gibt dem anderen die Schuld für den angerichteten Schaden."

„Wie groß ist Fort Larned?" fragte Ned.

„Nun ja, Larned ist ein ordentlicher Posten, aber von der Größe her nicht so groß wie Riley. Viele Indianer kommen dorthin, um Vorräte zu kaufen und Büffelroben zu tauschen. Auch hier machen Etappen und Auswanderer halt."

Das Wetter war weiterhin mild und angenehm, und der Marsch hätte nur wie ein Übungsmarsch wirken können, wenn nicht die Kundschafter, die jetzt in größerem Umfang vorn und an den Flanken ritten und die Landschaft untersuchten, gewesen wären. Daran konnte man erkennen, dass das wirkliche indische Land erreicht worden war.

Allerdings kamen überhaupt keine Indianer in die Nähe des Marsches. Sie waren noch immer in ihren Winterdörfern und warteten auf das Signal der aufplatzenden Weidenknospen und des grün werdenden Grases. Ned, der regelmäßig im Zelt des Hauptquartiers Dienst hatte, konnte nicht umhin, den größten Teil der Unterhaltung mitzuhören; und er hörte, wie Colonel Leavenworth mit General Custer sprach.

„Meine Indianer campieren größtenteils im Süden, an der Grenze zu Texas", erklärte Colonel Leavenworth. „Es wird schwierig sein, sie so weit nach oben zu bringen, bis sie ihre Rationen aufgebraucht haben. Satanta kommt jedoch, um dir zu sagen, was er denkt."

„Der rote Schlingel", beschuldigte General Custer rundheraus.

„N-nein, er ist ein kluger Indianer. „Er ist ein ziemlicher Mann, Custer", erklärte der Colonel. „Ich kann auf Satanta zählen, und er ist der Anführer der Kiowas. Die Indianer, um die ihr euch kümmern wollt, sind die Wyncoops. Soweit ich weiß, hat Wyncoop sie aufgefordert, nach Larned zu kommen und Sie zu einem Rat zu treffen."

„Nun, wir werden hören, was der alte Satanta zu sagen hat und was die anderen zu sagen haben; Aber Hancock möchte deutlich machen, dass auch *wir* etwas zu sagen haben", antwortete General Custer. „Wir werden die Friedenspfeife rauchen – und wenn sie Krieg wollen, können wir ihn ihnen in jeder Form geben, zu Pferd, zu Fuß und mit Artillerie. Soweit ich weiß, bin ich bereit, meine Siebte Kavallerie bei Bedarf freizulassen. Nach einem Winter voller Training und Disziplin sind sie in einigermaßen guter Verfassung. Sie brauchen nur einen Kampf Schulter an Schulter, um ein echtes Regiment aus ihnen zu machen."

Die terrassenförmig angelegten Hochebenen am Rande der Smoky Hill Fork waren zurückgeblieben; die flachen Ebenen wurden immer sandiger; Und schließlich, vier Tage nach Fort Harker, wurde am siebten April erneut eine Garnisonsflagge gesichtet, die rot, weiß und blau im Präriewind wehte.


Hier, wo der Pawnee Fork River aus dem Westen in den Great Bend of the Arkansas mündete, befand sich Fort Larned, das seinen Teil im Südwesten von Kansas bewachte, und der Santa Fé Trail führte nach Colorado und New Mexico. Fort Larned war Riley ziemlich ähnlich und bestand teilweise aus Stein. Es war die Agentur für die Arapahos und Cheyennes und einige Apachen, die nördlich davon jagten, und für die Kiowas und Comanchen, die südlich davon jagten. Hierher brachten die Indianer Tausende von Büffelroben, um sie gegen Zucker, Kaffee, Stoffe und Schmuck einzutauschen.

Es wäre zu erwarten, dass Indianer rund um Fort Larned lagerten; aber es war kein einziges Tipi in Sicht, außer ein paar einfachen Zelten, in denen einige Mischlinge oder Squaw-Männer, wie sie genannt wurden – Händler und Mitläufer – untergebracht waren. Es wurde berichtet, dass sich oberhalb der Pawnee Fork etwa dreißig Meilen ein Winterdorf unter Häuptling Pawnee Killer der Sioux und Häuptling White Horse der Cheyennes befand, aber der Marsch wurde hier nicht fortgesetzt. Als die Truppen das Mittagslager außerhalb des Postens betraten, wurden General Hancock und sein Stab von Agent Wyncoop von den Arapahos, Cheyennes und Apaches empfangen.

„Die Stämme meiner Agentur sind friedlich gesinnt", verkündete Major Wyncoop hitzig. Während Colonel Leavenworth, der in der Nähe stand, lächelte. „Sie haben selten gegen die Gesetze verstoßen und wurden wegen Verbrechen anderer Stämme angeklagt. Sie haben besonders unter den Kiowas gelitten, die die unruhigsten Indianer der Prärie sind und mehr als alle anderen Strafe verdienen. Ich habe wie gewünscht Läufer in die verschiedenen Dörfer geschickt, und die Häuptlinge haben mir mitgeteilt, dass sie am 10. April zu einem Rat zusammenkommen werden. Wenn der kommandierende General bis dahin wartet, was nur drei Tage dauert, bin ich mir sicher, dass alles so ist wird zufriedenstellend angepasst."

„Wir werden warten", bemerkte General Hancock knapp. „Colonel Leavenworth, haben Sie etwas, was Sie sagen möchten?"

„Nicht mehr als ich bereits gesagt habe, Sir", antwortete Colonel Leavenworth. „Ich kann nur wiederholen, dass meiner Meinung nach die Kiowas und Comanchen diejenigen sind, denen Unrecht zugefügt wurde – schweres Unrecht, weil ihnen zahlreiche Missetaten angelastet wurden, für die die anderen Stämme dieses Bezirks verantwortlich sind und für die sie streng bestraft werden sollten." . Hier!" er fügte hinzu. „Hier ist Satanta selbst. Er wird für die Kiowas sprechen."

Von unten auf dem Santa-Fé-Pfad näherte sich im Galopp eine kleine Gruppe Indianer, deren Decken und Kopfbedeckungen in der klaren Luft hin und her wehten. An erster Stelle ritt ein Mann, der ein Soldat hätte sein können, denn er trug ein Hemd und einen Säbel; aber Federn in seinem Haar kündigten den Indianer an. Er verließ den Pfad, um die ebene Sandfläche zu überqueren, stieg kurz vor der Versammlung am Rande des Lagers ab und ließ sein Pferd zurück (ein prachtvoller Brauner, fröhlich mit Farbe und Schmuck geschmückt), begleitet von den anderen Indianern Er stieg ebenfalls ab und ging zu Fuß weiter.

„Satanta!" murmelte; und Offiziere und Männer starrten offen zu.

Ned wusste wie alle anderen im Westen von Satanta, dem berühmten Kriegshäuptling der kämpfenden Kiowas; Anführer bei vielen Razzien, schlau und eloquent. Er war mittelgroß, aber stämmig und muskulös und gab sich stolz. Sein schwarzes Haar, das am Scheitel zinnoberrot gefärbt war, war auf beiden Seiten eines recht gutmütigen Gesichts glatt nach unten gekämmt. Links verlängerte es sich zu einem Zopf, rechts war es jedoch kurz geschnitten – das Zeichen der Kiowa. Über dem Zopf war eine Adlerfeder durchgesteckt. Seine Augen waren scharfsinnig und funkelnd, seine Stirn war breit und hoch, und unter einer breiten, geraden Nase befand sich ein dünnlippiger, gerader Mund. Aus seinem Kinn wuchsen ein paar Borsten, aber die meisten waren offensichtlich herausgerissen worden. Alles in allem hatte er ein intelligentes Gesicht mit einer humorvollen Note.

Beim Gehen machte er mit seinem kräftigen Körperbau und seinem schweren Körper eine gute Figur. Zu seiner Befriedigung klirrte sein Säbel gegen seine nackten Beine, und an der Brust seines fleckigen Baumwollhemds trug er einen silbernen Anhänger.

„Satanta! Satanta!"

"Wie?" grunzte Satanta, als sich der Kreis öffnete, um ihn zu begrüßen. Er schüttelte allen die Hand; und mit diversen „Hows?" auch seine Gefährten schüttelten ihm die Hand.

Die Indianer setzten sich ruhig hin; das taten auch die Beamten. Von einem seiner Anhänger nahm Satanta in fürstlicher Manier eine langstielige Pfeife entgegen. Es war gefüllt, und nun wurde es mit Feuerstein und Stahl angezündet, und zunächst wurde Satanta herumgereicht. Alle nahmen der Reihe nach feierlich einen Zug. General Custer wäre fast erstickt, weil er keinen Tabak konsumierte.

„Lassen Sie einen der Späher dolmetschen", befahl General Hancock.

„Romeo", sagte General Custer.

„Sagen Sie ihm, dass wir bereit sind, zu hören, was er zu sagen hat", wies General Hancock Romeo, den kleinen Mexikaner, an.

Romeo sprach einen kehligen Satz zum Häuptling; Satanta grunzte kurz.

„Er will Geschenke", übersetzte Romeo.

„Es werden Geschenke mitgebracht", antwortete der General.

Nachdem die Vorbereitungen abgeschlossen waren, erhob sich Satanta majestätisch zu seiner Rede. Mit zurückgezogenen Schultern stand er mit verschränkten Armen vor dem Halbkreis der weißen Männer. Er begann zu sprechen. Während er fortfuhr, übersetzte Romeo, der Mexikaner, Satz für Satz, wobei der Häuptling jedes Mal darauf wartete, dass er es tat.

„Ich rufe die Sonne an, um zu bezeugen, dass ich klar reden werde", sagte Satanta. „Meine Zunge ist nicht gespalten. Es kann nicht lügen. Ich verstehe, dass Sie hergekommen sind, um uns zu besuchen. Mein Herz ist froh und ich werde nichts vor dir verbergen. Ich habe mich von den Indianern entfernt, die Krieg wollen, und ich bin auch gekommen, um Sie zu sehen und mit Ihnen zu sprechen. Die Kiowas und die Comanchen sind nicht diejenigen, die gekämpft haben. Die Cheyennes sind diejenigen, die kämpfen. Sie kämpfen am Tag und nicht in der Nacht. Wenn ich gekämpft hätte, hätte ich auch tagsüber gekämpft. Vor zwei Jahren habe ich mit Ihren Häuptlingen Harney, Sanborn und Leavenworth an der Mündung des Little Arkansas Frieden geschlossen. Diesen Frieden habe ich nie gebrochen. Ich habe nichts getan und ich habe keine Angst. Ich bin bereit, guten Worten zuzuhören. Wir haben lange darauf gewartet, Sie zu sehen, und wir wurden langsam müde. Das gesamte Land südlich von Arkansas gehört den Kiowas und Comanchen, und ich möchte nichts davon verschenken. Ich liebe das Land und die Büffel und werde mich nicht davon trennen. Wenn deine Soldaten durch das Land kommen, töten sie viele Büffel und lassen sie liegen. Ist der weiße Mann ein Kind, das er rücksichtslos töten und nicht essen sollte? Wenn die Roten Männer Wild töten, tun sie es, damit es lebt und nicht verhungert. Ich möchte, dass Sie gut verstehen, was ich sage. Bringen Sie es zu Papier. Lassen Sie es den Großen Vater in Washington sehen und lassen Sie mich wissen, was er sagt. Ich höre viel Gutes von den Lehrern, die der Große Vater uns schickt, aber sie tun nie das, was sie versprechen. Ich möchte keine der Medizinhütten (Schulen und Kirchen) in meinem Land haben. Ich möchte, dass meine Kinder so erzogen werden, wie ich war. Wir danken Ihnen für Ihre Geschenke. Wir wissen, dass Sie Ihr Bestes geben. Auch ich und meine Vorgesetzten werden unser Bestes geben. Sie sind alle große Häuptlinge. Wenn Sie auf dem Land sind, schlafen wir glücklich und haben keine Angst. Ich habe gehört, dass Sie beabsichtigen, uns eine Reservierung zuzuteilen. Ich möchte mich nicht zufriedengeben", und Satantas Stimme war hoch. „Ich liebe es, durch die Prärie zu streifen. Dort fühle ich mich frei und glücklich, aber wenn wir uns niederlassen, werden wir blass und sterben. Ich habe meine Lanze, meinen Schild und meinen Bogen beiseite gelegt, weil ich mich in deiner Gegenwart sicher fühle. Ich habe dir die Wahrheit gesagt. Ich habe keine kleinen Lügen über mich versteckt, aber ich weiß nicht, wie es mit dir ist. Sind Sie so klar wie ich? Vor langer Zeit gehörte dieses ganze Land unseren Vätern. Wenn ich jetzt am Fluss entlanggehe, sehe ich Soldatenlager an seinen Ufern. Diese Soldaten haben mein Holz gefällt; sie töten meinen Büffel; Und wenn ich das sehe, platzt mir fast das Herz. Als ich heute hierher kam, fiel mir auf dem Weg eine kleine Rute auf, die zerrissen und weggeworfen worden war. Es tat mir weh, das zu sehen. Ich dachte, wenn dieser kleine Zweig hätte wachsen dürfen, wäre daraus ein mächtiger Baum geworden, der meinem Volk Schutz bietet und es mit Schatten und Holz versorgt. Die Weißen haben es zerstört." Satanta machte hier eine große Geste. „Aber wenn ich mich über die Prärie umsehe, sehe ich, dass sie groß und gut ist, und ich möchte nicht, dass sie mit dem Blut der Weißen befleckt wird. Wenn der Vertrag uns Wohlstand bringt, wie Sie sagen, wird er uns umso besser gefallen. Aber wenn es uns Gutes oder Schlechtes bringt, werden wir es nicht aufgeben. Wenn ich einen Frieden schließe, ist es ein langer und dauerhafter Frieden. Ich habe gesprochen."

Als Satanta fertig war, erklang bei den anderen Indianern ein zustimmendes Murmeln in Form eines zufriedenen Grunzens. und sogar die Offiziere tauschten bewundernde Worte aus. Satanta hatte eine großartige Rede gehalten.

„Sagen Sie ihm", sagte General Hancock zu Romeo, „dass wir es gehört haben und froh sind zu wissen, dass er unser Freund ist." Wir kommen nicht im Krieg, sondern im Frieden. Sagen Sie ihm, dass wir ihm als Zeichen unserer Freundschaft die Uniform eines großen weißen Häuptlings schenken."

Auf ein Zeichen des Generals brachte ein anderer Offizier Satanta den Mantel, die Schärpe und den Hut eines Generalmajors. Sie hatten einen Stil, der durch spätere Vorschriften geändert worden war, aber das machte für Satanta keinen Unterschied, der mit den Schulterklappen und der doppelten Reihe von Messingknöpfen, der roten Seidenschärpe und dem Dreispitz, der mit einer schwarzen Schleife geschmückt war, sehr zufrieden zu sein schien Feder. Er legte sofort das neue Gespann an und stolzierte darin mit bloßen Beinen herum und schleppte seinen Säbel.

Nachdem er und alle seine Tapferen in der Festung alles beschafft hatten, was sie konnten, folgten sie schließlich dem Weg, von dem sie gekommen waren.

„Das, meine Herren, war eine wunderbare Rede. „Das wäre eine Ehre für einen weißen Mann", kommentierte General Hancock das versammelte Publikum eindrucksvoll.

„Ich kenne Satanta oder den Weißen Bären, seit ich ein kleiner Junge war und meinem Vater hier draußen in der Ebene gefolgt bin", sagte Colonel Leavenworth. „Ich betrachte ihn als den größten Inder. Er lebt stilvoll in seinem Tipi. Hat ein Messinghorn, das er zum Essen bläst, und einen Teppich und messingbeschlagene Schoßbretter zum Essen."

„Meiner Meinung nach ist Satanta ein Schurke, meine Herren", sagte Wild Bill leise. „Niemand kann leugnen, dass er ein großes Gerede macht; Aber Taten zählen in diesem Land – und wenn dieser Kerl nicht bei seiner ersten Chance noch mehr Ärger macht, kenne ich keine Indianer. Er ist schlau und krumm wie ein Präriehundebau."

Ned hielt die Augen nach der Gestalt des Pawnee Killer offen. Er hoffte, dass Pawnee Killer aus dem Dorf zu Besuch kommen würde und vielleicht dazu gebracht werden könnte, General Hancock oder General Custer zu sagen, wo seine, Neds, Schwester war.

„Bis zum zehnten werden keine Indianer eintreffen", versicherte Sergeant Kennedy. „Es gehört nicht zur injunischen Etikette, vor dem Datum des Konzils zu erscheinen."

„Die infarnalen Schurken kommen vielleicht sowieso nicht", erklärte California Joe und schüttelte den Kopf. „Sie sind die aufrichtigsten Lügner, die je geschaffen wurden. Aber auch ohne sie werden wir alle Hände voll zu tun haben, denn es braut sich ein lästiger Sturm zusammen. Merkt ihr, wie die Gänse nach Süden statt nach Norden fliegen? Vielleicht denken sie, es sei Herbst statt Frühling; Aber ich habe nie wild gehupt, weil ich mich bei Datteln getäuscht habe."

Der Tag war warm und sonnig – fast zu warm. Der Abend blieb klar, während das Lager friedlich schlief, aber der Morgen dämmerte mit einem Dunst und einem kühlen Wind aus dem Norden. Schnell wurde der Dunst dichter, der Wind wurde kälter; und bevor das Frühstück zu Ende war, rieselte der Schnee immer schneller.

Für den 9. April war es ein heftiger Sturm. Den ganzen Tag über fielen die Flocken heftig, während die Kälte zunahm. Nachts lag der Schnee zwanzig Zentimeter hoch. Lange vor Einbruch der Nacht hatten die Offiziere und Soldaten alle zusätzlichen Kleidungsstücke angezogen, die sie finden konnten, und lagen zusammengekauert in Mänteln und Decken herum, die Taschentücher über die Ohren gebeugt. California Joe machte eine komische Figur, sein breitkrempiger Sombrero war mit einem Seil in Form eines Kohleneimers festgebunden, sodass die Krempe auf beiden Seiten seine Schultern berührte. Um seinen Hals trug er eine rote Spitze, die aussah, als hätte sie einst die Taille eines Indianers umschlossen. Der Saum seines Kavalleriemantels war von Lagerfeuern versengt. An seinen Füßen waren Jutesäcke fest zu einem Bündel zusammengebunden, und seine Hände waren tief in den Taschen seines Mantels vergraben, während unter der Hutschaufel Rauch aus seiner schwarzen Pfeife strömte.

Er sah komisch aus, California Joe; aber nicht alles war lustig. Natürlich gab es weder Zelte noch Feuer für die Pferde. Sie waren an einem Lattenseil festgebunden, das von Pfahl zu Pfahl gespannt war; Und hier wandten sie sich dem schneidenden Wind zu und zitterten und schrumpften, als sich der Schnee auf ihren Rücken türmte. Ja, und zweifellos wären sie umgekommen, wenn General Custer nicht angeordnet hätte, dass sie doppelte Haferrationen erhalten und dass die Wachen nachts auf und ab, auf und ab gehen und sie auspeitschen, damit sie sich bewegen. Zweimal schlich sich Ned davon, um Buckie zu inspizieren; und stellte fest, dass es ihm so gut wie möglich ging.

---

# V
# IN DER KAMPFREIHE

Mit steifen Lippen blies Ned bei Sonnenaufgang den ersten Ruf nach einem ziemlich zugefrorenen Kavallerielager; und die fröhlichen Weckrufe konnten bei den Soldaten keine große Begeisterung hervorrufen. Bei der Versammlung zum Appell fielen die Männer bis zur Nase verhüllt hinein, die Mäntelkragen hochgeschlagen und die Kleidung über den Ohren festgebunden.

Allerdings hatte es aufgehört zu schneien, die Sonne lugte hervor und offensichtlich war der Sturm vorüber. Jetzt würde die Aprilsonne bald die Ebenen entblößen.

General Custer schien der Sturm nichts auszumachen; und dabei hatte es wie immer etwas Spaß gemacht. Ned hörte, wie er seinem Bruder Colonel Tom Custer und mehreren anderen Offizieren unter lautem Gelächter einen Witz erzählte.

"Hahaha!" Wie sie alle brüllten und kicherten, keiner lauter als der General selbst.

Niemand rechnete damit, dass die Indianer heute, am zehnten, eintreffen würden, denn der Schnee und die Kälte würden ihnen ein Zuhause bieten. Zwei Soldaten ritten mit einem Versandbeutel voller Briefe von Offizieren und Männern für Riley und den Osten davon; und der Brief des Generals an Mrs. Custer, den Ned im allerletzten Moment überbrachte, muss der dickste von allen gewesen sein. Kein Depeschenüberbringer verließ den Marsch oder das Lager ohne, wie es schien, einen Brief des Generals für Mrs. Custer. Er führte ein regelmäßiges Tagebuch.

Die Sonne schien, aber das Wetter blieb beißend kalt. Man ging jedoch davon aus, dass die Indianer am nächsten Tag, dem elften, eintreffen würden. Am Morgen schickte Pawnee Killer die Nachricht, dass er mit seinen Leuten zum Fort aufgebrochen sei, als sie eine große Büffelherde entdeckt hatten; Also hatten sie angehalten, um Fleisch zu holen.

Diese Ausrede gefiel weder General Hancock noch einem der Offiziere; und selbst Major Wyncoop hatte Mühe, zu erklären, warum Büffel wichtiger sein sollten als ein Engagement im Rat.

„Sie haben nicht vor, hereinzukommen, meine Herren", erklärte Wild Bill gegenüber General Hancock, Custer und anderen. „Sie spielen auf Zeit; das ist alles. Das erste, was Sie wissen, ist, dass sie verschwunden sind. Es ist nicht Teil ihrer Absichten, irgendeine Art von Pow-Wow abzuhalten. Dieser Schnee wird über das Gras streichen; und danach pass auf!"

„Wenn sie nicht zu uns kommen, gehen wir zu ihnen", verkündete General Hancock. „Wir geben ihnen noch vierundzwanzig Stunden, um ihr Versprechen zu halten."


Der General hielt sein Wort. Am Abend des nächsten Tages gingen Befehle durch das Lager, um einen frühen Marsch am nächsten Morgen vorzubereiten.

An diesem Abend kamen mehrere Hundesoldaten-Häuptlinge, angeführt von Tall Bull, einem Cheyenne, aus dem Abendrot zum Abendessen und dem kleinen Cheyenne-Jungen angeritten. Als Dolmetscher fungierte ein junger Mann namens Edmond Guerrier. Sein Vater war ein französisch-kanadischer Trapper im alten Fort Laramie auf der Platte, und seine Mutter war eine Cheyenne-Frau. Wie sein Vater hatte er einen Cheyenne geheiratet und lebte bei den Cheyennes, wann immer er wollte. Der Kommandant von Fort Larned und Major Wyncoop empfahlen ihn als erstklassigen Dolmetscher.

Das Gespräch hatte keinen Sinn, denn die Häuptlinge sagten nichts Wichtiges. Aber sie verbrachten die Nacht als Gäste von General Hancock in einem für sie aufgestellten Zelt.

Am frühen Morgen brachen die Häuptlinge, die zu Besuch kamen, auf und nahmen den kleinen Cheyenne-Jungen mit, der sich zurückhielt und wimmerte.

„Er ist jetzt weiß", kommentierte Wild Bill, während er zusah. „In einem Monat wird er rot sein und in sechs wird Cheyenne die einzige Sprache sein, die er kennt."

„Das Wichtigste, was sie tun werden, wäre, ihm die Ladenkleidung auszuziehen und ihn in eine Decke und Leggings zu stecken", sagte California Joe. „Morgen würdest du ihn nicht wiedererkennen."


Nun war alles bereit für den Weitermarsch ins Dorf. Bald nachdem die Indianer abgezogen waren, erklangen die klaren Töne des „Generals" aus den Signalhörnern der Kavallerie, Infanterie und Artillerie. Im Handumdrehen fiel jedes Zelt flach zusammen. Die Leinwand wurde schnell zu quadratischen Paketen zusammengebunden und in die Waggons verladen. Rasch wurden Reihen aufgestellt, die Kavallerie bestiegen, und von Fort Larned aus marschierten die Truppen den Pawnee Fork des Arkansas hinauf.

Die Route folgte dem Fluss, der sich, von Weiden und Erlen gesäumt, kurvenreich wand. Die Späher ritten voraus und zu beiden Seiten – Fall Leaf und seine Tapferen waren besonders wachsam, denn alle Westindianer waren ihre Feinde.

Schon zuvor wurden bewegliche Gestalten gesichtet. Es waren Indianer, aber sie hielten sich außerhalb der Rufweite. Es entstand großer Rauch, der nach einigen Meinungen in der Kolumne dadurch verursacht wurde, dass die Indianer das Büffelgras verbrannten, damit es kein Futter für die Expedition gab. Dann, gegen Abend, als das Indianerdorf noch zehn Meilen entfernt war, galoppierte von oben eine weitere Gruppe von Häuptlingen und Kriegern herab.

Sie wurden von Wild Bill hereingeführt und General Hancock vorgestellt. Sie drängten ihre Pferde an die Pferde der weißen Männer und schüttelten sich die Hände.

„Da ist Pawnee Killer!" rief Ned aufgeregt aus, als er hinsah. "Sehe ihn? Der Mann mit dem gelben Schild auf dem gefleckten Pferd."

General Custer hörte die Worte und zügelte einen Moment.

„Die Pfadfinder sagen alle, dass er Ihnen nichts über Ihre Schwester erzählen wird", warnte der General. „Es ist sehr wahrscheinlich, dass er es nicht weiß. Aber wir werden sie finden. Vielleicht nicht diese oder nächste Woche, aber irgendwann; Wir sind auf dem richtigen Weg, dies zu tun."

„Ja, Sir", antwortete Ned ernst.

Die Gruppe der Häuptlinge hatte sich umgedreht und ritt zusammen mit dem Stab des befehlshabenden Offiziers; ihre bemalten Ponys tänzelten flink; Decken und Fransen zitterten im Wind.

Die Nacht brach herein, der Marsch hatte einundzwanzig Meilen zurückgelegt und die Infanteriesoldaten waren sehr erschöpft. Also schlug die Kolonne neun Meilen vom Indianerdorf entfernt ihr Lager am Ufer des Pawnee Fork auf.

Bis dahin hatte Ned keine Gelegenheit, sich Pawnee Killer zu nähern. Er hatte jetzt keine Angst mehr vor dem Häuptling; denn trug er nicht einen sechsschüssigen Revolver und einen Säbel, und war er außerdem nicht ein Soldat in der Uniform der US-Armee? Er war jedoch sicher, dass Pawnee Killer ihn erkennen würde. Und schließlich, in der Dämmerung, als Pawnee Killer, in eine Decke gehüllt, vorbeiging, begrüßte Ned ihn in Sioux mit einem kurzen:

„Wie, Kola?" (Hallo Freund?)

Pawnee Killer blieb stehen und blickte zur Seite.

"Wie?" er sagte.

„Du kennst mich, Pawnee Killer?“

"NEIN;" und Pawnee Killer würde sterben.

"Warten. Wo ist meine Schwester?“

Pawnee Killer schüttelte ungeduldig den Kopf. Kein Muskel seines dunklen Gesichts veränderte sich. Wie sehr Ned ihn in diesem Moment hasste: hasste ihn für das erlittene Unrecht – für die Erinnerung an den ermordeten Vater und die ermordete Mutter und für das harte Leben von ihm und seiner Schwester im Lager. Er konnte kaum die Finger von seinem Revolver lassen, genauso wenig wie der junge Ned, der da stand und einen Blick nach dem anderen erwiderte.

„Haufen Idiot. Weißer Junge, Haufen Narr“, grunzte Pawnee Killer verächtlich, zog seine Decke enger um sich und stolzierte weiter. Ned sprang einen Schritt hinter ihm her; dann blieb ich stehen. Er darf nicht voreilig sein. Er muss warten. General Custer hatte es ihm versprochen, und er, Ned, war nur ein Opfer unter vielen. Ja, er würde warten und sich auf den General verlassen.

Bevor es losging, war im ganzen Lager klar, dass Pawnee Killer und White Horse die Nacht als Gäste von General Hancock verbringen würden (denn Gerüchte verbreiteten sich schnell, besonders als California Joe Nachrichten zwischen den Feuern überbringen wollte). und dass sich am Morgen alle Häuptlinge des Dorfes im Lager zum Rat versammeln sollten. Deshalb ritt Pawnee Killer früh am Morgen – aber erst nachdem er ausgiebig gefrühstückt hatte – aus, um, wie er sagte, die anderen Häuptlinge zu holen.

Das Lager wartete.


Neun Uhr oder wenn die Sonne drei Stunden am höchsten stand, war die Stunde für den Rat. Neun Uhr kam und verging, aber Pawnee Killer und die anderen Häuptlinge kamen nicht. Dann kam ein neuer Häuptling, der zügig aus der Richtung des Dorfes angeritten kam. Laut California Joe hieß er Bull Bear; ein Cheyenne.

Er wurde von Wild Bill empfangen und direkt zum Hauptquartier von General Hancock geführt, wo ein weiteres der vielen Gespräche geführt wurde. California Joe, der in der Nähe des Custer-Zeltes herumlungerte, wo Ned, der ordentliche Hornist der Siebten Kavallerie, Dienst hatte, lachte mit seinen struppigen Schnurrhaaren.

„Diese Thar-Injuns haben niemals die Absicht, die Soldaten in irgendeinem Rat zu treffen", versicherte er. „Das Wichtigste, was wir wissen, ist, dass sie alle weg sein werden, völlig außer Gefecht. Und ich wette mein altes Maultier um ein Pfund Bakcy, dass die Frauen und Kinder bereits gehen. Wenn wir dieses Dorf erobern wollen, müssen wir schnell da sein."

Offensichtlich war dies die Meinung von General Hancock. Man hatte lange genug mit ihm gespielt. Bull Bear ritt mit einem festen, aber wohlgenährten Gesichtsausdruck davon, ebenso wie Pawnee Killer und andere Häuptlinge. Und als General Custer schnell von der Konferenz zurückging, sagte er zufrieden zu Adjutant Moylan: „Wir gehen. Zerschlagt die Zelte."

Die Signalhörner der Infanterie läuteten den „General" und Ned beeilte sich, sich der Kavallerie anzuschließen. Die Zelte kamen herunter. Und mit „Boots and Saddles" und „To Horse" wurde die Siebte Kavallerie auf den Marsch bzw. die Schlacht vorbereitet.

Wieder setzte sich die Expedition in Bewegung und marschierte klirrend, knarrend und polternd durch das Land und stieg entlang der Pawnee Fork auf, als ob sie dieses Mal direkt bis zum Dorf vordringen würde.

Nun deutete die Formation darauf hin, dass General Hancock ebenfalls auf Frieden oder Krieg vorbereitet war. Die Infanterie rückte vor, Artillerie und Pioniere dicht dahinter, der Fluss schützte die linke Flanke und die Kavallerie die rechte. Die Kundschafter ritten voraus, denn sie waren die Augen der Kolonne. Und gut war der tapfere General Hancock vorsichtig; Als nur ein paar Meilen zurückgelegt worden waren, kam Wild Bill im Galopp mit erhobener Hand zurück, als Zeichen zum Anhalten. Fast im selben Moment, als wir um eine Biegung des Weges bogen, tauchten die Spitzen der Säulen auf und boten einen wundersamen, erschreckenden Anblick.

Die Aussicht öffnete sich, ohne dass ein Baum oder Strauch sie durchbrechen konnte, bis sie von einer bewegungslosen Kampflinie scharf abgeschnitten wurde. Dort saßen sie auf ihren braunen, schwarzen, weißen und gefleckten Ponys – ein halbes Tausend Indianerkrieger, alle kampfbereit gekleidet. Schilde leuchteten weiß, gelb und rot; Lanzen schwebten in purpurroten Büscheln; Große Kriegshauben aus leuchtend gefärbten Federkämmen bedeckten fast die Reiter; Gesicht, Körper und Pony mit Kriegsbemalung übersät; und das Glitzern von Gewehr und Revolver zeigte, dass die Truppe wie die weißen Männer bewaffnet war.

Auf halbem Weg zwischen den beiden Gruppen befanden sich in erweiterter Reihenfolge die Kundschafter. Die Delawares hatten ihre Decken von den Schultern geworfen und saßen nackt bis zur Hüfte wachsam und ruhelos da, begierig auf den Kampf. Fall Leaf hielt sein Gewehr hoch und schüttelte es spöttisch.

Auf und ab der Reihe berittener Krieger ritten die Kriegshäuptlinge, die gestikulierten und redeten, als ob sie ihre Männer in Ordnung halten wollten. Aber General Hancock war nicht untätig gewesen. Sofort hatten seine Adjutanten die Sporen nach rechts und links gegeben und seine Befehle übermittelt. Die Signalhörner der Infanterie und der Artillerie ertönten schrill; Und dann kam der Adjutant, um die Kavallerie zu unterweisen. General Custer zupfte seinen gelben Schnurrbart und wartete ungeduldig.

Als er ankam, zügelte der Adjutant (es war ein junger Leutnant) sein Pferd bis zum Anschlag und salutierte.

„Der kommandierende General sendet seine Komplimente, Sir, und weist die Kavallerie an, auf der rechten Seite eine Schlachtlinie zu bilden."

„Truppen stehen ganz vorne in einer Reihe. „Zwei Truppen in Reserve", sagte der General sofort zu seinem Adjutanten, Leutnant Moylan; und er nickte Ned zu, um den Anruf abzublasen. Seine blauen Augen flammten; er sah glücklich aus. Weggehend spornte Leutnant Moylan die Viererkolonne an und überbrachte die Befehle. Signalhorn nach Signalhorn nahm die Belastung auf. Nach rechts trotteten die Vierer und erweiterten die Kavalleriefront Trupp für Trupp, bis sechs auf der Linie waren. Zwei verfassten als Reserve eine zweite Zeile.

Auch die Infanterie war mit voller Kraft an die Front vorgedrungen, und eine Kompanie nach der anderen war an die Kampflinie gekommen. In die Mitte war die Artillerie im Galopp gerollt und hatte sich abgelenkt.

„Kompanien – laden!"

Mit Rasseln und Knall kamen die langen Springfield-Hinterlader, die von den Vorderladern des Bürgerkriegs umgebaut wurden, zum „Laden" und bereiteten sich auf das „Zielen, Feuern" vor.

„Zieht – Säbel!" Die Stimme des Generals klang hoch.

Mit rasselndem Stahl blitzten sechshundert Säbel in der Morgensonne auf.

# VI
# DAS VERLASSENE INDISCHE DORF

Einer der Adjutanten erinnerte sich daran, dass die Späher langsam zurückgeritten seien, wobei vor allem die Delawares zögerten, die Front zu verlassen. Als sie vorbeikamen, rief General Custer Wild Bill zu:

„Ist es ein Kampf, Bill?"

„Sieht seltsam aus", antwortete Wild Bill und joggte weiter. Er war kein Mann vieler Worte. Aber California Joe ließ keine Gelegenheit zum Reden aus, und indem er zuvorkommend vor der Kavallerie von seinem Maultier aus innehielt, nahm er das Gespräch auf.

„Wenn wir uns streiten, wird es der goldigste Streit, den Sie je erlebt haben. Diese Indianer scheinen zu glauben, dass sie die Armee der Yewnited States auspeitschen können. Ein Indianer schlägt jedes Mal einen weißen Mann, der rennt, also gehe ich davon aus, dass unser bester Lagerplatz passt. Aber Marcy auf uns, sieh sie dir an! Wir sind nicht genug, um eine halbe Runde zu machen. Das ist eine große Sache, sage ich, und wenn wir diese Biester lecken, müssen wir Staub aufwirbeln. Vielleicht passt es nicht; Vielleicht ist es ein Scherz, sie auszulöschen. Aber sie haben eine Menge mächtiger Waffen, die ihnen die Indianerabteilung zur Verfügung gestellt hat, um damit Soldaten zu töten. Sehen Sie sich diese Gewehre an, ja? Sie werden schneller schießen als deine abgesägten Hyar-Karabiner. Nun, ich schätze, ich werde mich der Infanterie anschließen", und Joe schlenderte immer noch durch Kalifornien und ritt gemächlich durch eine Pause und postierte sich woanders. Seine Stimme, die alle um ihn herum freundlich ansprach, verstummte nie; aber niemand achtete mehr auf ihn. Die Krise war zu akut, als sich zwei solcher Linien, die Rote und die Weiße, in Schlachtordnung gegenüberstanden.

Die Ebenen hinter der Indianerlinie waren mit weiteren Indianern übersät, in Gruppen, wie Reserven, und in kleinen Trupps, als ob sie für den Kurierdienst zuständig wären. Die Häuptlinge hatten sich umgedreht und auf die Linie der Soldaten geachtet; und für einen Moment herrschte tiefe Stille. Jede Reihe beäugte die andere und wartete auf die erste Bewegung.

General Hancock ritt in Begleitung von Guerrier, dem Dolmetscher, und Wild Bill, dem Chef der Pfadfinder, sowie mehreren Offizieren seines Stabes kühn vorwärts und blieb auf halbem Weg stehen. Guerrier rief mit lauter Stimme auf Cheyenne und machte ein Zeichen für eine Konferenz. Daraufhin ritt aus den Reihen der Indianer eine Gruppe von Häuptlingen, die auf einem Lanzenstumpf einen weißen Lappen hochhielten. Auf ein

Zeichen von General Hancock hin und auf den Start eines Adjutanten hin trat General Custer vor, um an der Befragung teilzunehmen.

California Joe trat erneut vor, nahm kühl seinen Platz vor der Kavallerielinie ein und redete wie üblich weiter.

„Jetzt wird es mehr Palaver geben", verkündete er allen Zuhörern, „und in der Zwischenzeit packt das Dorf seine Sachen und skadoodlin'. Kennen Sie diese Häuptlinge? Der große Kerl mit der Waffenstillstandsfahne ist Roman Nose, Cheyenne – und er ist auch kein Faulpelz, Jungs. Andere der Cheyennes sind Bull Bear, White Horse, Grey Beard und Medicine Wolf; Der Rest sind Sioux, dieser Schlingel Pawnee Killer, Bad Wound, Left Hand, Little Bear, Little Bull, und ein großer Bär, der unter der Erde läuft. Hände schütteln, oder? Wall, ich schätze, wir streiten heute nicht. Vielleicht das nächste Mal. Ich schätze, ich werde mal nachsehen. Giddap!" Und davon galoppierte California Joe, im Nichts zurückgeblieben, um die Konferenz zu belauschen.

Das Gespräch schien zufriedenstellend zu sein, denn bald darauf kehrten die Häuptlinge zu ihrer Linie zurück, und die Stabsoffiziere machten sich auf den Weg, um verschiedene Besorgungen zu erledigen. General Custer übernahm wieder sein Kommando. Die Indianerlinie hatte sich gedreht und ritt in einer drängelnden, ungeordneten Masse davon. Die ersten Befehle entlang der Kampffront der Weißen deuteten darauf hin, dass der Marsch wieder aufgenommen werden sollte.

Nun folgte die Expedition wieder in Kolonne den Kriegern.

General Hancock schien die Verzögerungen satt zu haben. Es wurde kein Halt gemacht, es wurde wenig gesagt (außer von California Joe, der dahinschlenderte, wie es ihm gefiel, und rechts und links und vor sich hin redete); die Späher, in kompakter Form, sowie der General und der Stab führten; die Truppen trotteten hinterher; und schließlich, gegen Sonnenuntergang, erschienen in einer Biegung des Baches davor die gekreuzten Pfähle vieler weißer Hütten, aus denen Abendrauch aufstieg.


„Das ist ein altes Dorf", schrie California Joe der Kavallerie zu, die er offensichtlich adoptiert hatte. „Dreihundert Lodges, halb Cheyenne, halb Sioux. Auch ein toller Ort, nicht wahr? Viel Wald, Wasser und Gras und die Klippen im Norden und Westen, um den Wind abzuwehren. Vertrauen Sie darauf, dass ein Indianer ein gutes Lager aufschlägt."

Ein Adjutant kam im Galopp auf General Custer zu.

„Die Komplimente des kommandierenden Generals, Sir, und er weist die Kavallerie an, rechts ins Lager zu gehen, eine halbe Meile vor Erreichen des

Dorfes. Es werden Wachen postiert, um jegliche Kommunikation zwischen den Soldaten und dem Dorf zu verhindern. Es ist der Wunsch des Generals, dass die Indianer nicht durch Besucher belästigt werden."

„Huh!" grunzte California Joe. „Wenn das nicht der *rücksichtsvollste* General ist, den ich je gesehen habe. Das dürfte die Poren der Indianer nicht verärgern, hey? Wall, ich werde ins Schwärmen geraten!"

Während des Abends geschah im Lager wenig, außer dass Roman Nose (der tatsächlich ein gut aussehender Indianer war, groß und kräftig, mit breiter Brust und Schnabelnase), der Graubär und der Medizinwolf der Cheyennes hereinkamen, und Bald zogen zwei von ihnen auf Kavalleriepferden ab. Aus dem Gespräch zwischen dem General und Leutnant Moylan erfuhr Ned, dass die Squaws und Kinder aus dem Dorf geflohen waren, weil sie so viele weiße Soldaten fürchteten; oder zumindest hatten es die Häuptlinge so behauptet; und nun waren zwei der Häuptlinge ausgesandt worden, um sie einzuholen und zurückzubringen.


Die Nacht wurde klar und dunkel, und der Mond wurde von ziehenden Wolken verdeckt. Aus der Richtung des Indianerdorfes, wo schwach die weißen Hauthütten der Cheyennes und Sioux schimmerten, drang kein Laut. Ned blies „Tattoo" und „Taps", um das Licht auszuschalten; und das Kavallerielager sowie das Infanterie- und Artillerielager gingen zu Bett. General Custers Zelt war allein in der Nähe von General Hancocks Zelt aufgeschlagen worden. Das kleine „Welpen"-Zelt von Ned stand neben dem Zelt des Adjutanten, Leutnant Moylan. Und alles war still.

Ned hatte tief und fest in seinen Decken geschlafen, als er plötzlich von einer Stimme geweckt wurde, die leise, aber deutlich sprach.

„Moylan! Moylan! Oh, Moylan!"

"Was ist es?" und Leutnant Moylan regte sich.

„Ich bin es – Custer. Aufmachen."

"Jawohl."

Leutnant Moylan stand hastig auf, fummelte an den Klappen herum und löste sie. Ned spähte hinaus, die undeutliche Gestalt von General Custer war gerade noch zu erkennen.

„Mach kein Licht an", sagte er. „Dem Regiment wird der sofortige Abzug befohlen. Guerrier ist aus dem Dorf gekommen und meldet, dass alle Krieger satteln und eilig aufbrechen sollen. Der General möchte, dass wir das Dorf umzingeln und diese Bewegung im Keim ersticken. Am besten benachrichtigen wir die Kompaniechefs einzeln, damit diese es den

Oberfeldwebeln mitteilen können. Du nimmst ein Bataillon und ich nehme das andere. Fletcher wird mir folgen. Kein Lärm, wohlgemerkt. Lassen Sie die Männer nach Möglichkeit ohne Signalhorn oder andere Signale aufsatteln und einsteigen. Säbel gehalten, um ein Klirren zu verhindern."

Der General musste nicht lange warten, da er an den Zeltklappen stand; Leutnant Moylan schritt schnell mit lautlosem, hastigem Fuß in die eine Richtung, und Ned folgte seinem Anführer in die andere.

Inmitten der zusammengedrängten Leinwände ereignete sich eine Auferstehung, als die Kapitäne die ersten Sergeanten suchten und die ersten Sergeanten schnell von Zelt zu Zelt gingen und den Männern etwas zuflüsterten. Mit erstaunlich wenig Verwirrung und Lärm wurden die Pferde gesattelt, die Kompanien bestiegen und alles war bereit.

Ein leichtes Treiben im Rest des Lagers deutete darauf hin, dass auch die Infanterie und die Artillerie geweckt worden waren und unter Waffen gestellt wurden.

Das war aufregend; Und als sie losritten, im Schritt, in langer Kolonne, durch die stille Nacht, war Ned, hinter dem General und Adjutant Moylan und Guerrier, dem Dolmetscher, davon begeistert. Sie wollten das Indianerdorf umzingeln; und es könnte einen Kampf geben.

Jeder Säbel wurde zwischen Bein und Sattelblatt gesteckt, damit er nicht klirrte. Schweigend marschierte die schattenhafte Kolonne weiter. Befehle wurden im Flüsterton erteilt und durch Flüstern von Truppe zu Truppe weitergegeben. Der Mond war fast voll, aber zum Glück verdeckten die Wolken ihn ständig. In der Ferne zuvor flackerte das rote Licht eines Lagerfeuers im Dorf; Es wurde zum Leitfaden gemacht.

Die Kolonne machte einen schrägen Richtungswechsel, um das Dorf von oben anzugreifen. Das war ein guter Schachzug, denn wenn die Indianer versuchen würden zu fliehen, wären sie gezwungen, direkt in die Infanterie im Lager zu rennen.

„Glauben Sie, dass sie vermuten, dass wir kommen, Guerrier?" fragte der General leise.

„Das glaube ich nicht", antwortete Guerrier.

„Wir müssen auf einen Hinterhalt achten, Moylan", forderte der General. „Unser Besuch wird den roten Herren vielleicht nicht gefallen."

Jetzt war die Kolonne nahe. Der Mond lugte zwischen den Wolken hervor, und dann konnte man den Schimmer der weißen Büffellederhütten inmitten des Weiden- und Pappelhains am Fluss sehen.

„Lassen Sie jede hintere Truppe nacheinander als Scharmützler aufmarschieren und eine durchgehende, nach innen gerichtete Linie um das Dorf herum bilden", befahl der General dem Adjutanten. „Aber ruhig, denken Sie daran." Und zurück ritt Leutnant Moylan mit den Anweisungen.

Geschickt bildete sich der große Kreis; Denn als plötzlich der Mond aus den Wolken hervorbrach und wie ein Leuchtturm auf einer Insel des Himmels leuchtete, zeigte er die Kavalleristen, die regungslos auf ihren regungslosen Pferden saßen, in einem großen Saum; und in der Mitte befand sich das Geisterdorf. Nur eine leichte Brise wehte sanft durch die Pappeln, während der Bach, der durch Hain und Dorf floss, Musik murmelte.

Ein Reiter ritt von unten auf die Linie. Es war der Regimentsarzt Dr. Coates – ein fröhlicher Mann, immer auf der Suche nach Abenteuern.

„Beim Donner! Ich glaube, sie schlafen schon alle", flüsterte er aufgeregt.

„Was denkst du, Guerrier?" fragte der General unruhig.

„Kann ich nicht sagen. Vielleicht", antwortete der Mischling und spähte von seinem Pony aus.

„Nun, wir können reingehen und nachsehen. Ich würde gerne wissen, ob wir schließlich ein verlassenes Dorf erobert haben."

„Süßes Auburn, das schönste Dorf der Ebene", zitierte der Arzt, der solche Dinge gerne sagte.

„Nichts sehr Schönes an einem Indianerdorf, Doktor", erwiderte der General. „Ich nehme dich einfach mit, um es zu beweisen. Sagen Sie den Offizieren, sie sollen ihre Truppen bereithalten, Moylan, während wir uns das genauer ansehen. Komm sofort zurück. Ich will dich mit mir."

Der Adjutant begann schnell, das Wort durch den Kreis zu sprechen, und kehrte zurück.

„Wir sollten besser alle hineingehen", befahl der General und stieg ab. „Der Hornist auch. Vielleicht brauche ich ihn. Lassen Sie Ihre Pferde hier."


Schnell wandte sich Ned von Buckie ab. Schnell sprangen auch der Arzt, der Leutnant und Guerrier, der Dolmetscher, von ihren Pferden. Sie überließen die Tiere einem Pfleger und stapften zu Fuß vorwärts.

Der General und Guerrier führten. Das Mondlicht erleichterte das Gehen, und sie starrten aufmerksam auf die Zelte und gingen Schritt für Schritt über den offenen Raum, der den Kavalleriekreis vom Dorf in der Mitte trennte. Nichts ist passiert. Nach wie vor herrschte Stille, die nur durch die leichte Brise und das Plätschern des Wassers unterbrochen wurde.

Guerrier rief laut auf Cheyenne. Sofort bellte ein Hund und noch einer und noch einer, bis ein wütender, wütender Chor das stille Mondlicht zerriss.

„Viele Hunde", sagte er. „Ich denke also, dass sie immer noch da sind. Hunde würden auch gehen."

"Erneut aufrufen."

Er hat es getan. Der Arzt hatte nervös seinen Revolver gezogen.

„Warum antworten sie dann nicht?"

„Ich schätze, sie warten in den Bäumen; und wenn wir näher kommen, schießen sie vielleicht. So etwas gibt es nicht."

„Das ist eine beruhigende Vorstellung", platzte es aus dem General heraus. „Aber wir sind zu weit gegangen, um jetzt ehrenvoll einen Rückzieher zu machen. Lasst uns diese ersten Logen untersuchen."

Er zog seinen Revolver. Leutnant Moylan zog seinen, und Ned ahmte es nach. Der Griff des sechsschüssigen Gewehrs des schweren Colt fühlte sich gut in seiner Hand an. Noch einmal schlichen sie vorwärts, dieses Mal vorsichtiger. Neds Herz schlug mit einem Klopf-Schlag; aber er hatte keine Angst, wohin der General führte.

Der General fiel auf Hände und Knie, um den anderen ein Beispiel zu geben, und schlich so zum nächsten der kleinen Logenhaufen. Gelegentlich blieb er stehen und lauschte; Und dann blieben sie stehen und hörten allen zu, während sie den Atem anhielten. Noch immer schoss von den Bäumen kein Pfeil, rülpste kein plötzlicher Schuss, ertönte keine schrille, jubelnde Stimme; und aus den Hütten kam kein Laut.

„Ich glaube, jede Seele ist geflohen", sagte der General in eher normalem Ton und etwas erleichtert. Er erhob sich in gebückter Haltung. Guerrier ging schnell zum ersten der Logen, zog die Matte beiseite, die den Eingang verschloss, und trat hinein. Einer nach dem anderen folgten sie. In der Hütte befanden sich keine Insassen.

Der vertraute Geruch der Indianer – nach geräucherten Häuten und Kinnikinnick oder der Mischung aus Blättern und Tabak, die die Indianer in Pfeifen verwenden, nach Hunden und nach Fett – stieg Ned in die Nase. Ja, er selbst war in seinen Tagen der Gefangenschaft davon durchtränkt gewesen. In der Mitte der Hütte brannte noch immer ein Feuer, das ein schwaches Licht verbreitete, so dass sie sich umsehen konnten. Und sie schauten sich um, der Arzt am neugierigsten von allen. Die Dinge waren so zurückgelassen worden, als wären die Besitzer gerade ausgestiegen. Weiche Büffelroben bedeckten den Boden; Die Robenbetten waren an Ort und Stelle, und die Kopfrollen dienten als Kissen. Die Parfleches oder Kisten aus harter Bullenhaut waren wie üblich sorgfältig an den Rändern des Zeltes verstaut und voller indianischer Handarbeit. Farbbeutel, Fellschnüre, Mokassins – alles war da und wartete auf seinen Einsatz. Und über dem schwelenden Feuer hing ein Kessel, der sanft köchelte und einen Dampf ausstrahlte, der äußerst gut duftete.

Dies zog die Nase und das Auge des neugierigen Arztes an und er begann mit der Untersuchung.

"Großartiger Scott!" er sagte. „Was ist das – Suppe? Wo ist eine Schöpfkelle, ein Löffel oder so etwas? Hier; Ich habe einen gefunden. Ihr habt mich ohne Mittagessen rausgezerrt. Ich bin hungrig. Warten. Ich wollte schon immer die indische Küche ausprobieren. Es sollte erstklassig sein.“ Er suchte im Kessel herum und holte mit seinem Hornlöffel ein faustgroßes Stück heraus. „Was meinst du, ist das?“, fragte er, hielt es hoch und drehte es um. „Ähm! Köstlicher Geruch.“

„Probieren Sie es“, befahl der General.

"Ich werde." Und der Arzt tat es. Er schmatzte mit den Lippen. "Exzellent! Exzellent!" rief er und kaute es mit großer Befriedigung hinunter. „Muss Büffel sein, nach einem neuen Verfahren zubereitet.“

„Hier ist Guerrier“, sagte der Leutnant. „Er wird es wissen.“

Guerrier war auf einer weiteren Inspektionstour verschwunden; Jetzt trat er wieder ein.

„Was ist das für ein Fleisch, Guerrier?“ fragte der Arzt eifrig. "Versuch es. Nimm meinen Löffel.“

Guerrier tauchte bereitwillig den Löffel in den Wasserkocher und hakte ein Stück davon auf, das bisher größte. Er biss hinein.

„Natürlich ist es ein Hund“, informierte er und verspeiste.

"Hund!" keuchte der Arzt. „Donner und Mars! Pfui! Warum hat das niemand gesagt?“ Und er stürzte hinaus.

Ned hatte das Gleiche vermutet, war aber nicht gefragt worden. Jetzt kicherten und schwankten der General und der Leutnant und unterdrückten ihre Freude.

„Lassen Sie uns weiter schauen“, sagte der General. „Es kann noch andere Überraschungen geben. Gibt es Anzeichen dafür, dass die Indianer hier sind, Guerrier?“

"NEIN. Das Dorf ist verlassen“, antwortete Guerrier.

Sie verließen die Hütte im Mondlicht und kramten hier und da herum. Guerrier verschwand wieder.

„Meiner Meinung nach", bemerkte der General, „wusste dieser Mischling die ganze Zeit davon. Er sollte dem Hauptquartier den ersten Hinweis darauf melden, dass das Dorf verlassen wurde. Stattdessen wartete er, um die Indianer ausziehen zu lassen, und meldete sich dann. Wissen Sie, seine Frau war im Dorf; und deshalb wollte er sie in Sicherheit bringen."

„Hmpf!" grunzten der Arzt und der Leutnant.

Der General stöberte herum; die anderen auch. In einer Hütte gab es kein Feuer; sein Inneres war dunkel, als der General seinen Kopf hineinsteckte; Und er nahm einen Holzsplitter und zündete ihn als Fackel an. Dann ging er mutig hinein – nur um dann zurückzurufen und ihm den Splitter erneut zu reichen.

„Zünden Sie das bitte an, Doktor? Es hat mich umgehauen."

Der Arzt eilte davon, um den Splitter an einem Lagerfeuer anzuzünden, und Ned wartete auf ihn. Der General musste sich drinnen im Dunkeln bewegt haben, denn Ned hörte einen kurzen Ausruf von ihm, und er glaubte, als nächstes eine seltsame Stimme zu hören, die den General auf Indisch ansprach. Es war eine tiefe, zitternde Stimme; und er war sich nicht sicher. Er umklammerte seinen Revolver, lauschte und war bereit zum Handeln. Außerhalb der Hüttentür wurde nichts mehr gesagt; aber der Arzt schien schon sehr lange weg zu sein. Endlich kam er und brachte das Licht.

„Sind Sie das, Doktor?" sprach der General schnell. „Passen Sie gut auf, wenn Sie eintreten, und seien Sie auf Ärger vorbereitet. Spannen Sie Ihren Revolver. An diesem Ort lebt ein Indianer. Ich bin auf ihn getreten und ich höre ihn."

Durch die Tür stürmte der tapfere Arzt, die Fackel in der einen Hand, den gespannten Revolver in der anderen. Nachdem er Ned bedrängt hatte, streckte er den Revolver vor, die Augen weit aufgerissen, das Herz klopfend, aber er beschloss, den Mann zu spielen.

Der General stand auf der anderen Seite, sein Jagdmesser gezückt – denn in der Dunkelheit hätte sein Revolver kaum von Nutzen gewesen sein können. Und da, zwischen ihm und der Tür, war der Indianer – aber vielleicht kein Indianer. Es war ein kleines Mädchen, das in ein Büffelgewand gehüllt auf dem Boden lag.


Ned starrte ihn an, sein Atem ging kurz. Für einen Moment erwartete er, dass er seine Schwester gefunden hatte! Dann verriet ihm ein zweiter Blick, dass dieses kleine Mädchen schwarzhaarig und dunkelhäutig war, was überhaupt nicht der Schönheit von Mary entsprach. Also entspannte er sich und war enttäuscht.

"Aha!" sagte der General: „Ich verstehe. Wir werden dir nichts tun, mein Mädchen. Ich schätze, sie ist die Beunruhigtere von beiden. Wo ist Guerrier? Er sollte mit ihr reden. Hol Guerrier, Ned.“

Forth drängte Ned und fand Guerrier. Als sie zurückkamen, beugte sich der Arzt über das kleine Mädchen und streichelte es, während sie weiterhin voller Angst ihre schüchternen Augen verdrehte und ihren Kopf in ihrem Gewand versteckt hätte.

„Sie haben sie im Stich gelassen, die feigen Raufbolde“, prangerte der General an. „Frag sie, Guerrier.“

Guerrier sprach mit ihr auf Cheyenne; antwortete sie sanft.

„Ja“, sagte Guerrier. "Verließ sie. Sie ist halb weiß. Sie ist auch krank.“

„Das habe ich mir gedacht“, murmelte der Arzt.

„Suchen Sie Lieutenant Moylan, Trompeter“, befahl der General schnell Ned. „Machen Sie ihm mein Kompliment und fordern Sie ihn auf, die Truppenkommandeure hinzuzuziehen und das Dorf gründlich durchsuchen zu lassen. Sagen Sie ihm außerdem, er soll einen Kurier zu General Hancock schicken und ihm mitteilen, dass das Dorf verlassen ist.“

Ned traf Lieutenant Moylan direkt vor der Tür und überbrachte die Nachricht. Die Durchsuchung ergab jedoch, dass außer den Hunden und einem alten, verkrüppelten Sioux, der nicht reisen konnte, keine weiteren Bewohner anwesend waren. Weder im Mondlicht noch in den Hütten war zu erkennen, in welche Richtung die Flüchtlinge aus dem Dorf gegangen waren.

Der Kurier berichtete General Custer, dass eine Abteilung Infanterie losgeschickt wurde, um das Dorf zu besetzen und zu halten. Dr. Coates hatte sich in der Zwischenzeit liebevoll um die Bedürfnisse des kranken kleinen Mädchens und des alten Mannes gekümmert. Für die Custer-Kavallerie gab es hier nichts mehr zu tun. Mit einer kurzen Sachverhaltserklärung an den Kommandeur der Infanterie, der einmarschierte und seine Truppen zurückließ, um dem General zu folgen, galoppierte er zum Lager, Ned, der Ordonnanzhornist, und Adjutant Moylan folgten ihm dicht. Aber ihre Pferde waren Phil Sheridan nicht gewachsen; und wie üblich der allgemeine Beat.

Aus der Art und Weise, wie er fuhr, ging hervor, dass er offensichtlich mit viel Arbeit gerechnet hatte.

# VII
# SCOUTING MIT CUSTER

General Custer verschwendete keine Zeit. General Hancock auch nicht. Nur wenige Minuten nachdem die beiden Generäle zusammen im Lager waren, waren die Pläne abgeschlossen. Als die Truppen der Siebten Armee im Trab ankamen, erhielten ihre Offiziere vom Hauptquartier sofort den Befehl, ihre Kommandos für den Weg vorzubereiten. Die Indianer sollten verfolgt werden, und das war Kavalleriearbeit.

„Leichter Marschbefehl. „Einhundert Schuss Munition für den Mann, aber alle anderen Vorräte auf die letzte nötige Unze reduziert", lauteten die Anweisungen, die Adjutant Moylan übermittelte.

Es gab also wieder eine geschäftige Vorbereitung – das Füllen der Speisekisten, das Festziehen der Hufeisen, das Aufrollen der Decken, alles im Licht von Lagerfeuer und Mond. Noch vor Tagesanbruch war die Siebte Kavallerie bereit: acht Kompanien, die Truppe und ein Aufklärertrupp unter der Führung von Wild Bill und Fall Leaf.

Der Osten war rosa, als General Custer, der ungeduldig auf das Licht wartete, neben Custis Lee (in den er sich verwandelt hatte) kurz mit Ned sprach; und aus der Trompete des Hauptquartiers erklangen die Takte von „Boots and Saddles". Bereitwillig bildeten die Männer der Siebten Kavallerie erneut Linien und bestiegen; denn jetzt waren sie die „Teigjungen" los und würden schnell und weit reisen, um die lästigen Indianer zu fangen.

Ein Frost hatte den Boden weiß gemacht und Pferdespuren hinterlassen, so dass es im Dorf viele Wege gab. Doch die Delawaren marschierten hin und her, bis der jüngste Krieger von allen mit einem triumphalen Schrei verkündete, dass er die wahre Spur gefunden hatte.

Der Säbel des Generals blitzte in den Strahlen der aufgehenden Sonne.

„Zu viert, richtig! For-r-r'd-marsch!"

„Zu viert, richtig! For-r-r'd-marsch!" Der Befehl wurde in der Spalte wiederholt. Die Siebte Kavallerie war auf dem Weg zu ihrem ersten unabhängigen Kundschafter.

Die fächerförmige Linie der Späher, mit Wild Bill und Fall Leaf an der Spitze, hielt den Vormarsch aufrecht, damit sie die Spur lesen konnten. Danach kam die Kavallerie, an der Spitze der General und sein Adjutant, hinten Gepäckwagen und dahinter eine Nachhut aus einer Truppe. General Custer hatte wieder seinen Hirschleder-Jagdmantel angezogen, der für ihn so bequem war und der darauf hindeutete, dass ihm harte Arbeit bevorstand. Er sah aus wie damals, als Ned ihn zum ersten Mal gesehen hatte. Und es erwartete uns harte Arbeit, denn die Indianer hatten einen guten Start erwischt.

Im schnellen Schritt der Pferde ritten sie alle. Die herabhängenden Hüttenstangen des flüchtenden Dorfes zeichneten für jedes Auge eine deutlich sichtbare Spur. Ein Gefühl der Zufriedenheit breitete sich aus, als die Kundschafter nach einer Weile mit Gewehrschwenken und Deckenflattern im Galopp auf ein kleines Wäldchen vor ihnen loszogen. Eine schwache Rauchwolke war zu sehen; und es gab einen Blick auf sich bewegende Formen.

„Machen Sie den Trab", befahl der General prompt.

Auf Neds Signalhorn hin: „Trott – Marsch!" wurde in der eifrigen Spalte wiederholt. Sie spornten sie an, bereit zum Einsatz. Doch nach einer kurzen Pause zur Aufklärung gingen die Späher mutig weiter. Als die Kolonne den Ort erreichte, fanden sie nur die noch brennenden Feuer vor, an denen die Indianer zum hastigen Frühstück Halt gemacht hatten, und mehrere Ponys mit Rucksäcken, die an den Bäumen angebunden zurückgelassen worden waren. Und hier war ein seltsamer Indianer, der in einer Schar leuchtend purpurner Federn umher stolzierte, während die Pfadfinder zusahen und lachten.

Dies war jedoch nur General Jackson aus Delaware, der Neffe von Fall Leaf, der zuerst im Hain angekommen war und die Ponys gefangen hatte.

"Römische Nase!" er verkündete. „Haufenfeder. Pfui!"

„Eines dieser Ponyrudel gehörte Roman Nose, sagen die Delawares", erklärte Wild Bill General Custer. „Dieser Junge ist so stolz, als hätte er den Häuptling selbst gefangen genommen."

Hier gab es nichts, wofür man anhalten könnte; Die Siebte Kavallerie achtete weder auf die Ponys noch auf das Frühstückslager und ließ die Delawaren mit den Rudeln tun, was sie wollten, und drängte weiter. Jackson ritt jubelnd, seine Zöpfe waren mit den römischen Nasenfedern verziert.

„Wir überholen sie", versicherte der General gegenüber Leutnant Moylan. „Die Frage ist nur: Können wir sie vor Einbruch der Dunkelheit überholen? Wir müssen es tun."

Die Gepäckwagen wurden zurückgelassen und von einer Schwadron aus zwei Truppen bewacht. Die drei anderen Staffeln reisten schneller, und der Weg führte stets nach Norden, zum Smoky Hill Fork oder zur dahinter liegenden Platte.

Der Mittag war schon vorüber, aber es gab keine Pause zum Abendessen. General Custer war offensichtlich kein Mann, den man auf der Spur aufhalten konnte. Plötzlich wurde Ned klar, dass es nicht nur darum ging, die Indianer gefangen zu nehmen; Es ging um die größere Frage der Rettung der Siedler. Aus befreundeten Cheyennes und Sioux drohten Feinde zu werden, und ihre Spur führte nicht nur direkt zum Indianerland im Norden, sondern auch zu den Etappenrouten und den Siedlungen Smoky Hill Fork, Republican und Saline , und alles.

Der Nachmittag nahm zu und ab, und noch immer war kein Blick auf die Indianer zu erhaschen. Plötzlich ließen die Späher im Vormarsch nach, blieben stehen und breiteten sich nach rechts und links aus, schnüffelnd wie Jagdhunde. Sie waren schuld. Dann sah man, dass sich der Pfad plötzlich teilte und in eine Reihe kleinerer Pfade überging, die sich wiederum in noch kleinere Pfade teilten, als wäre die fliehende Bande auseinandergebrochen.

Dies war der Lieblingstrick der Indianer, wenn man ihn genau verfolgte. Ein verärgertes Murmeln erhob sich, während die Kolonne stehen blieb und auf die Entscheidung der Kundschafter warten musste. Der General und sein Adjutant, gefolgt von Ned, dem Hornisten, ritten zur Inspektion vor. Wild Bill schloss sich ihnen an.

„Sie werfen uns ab, General", verkündete er ruhig. „Ich denke, alles, was wir tun können, ist, einen der Mittelwege auszuwählen, ihm zu folgen und auf das Glück zu vertrauen. Fall Leaf hat eine Spur, der wir genauso gut folgen könnten."

„Sehr gut, Sir", stimmte General Custer schroff zu. „Wir müssen alles tun, was wir können, bevor die Dunkelheit uns zunichte macht."

„For-r-r'd-marschieren!" Auf diesem Weg ritt die Kolonne aus den vielen heraus; aber sie mussten häufig innehalten, während die Kundschafter nach rechts und links suchten und bevor, wie immer, das Zeichen schwächer wurde, wie ein Bach am Quellgebiet. Um fünf Uhr war es nur noch ein Faden, denn die Indianer, die es hergestellt hatten, waren einer nach dem anderen abgefallen. Man konnte Signalrauch sehen, der im Osten, Westen und Norden aufstieg, während die verstreuten Gruppen miteinander sprachen. In der Dämmerung muss die Siebte Kavallerie anhalten, ihr Lager aufschlagen, die Pferde ausruhen und auf den Tag warten. Die Indianer hatten keinen Kopf, und ihre Herzen waren schwer. Wehe der Etappenroute Smoky Hill und den Ranches im Zentrum von Kansas.

Am nächsten Tag verlor sich die Spur völlig in einem ausgetrockneten Wasserlauf. Dann, bei einem nächtlichen Marsch in Richtung des Nordsterns, wurde der Smoky Hill River getroffen. Dahinter verlief die Etappenroute. Oberst Robert West (der eigentlich als Hauptmann galt, aber wegen seiner Bürgerkriegsgeschichte Oberst war) wurde mit einer Kompanie nach vorne geschickt, um das Schiff zu finden. Dann schlief das Lager im aufhellenden Grau; Offiziere und Männer lagen ausgestreckt unter ihren Decken. Ned war noch nie so müde gewesen.

Während er schlief, träumte er davon, Pawnee Killer erneut gegenüberzutreten, und mit einem gezielten Revolver, der ihm Angst einjagte, erzählte er, wo die kleine Mary war, als er aufsprang und durch ein kurzes „Knall!" aus seinem Schlaf und Traum aufgeschreckt wurde. des Karabiners und der schrille Ruf des Wachpostens: „Indianer!" Der Korporal der Wache wiederholte es.

Das ganze Lager war in Aufruhr. Befehle wurden dicht und schnell erteilt, von dort aus, wo der General mit umgeschnalltem Säbel und blitzenden Augen stand.

„Bringt diese streunenden Tiere herein! Sorgen Sie für die Pferde, Major. Ein Zug jeder Kompanie mit den Pferden. Die anderen Züge fallen ein. Lässt die Versammlung erklingen, Trompeter.

Tief am Horizont hing dichter Nebel; aber durch sie konnte man, undeutlich, fast eine Meile entfernt, eine Gruppe sich bewegender Reiter erkennen. Sie schienen schnell zum Lager zu reiten. Wild Bill hatte sich sofort im Hauptquartier gemeldet, und der General blickte durch ein Fernglas zu ihm und sprach zu ihm.

„Was hältst du von ihnen, Bill?"

„Ich denke, sie haben Unheil im Schilde", antwortete Wild Bill kühl, dessen Augen so gut waren wie das Glas des Generals. „Tu so, als ob sie uns niederreiten wollten."


„Eine Reihe von Scharmützlern voraus; „Hauptteil in Reserve", murmelte der General und musterte sie. "Von Jove! Sie sind genauso diszipliniert wie reguläre Truppen! Lass sie kommen. Wir wollen nur einen fairen Kampf." Diese Worte „ein fairer Kampf" gehörten zu General Custers Lieblingsworten. „Bilden Sie eine Zuglinie, Adjutant. Lassen Sie die Männer Pausen einlegen und sich hinlegen, um das Lager einzuschließen."

Kapitän Robbins war auf dem Hügel stationiert, von wo aus der Wachposten Alarm geschlagen hatte. Von ihm kamen Berichte, dass der Feind etwa achtzig Mann zu zählen schien; Bald darauf meldete er, der Feind sei stehengeblieben; und als nächstes hatte der Feind umgedreht und machte sich auf den Weg.

"Pah!" rief der General mit seiner lebhaften Stimme. „Verwirr sie! Ich hatte gehofft, sie würden es aus nächster Nähe versuchen. Schauen Sie sich das an,

Moylan. Senden Sie ein kleines Detail, um diese Kerle besser sehen zu können. Nicht zu weit, denken Sie daran."

Fröhlich sprangen der junge Kapitän Hamilton und Leutnant Tom Custer in den Sattel, und an der Spitze ihrer Truppe stürmten sie im Galopp davon. Die Nebel brachen unter der aufgehenden Sonne; und es war zu sehen, dass die Truppe immer weiter galoppierte, direkt in die wartende Gruppe davor.

„Hamilton muss die Absicht haben, den Krieg beizulegen", sagte Adjutant Moylan.

Allerdings galoppierte hier wieder das Detail zurück. Kapitän Hamilton hielt kurz an und grüßte den General.


„Colonel Wests Kompanie, Sir, verwirrt im Nebel. Sie verwechselten unsere Sibley-Zelte mit Indianer-Tipis und wollten uns gerade angreifen."

„Mutig genug!" kommentierte der General. „Aber West wird davon noch einige Zeit nichts hören."

Als Colonel West gegen Abend mit seiner müden Begleitung zurückkam, berichtete er, dass es keine Hoffnung gebe. Die Indianer hatten die Bühnenlinie erreicht und waren mit ihren Angriffen von rechts und links über diese hinweggegangen. Wahrscheinlich würden alle Banden und Stämme im Norden aufgerüttelt werden. Das war Krieg.

Jetzt waren die Wagen angerollt. Zu den Signalhörnern schnallte die Siebte Kavallerie grimmig ihre Säbel um und nahm Zügel und Sattel auf.

„Bereiten Sie sich auf den Aufstieg vor! Montieren!"

Sie stiegen auf.

„Zu viert, richtig! For-r-r'd-marsch!"

Über das Tal des Smoky Hill joggten sie nüchtern, ihre Wagen hinter sich her, zur Etappenroute und zu den verängstigten Bahnhöfen. Bald könnten sie auf dem ausgetretenen Wagenweg nach Osten abbiegen, um ihm nach Fort Hays zu folgen.

Die ersten beiden Etappenstationen waren still und verlassen. Entlang der Strecke war kein Lebenszeichen zu sehen. Der Vormarsch der fliehenden Cheyennes und Sioux schien das Land gesäubert zu haben. Über dem verlassenen Erscheinungsbild des Tals lag etwas bedrohliches Schweigen. Aber die dritte Station war besetzt.

Ein wenig Jubel erhob sich, als die Kolonne einritt; und eine Gruppe Stallknechts und Fahrer ragte zur Begrüßung heraus. Sie waren schwer bewaffnet, und die Holzställe und das Bahnhofsgebäude waren unter ihren Rasendächern wie zur Belagerung fest verschlossen. Zu diesem Zeitpunkt hatten sich vier Stationen zum gegenseitigen Schutz versammelt.

„Was ist hier los?" forderte der General.

„Materie genug!" sprach einer in der Gruppe. „Hallo, Bill. Die Injuns sind draußen. Sie haben die Grenze überschritten und sind nach Norden gegangen. Mehrere Gruppen von ihnen, sowohl Sioux als auch Cheyennes. Jawohl. Der Deckel ist ab und der Topf brodelt. Eine Gruppe hatte Frauen und Kinder, aber die Böcke sind in Kriegsbemalung, und sie plündern rechts und links. Die Etappen haben aufgehört, bis die Dinge wieder brodeln, und die Siedler sollten gewarnt werden."

Mit einem Abschiedswort und mit ernstem Gesicht stieß er sein klares „For-r-r-r'd-marsch!" aus. Von den Signalhörnern wiederholt, drängte der General weiter.

Am zweiten Tag näherten sie sich einer Station, die leider einen anderen Anblick bot. Von weitem sah man, dass es neben dem Weg geschwärzt und rauchend und teilweise dem Erdboden gleichgemacht war.

„Aussichtsstation", informierte Wild Bill.

„Schlechte Arbeit dort", sagte der General abrupt und spornte Custis Lee an.

Die Delawares trafen zuerst ein, um herumzuschnüffeln und zu beobachten.

„Sie haben etwas gefunden", erklärte Wild Bill.

Er, der General und Adjutant Moylan galoppierten vorwärts; Ned steckte hinterher; die Kolonne folgte im Trab.

Wirklich schlechte Arbeit. Ein Großteil der Gebäude lag in Asche und schwelte noch. Ein Teil der schweren, gespaltenen Blockwände ragte verkohlt und hässlich hervor. Die Einwohner von Delaware standen auf einer Seite der Ebene zusammengedrängt und untersuchten in einiger Entfernung eine schwer zu bestimmende Masse. Aber ein näherer Blick verriet es. Der Wurf bestand einst aus Menschen.

„Skalpt und verbrannt", sagte Wild Bill.

Niemand sonst sprach ein Wort. Er, der General und der Leutnant blickten düster. Der Arzt schloss sich entsetzt an. Die Delawares sahen sich von Angesicht zu Angesicht und warteten. Ned starrte und würgte.

„Die Stationsbande, drei von ihnen", verkündete Wild Bill. „Die Einwohner von Delaware sagen, sie seien lebendig abgesteckt worden. Den Rest können Sie erraten."

„Gibt es Anzeichen dafür, wer es getan hat – welche Indianer?" forderte General Custer streng.

Fall Leaf, der Englisch sprach, schüttelte den Kopf.

„Kein Pfeil, kein Mokassin, nichts", grunzte er. "Komm schnell; Männer gefangen nehmen; Kopfhaut, brennen, los. Vielleicht Cheyenne, vielleicht Sioux. Machen Sie eine Spur", und er zeigte nach Norden.

Es blieb nichts anderes übrig, als die ärmlichen, zerfetzten Fragmente am Bühnenweg zu begraben. Und in der Abenddämmerung ritt das Kommando in Fort Hays ein, fünfzehn Meilen.

# VIII
## PAWNEE KILLER SPIELT Streiche

Fort Hays lag 130 Kilometer westlich von Fort Harker und Fort Harker 140 Kilometer westlich von Fort Riley. so dass Fort Riley jetzt einhundertsiebzig Meilen entfernt war. Auch Hays war keine große Festung und bestand wie Harker aus Quartieren und Ställen, die aus grob verkleideten Baumstämmen gebaut waren. Es lag an der Südseite des krummen Big Creek, der zwischen hohen Lehmbänken zum Smoky Hill Fork River, fünfzehn Meilen südlich, hinabfloss. Auf der Nordseite des Baches und ein Stück flussaufwärts lag die neue Stadt Hays City und wartete auf die Eisenbahn.

Fort Hays war froh, die Kolonne herabreiten zu sehen und ihre Zelte in der Nähe aufzuschlagen. Von ihrem ersten Feldzug war die Siebte Kavallerie zurückgekehrt, und obwohl sie bis auf den an der Streikposten keinen einzigen Schuss abgefeuert hatte, hatte sie der Garnison von Fort Hays viele Geschichten zu erzählen.

Schnell schossen wie Pilze die Linien der schmuddeligen weißen Armeeleinwand in die Höhe. Es gab einen tollen Zauberspruch zum Schreiben von Briefen. Kuriere waren im Begriff, mit Depeschen für General Hancock und (was noch wichtiger war) mit Nachrichten nach Fort Riley davonzulaufen. Der General hatte wie üblich ein regelmäßiges Tagebuch zu verschicken. Auch General Gibbs eilte davon; denn in der Ansammlung von Post, die in Fort Hays wartete, befanden sich Briefe von Mrs. Custer und Mrs. Gibbs und anderen zurückgelassenen Frauen, in denen es hieß, dass die dortige Negerinfanterie meutert hatte und sich schlecht benahm. Allerdings war General Gibbs der Mann, der sie disziplinierte, und er sollte sich sowieso nicht an den Dienst im Außendienst versuchen.

Kurz nachdem die Siebte ihre Zelte aufgeschlagen hatte, kam Scout Bill Cody angeritten und stieg im Hauptquartier ab. Der Sanitäter führte ihn ins Zelt, um den General zu sehen. Als der General und Bill gemeinsam auftauchten, winkte der General Ned.

"Herr. Wir glauben, Cody hat uns von Ihrer Schwester erzählt. Cut Nose, der Häuptling der Cheyenne, soll sich westlich von hier aufhalten, mit einem kleinen weißen Mädchen, das er adoptiert hat. Er nahm sie mit zur Monument Station und nennt sie Silver Hair, sagen die Stationsmänner."

„Haben sie sie behalten, Sir?" fragte Ned eifrig. Oh, was wäre, wenn——!

General Custer lächelte nur traurig und schüttelte den Kopf.

„Nein, mein Junge. Das konnten die Stationsleute nicht tun."

„War deine Schwester ein kleines Mädchen, nicht mehr als ein Kind? richtig hübsch, mit Flachshaar?" fragte Scout Bill Cody und suchte Ned mit großen, ruhigen Augen, die ebenso durchdringend waren wie die von Wild Bill.

"Ja!" sagte Ned. "Ihr name ist Mary. Sie ist acht Jahre alt."


„Nun", bemerkte Scout Cody und bereitete sich darauf vor, sein Pferd zu besteigen, „ihr Name ist jetzt Silver Hair." Cut Nose hat sie. Zumindest hatte er sie. Aber sie sei gut behandelt worden, heißt es. Er hatte eine Art Liebling aus ihr gemacht, dem alten Schlingel. Die Bahnhofsleute versuchten, sie ihm abzukaufen; aber er sagte nein. Ich werde weiterhin nach ihr Ausschau halten. Vielleicht können wir sie kriegen." Und mit würdevollem Gesicht, flotter Haltung ritt Pony Bill Cody los, auf Besorgungsreise. Danach sah Ned ihn häufig. Er schien neben Wild Bill Hickok eine wichtige Figur in Fort Hays und Hays City zu sein.

„Dann ist sie doch wieder weg, oder?" stockte Ned zum General. „Cut Nose hat sie immer noch, nicht wahr, Sir?"

"Sehr wahrscheinlich. „Ja, er hat sie mitgenommen, mein Junge", antwortete General Custer sanft. „Aber hier", fügte er abrupt hinzu. „Sie wird gut behandelt, hat Cody nicht gesagt? Sie war wie eine indische Prinzessin gekleidet. Was halten Sie davon? Dafür kann man dankbar sein. Denken Sie an andere gefangene Mädchen und Frauen – wie sie gelitten haben. Und wir kriegen sie, wenn dafür die gesamte Siebte Kavallerie und das Finanzministerium der Vereinigten Staaten erforderlich sind. Mach dich bereit, Junge."

Denn Ned weinte.

Zu gegebener Zeit trafen Depeschen von General Hancock ein, der sich immer noch auf der Arkansas befand und versuchte, die wichtigsten Häuptlinge in den Rat einzubeziehen. Als Leutnant Moylan als Adjutant bei der Parade den versammelten Truppen die Ankündigungen oder Befehle des Tages vorlas, fügte er „auf Anweisung des kommandierenden Generals" diesen besonderen Feldbefehl hinzu, der aus dem Lager in der Nähe von Arkansas erlassen wurde:

II. Als Strafe für die Bösgläubigkeit der Cheyennes und Sioux, die das Indianerdorf an diesem Ort besetzten, und als Strafe für Morde und Plünderungen, die seit der Ankunft des Kommandos an diesem Punkt von den Menschen dieser Stämme im Dorf begangen wurden Das kürzlich von ihnen besetzte Gebiet, das jetzt in unseren Händen liegt, wird völlig zerstört.

Als Adjutant Moylans laute Stimme hörte, ertönte bei den Truppen Jubelrufe.

„Nun, es ist jetzt Krieg, wenn es das nicht schon früher gegeben hat", erklärte Sergeant Henderson an diesem Abend in Hörweite von Ned.

„Warum, Pete?" fragte einer der anderen Soldaten.

„,Laut Wild Bill' befanden sich in diesem Dorf Sachen im Wert von 150.000 Dollar; Und glaubst du, dass die Indianer für die Zerstörung von allem eintreten werden? Jetzt werden sie behaupten, wir hätten den Krieg begonnen, und wir behaupten, sie hätten ihn begonnen, und wie das Ende aussehen wird, kann niemand sagen."

„Meiner Meinung nach", sagte Sergeant Kennedy, „hätte General Hancock diesen Dorfbewohner niemals von sich gehen lassen dürfen." Sie spielten mit ihm, hielten ihn zurück und ließen ihn dann entwischen."

„Da haben Sie Recht", stimmte Henderson zu. „Und jetzt sind wir dagegen, die Indianer sind auf einem Territorium von dreihundert Quadratmeilen los und wir jagen sie. Und wird es da nicht ein großes Geschrei geben, von den Agenten, den Händlern und den Auftragnehmern, weil der Krieg ihnen das Geschäft verdirbt?"


„Trotzdem sind diese Händler und Auftragnehmer für einen Großteil dieser Probleme verantwortlich", behauptete der Anwalt „Rooky" (der inzwischen ein Veteran war). „Sie liefern die Agenturware nicht in Qualität und Quantität entsprechend der Qualität."

„Das stimmt", nickte Odell. „Yez sollte einiges von dem Zeug sehen, das zu den Indianern durchdringt. Schlechte Baumwolle statt Wolle; Hemden, durch die man den Finger stecken kann, und Anzüge, die nicht zusammenhängen, während die Indianer sie anziehen, und für die die Regierung dem Auftragnehmer dreizehn Dollar zahlt!"

„Ja", sagte Sergeant Henderson. „Und das erste, was der Indianer mit der Hose macht, ist, den Sitz herauszuschneiden. Was wollen sie überhaupt an Anzügen oder Klamotten – einen Anzug pro Jahr! Und die Regierung denkt, sie auf diese Weise gegen ihr Land und Wild und all das einzutauschen, und lässt sie obendrein noch betrügen."

„Huh!" grunzte ein anderes Mitglied des Kreises. „Es geht ihnen nicht schlechter als uns Kerlen. Haben Sie bemerkt, dass uns heute Abend Brot serviert wurde? Sprechen Sie über Hard-Tack! Cook sagt, auf den Kartons sei zu sehen, dass es im Jahr 1961 gebacken wurde – also vor sechs Jahren! Selbst ein Maultier frisst es nicht."

„Sicher", antwortete Odell. „Und ich wollte nicht, dass in den Kisten mit gepökeltem Rindfleisch, die im Laden geöffnet wurden, ein großer Stein war, damit es mehr wiegt!"

General Hancock kam von Süden zurück. Dann folgte ein weiteres Ereignis. Dies war die Ankunft des großen General Sherman, der dort Kommandeur der gesamten Militärdivision von Missouri war, während General Hancock dort nur Kommandeur des Departements Missouri war. Natürlich kannte jeder General William Tecumseh Sherman, den Mann, der „zum Meer marschiert" war. Und mit General Sherman kamen im selben Krankenwagen aus Fort Harker, dem Ende der Eisenbahnstrecke, Mrs. Custer und Miss Diana!

General Sherman entsprach genau seinem Bild, das Ned schon mehrmals gesehen hatte: ein großer, hagerer Mann, leicht gebeugt, mit hoher Stirn und langem, strengem Gesicht, knackigem, rotbraunem Vollbart und blauen Augen. „Messingberitten" nannten ihn einige der Soldaten; und die Veteranen nannten ihn liebevoll „Old Bill". Wenn er lächelte, war er sehr angenehm.

Der Posten und das Camp erwiesen sich in einer Rezension als eine Ehre für ihn. Der schönste Anblick für Ned war jedoch die Art und Weise, wie der General mit einem Schrei auf ihn zustürmte und die glückliche Mrs. Custer zu sich schwenkte, als der Krankenwagen am Zelt anhielt und Elizas schwarzes Gesicht verärgert hervorlugte. Wie sie geplaudert haben!

Der General war damit beschäftigt, es Mrs. Custer und dem Rest des Haushalts in speziellen neuen Zelten am Big Creek, näher an der Festung, gemütlich zu machen. Denn die Siebte Kavallerie wurde wieder abkommandiert. Zwei Unternehmen blieben bei Hays übrig; Die sechs anderen, 350 Mann und zwanzig Wagen, marschierten weiter in den Norden.


Wild Bill blieb zurück, um Sendungen weiterzuleiten, wenn einige bereit waren. Der junge Bill Cody wurde festgehalten, um als Späher für andere Kavallerie zu dienen. Aber als die Siebte losfuhr, sah Ned, wie ein anderer junger Mann mit heller Gesichtsfarbe, hübschen Gesichtszügen und bequemem Sitz als Führer vorausfuhr. Sein Name war Comstock – Will Comstock. Ah ja; und als großartiger junger Pfadfinder war er auch den Besten ebenbürtig; konnte Sioux und Cheyenne und etwas Arapaho sprechen, die Gebärdensprache beherrschen und kannte jeden Weg und jeden Wasserlauf. Sehen Sie den Revolver, den er trägt? Perlmuttbesetzt und silbermontiert! Einer der besten Revolver der Welt. Er denkt auch eine Menge davon, meint Will Comstock.

So lernte Ned durch Ohren und Augen den Charakter des neuen Führers kennen.

Der Marsch sollte von Fort Hays und dem Tal des Smoky Hill in Zentral-Kansas nach Norden über das weite Flachland 250 Meilen bis Fort McPherson am Platte River im Südwesten von Nebraska führen. Doch obwohl der Republican River durch das Zentrum dieses Landes floss, auf dessen Oberwasser Gerüchten zufolge 1000 feindliche Sioux und Cheyennes lauerten, erreichte die Siebte Kavallerie kampflos Fort McPherson, benannt nach General John McPherson, dem einstigen Kommandeur der USA Armee von Tennessee.

Fort McPherson im Department of the Platte bestand nur aus einer Handvoll Zedernholzhütten, die zur Bewachung des Overland Trail und der neuen Union Pacific Railroad beitrugen, ebenso wie im Süden Fort Harker, Hays und alle, die den Smoky Hill Trail bewachten die neue Kansas Pacific Railroad. Es war mit zwei Truppen der Zweiten Kavallerie besetzt.

Vor der Siebten Kavallerie war General Sherman mit der Eisenbahn bis McPherson und von dort per Post eingetroffen. Er befand sich jetzt in Fort Sedgwick im Westen, in der Nähe von Julesberg im Nordosten des Colorado-Territoriums.

General Custer schickte Leutnant Moylan mit Depeschen für General Sherman voraus und um eventuelle Depeschen zu holen, die möglicherweise auf ihn warteten. Leutnant Moylan kehrte zurück und traf auf die Kolonne, die sich darauf vorbereitete, ein provisorisches Lager aufzuschlagen. Der Adjutant hatte das Wort.

„Pawnee Killer und einige seiner Sioux lagern etwa zehn Meilen entfernt, General", verkündete er. „Ein Post-Scout hat gerade die Nachricht gebracht."

"Was machen Sie?"

„Nichts, ich verstehe. Sie kamen ungefähr zur gleichen Zeit wie wir an. Sie geben vor, friedlich zu sein."

„Dann sollten wir es besser herausfinden", erklärte der General. „Was denkst du, Comstock? Sollen wir eine Konferenz versuchen?"

*Meine Vermutung* ist, dass die gesamte Truppe zusammengebaut werden muss, meine Herren, solange Sie die Gelegenheit dazu haben ", antwortete Scout Will Comstock.

„Nun, ich kann ohne Befehl keine harten Maßnahmen ergreifen", antwortete der General. „Wir müssen die Inder dazu ermutigen, freundlich zu sein."

„In Ordnung", sagte Comstock ziemlich düster. „Ich denke, es geht um diese Friedensleute im Osten, Soldaten und alle sollten warten und die Indianer einfach schießen lassen; Und wenn sie danebengehen, versuchen Sie es noch einmal, damit sie sich amüsieren!"

General Custer gab keine Antwort; aber durch das kleine Lächeln unter seinem gelbbraunen Schnurrbart schien er Comstocks angewiderter Meinung zuzustimmen.

Pawnee Killer wurde aufgefordert, zu einem Gespräch ins Lager zu kommen; und an diesem Nachmittag kam er herein. Doch das Gerede brachte nichts. Bald wurde klar, dass der höfliche und listige Sioux die Absicht hatte, herauszufinden, was die Soldaten vorhatten, und nicht zu verraten, was er vorhatte. General Custer sagte ihm, dass er seine Leute in die Nähe der Forts bringen müsse, damit sie nicht für Feinde gehalten würden. Pawnee Killer antwortete höflich, dass er es tun würde, so schnell er konnte. Um den Besuchern eine Freude zu machen, ordnete der General an, ihnen Zucker und Kaffee zu geben; und sie ritten wieder davon.

Keiner der Männer glaubte, was Pawnee Killer gesagt hatte; und einige dachten eher, dass der General dumm gewesen sei, ihn so gut zu behandeln, und ließen ihn denken, dass er den weißen Häuptling hinters Licht führte. Nach der erneuten Ankunft von General Sherman aus Sedgwick wurde der Siebten Brigade befohlen, nach Süden zu den Forks of the Republican zu fahren, um das Dorf von Pawnee Killer zu finden.

General Sherman ritt fünfzehn Meilen mit General Custer und besprach die Dinge mit ihm. Ned, der hinter ihm stand, konnte einen Großteil des Gesprächs mithören, und es zeigte, dass die Angelegenheit als ernst zu betrachten war. Die Sioux des Nordens schickten Krieger nach unten, um sich mit den Sioux und Cheyennes des Südens zu vereinen; die Arapahos waren unruhig, obwohl Little Raven und Black Kettle versprachen, sie festzuhalten; Eine befreundete Gruppe von Brulé- oder Burnt-Thigh-Sioux unter Häuptling Spotted Tail war gezwungen worden, von den Republican Forks nach Norden über die Platte bei Julesberg zu ziehen – weil, sagte Spotted Tail, seine jungen Krieger aufgeregt waren; und unten auf der Arkansas hatte Satanta, der die Generalmajorsuniform trug, die man ihm gegeben hatte, die Pferdeherde aus Fort Dodge selbst vertrieben! Auf der Platte-River-Strecke waren Etappenstationen niedergebrannt – ja, nicht weit von Fort McPherson; und auf der Smoky Hill Route. Vermessungsteams der Union Pacific und der Kansas Pacific Railroad waren angegriffen worden. An den republikanischen und anderen besiedelten Bächen waren Ranches geplündert worden. Es sah so aus, als würde sich ein echter Indianerkrieg zusammenbrauen.

Von der östlichen Bevölkerung wurde die Armee in den Ebenen heftig kritisiert. Einige dieser Menschen waren aus geschäftlichen Gründen auf den indischen Handel angewiesen; aber einige dachten, dass der Inder misshandelt wurde. Es erschien ihnen nicht richtig, dass General Hancock das Dorf am Pawnee Fork zerstört hatte. Die Indianer, sagten diese Menschen in den Zeitungen und in Reden, sollten der Kontrolle der Behörden überlassen werden. Die Soldaten wollten nur kämpfen.

Allerdings schien General Sherman von der Kritik an der Östlichen Friedenspartei wenig beeinflusst zu sein; obwohl er ziemlich wütend sagte:

„Ich sage dir, Custer, es wird keinen Frieden auf den Ebenen geben, bis die Indianer so unterworfen sind, dass sie von Polizisten statt von Soldaten kontrolliert werden können. In der Zwischenzeit sollte das Kriegsministerium die volle Kontrolle über die Stämme haben. Während wir nun an einem Ende der Linie kämpfen, um unsere Bedingungen durchzusetzen, schließen die Zivilagenten am anderen Ende einen Vertrag zu anderen Bedingungen. Dann ist der Vertrag gebrochen und die Arbeit muss von vorne beginnen. Und wenn es den Agenten und Händlern erlaubt werden soll, die Wilden entgegen den Befehlen des Militärs mit Waffen zu versorgen, glaube ich daran, jeden Soldaten aus dem Bezirk abzuziehen und die Angelegenheit den Zivilbehörden regeln zu lassen. Wir stehen vor einer schwierigen Aufgabe, auch wenn wir nicht mit den Waffen unserer eigenen Regierung konfrontiert werden müssen."

Während des viertägigen Marschs von 75 Meilen bis zu den Forks of the Republican herrschte in diesem sanften Flachland völliger Frieden. Von der Kuppe jeder Anhöhe hatte man von vorne wie von hinten die gleiche Aussicht: die Gräser, die Juniblumen, die Weiden und Pappeln, die Sandsteinanhebungen, die langen Wellen, mit den einzigen sich bewegenden Lebewesen: Elchen, Antilopen und Büffeln , der Schwarzwedelhirsch, der Wolf, das Kaninchen und der Präriehund.

Auch die Forks of the Republican wirkten verlassen; Aber wer könnte hier wie auf dem Marsch sagen, welche Indianerköpfe aus Schluchten, über Hügeln oder durch Büsche spähten und die Pferde, die Wagen und die blaublusigen Männer erspähten?

Nach Norden nach Fort Sedgwick, 75 Meilen, wurden mit Depeschen für General Sherman, Major Joel Elliot und ausgewählter Eskorte von zehn Männern geschickt. Nach Süden bis Fort Wallace, achtzig Meilen, wurde ein Waggonzug unter dem Kommando von Leutnant (Oberst, wie sie ihn nannten) William Cook und Leutnant Samuel Robbins geschickt, um Nachschub zu holen. Major West war die Eskorte. Colonel Cook schickte einen Brief an Mrs. Custer, in dem er ihr mitteilte, dass sie vielleicht mit ihm über Fort Wallace ins Lager zurückkehren würde.

Einige der Männer kritisierten, dass dies im Allgemeinen nicht klug und für Mrs. Custer nicht sicher sei. Sicherlich waren Indianer in der Nähe, und sie würden ein großes Risiko eingehen, um eine weiße Frau gefangen zu nehmen. Jeder, der Mrs. Custer kannte, wusste auch, dass sie kommen würde. Feuer, Wasser oder Wilde konnten sie nicht davon abhalten, sich dem General anzuschließen. Daher gab es zweifelhaftes Kopfschütteln, als die Nachricht durchsickerte.

Ja, die Indianer haben zugeschaut. Das sollte sich bald zeigen. Doch ruhig und süß war die Dämmerung. Allmählich verblasste der westliche Schein, während die Pferde und Maultiere geschäftig grasten. Die Männer faulenzten herum, rauchten und unterhielten sich zufrieden. Die Wachposten gingen hin und her. Der Bach plätscherte. Darüber und über die weite Prärie schwebten die Nachtfalken im Tiefflug. Kaum ein Kojote bellte. Sogar die Hunde des Generals fanden nichts zu tun.

In der Abenddämmerung wurden die Tiere näher herangeholt und an den Lattenseilen festgebunden. Für sie waren Stallwachen stationiert. Um halb acht blies Ned den langen, süßen Ruf „Taps". Die Töne schwebten musikalisch über die weite Fläche. Jedes Licht war erloschen; und inmitten der Einsamkeit legte sich das Lager der Siebten Kavallerie der US-Armee zum Schlafen nieder. Die weißen Zelte schimmerten; die Pferde und Maultiere schnaubten; Die Wächter gingen auf und ab.

In seinem Zelt neben dem Adjutanten wurde Ned durch einen Sprung geweckt. Es schien, als wäre er gerade eingeschlafen – aber das Innere des Zeltes war grau; Die Morgendämmerung war nahe. Das scharfe Knallen eines Karabiners hallte in seinen Ohren wider – und jetzt hörte er eine scharfe, aufgeregte Stimme:

"Sie sind hier!" Das war Lieutenant Custer, der Bruder des Generals, der vorbeistürmte und den General warnte. Er war der Offizier des Tages. Und es erklang eine perfekte Salve von Schüssen und ein großer, schriller, wilder Jubelschrei.

Ned schnappte sich Signalhorn und Gürtel und sprang aus seinem Zelt. Er konnte gerade noch rechtzeitig miterleben, wie die Vorderseite des Zeltes des Generals wie eine Papiertüte aufplatzte und General Custer hereinstürmte. Der General trug ein leuchtend rotes Flanellnachthemd – aber in der Hand hielt er sein Spencer-Gewehr. Er war bereit fürs Geschäft.

On rannte mit dem General auf die Stelle zu, an der geschossen und geschrien wurde. Er war nicht schneller als seine Männer; Sie strömten aus ihren Zelten und versammelten sich in Hemden und Unterhosen, aber bewaffnet mit Patronengürteln und Karabinern, zur Verteidigung. Es waren kaum irgendwelche Befehle nötig, obwohl Leutnant Tom Custer und alle Offiziere da waren, um sie zu erteilen. Die Stimme des Generals erklang hoch, drängend, befehlend, jubelnd. Sein rotes Flanellnachthemd flammte hin und her; seine langen, hellen Locken waren wie eine Mähne hin und her geworfen; er trug weder Schuhe noch Strümpfe. Ned sah ihn in einer neuen Gestalt: Old Curly, den kämpfenden Häuptling mit den gelben Haaren.

Die Karabiner knisterten, als die Soldaten in unregelmäßiger Reihe liegend oder kniend schnell feuerten. Dahinter rannten die Indianer an dem dünnen Morgen schnell hin und her. Von den Soldaten kamen Spott, Drohungen und Herausforderungen sowie Blei.

"Ich habe einen! Ich habe einen!" jaulte der Anwaltsrekrut. "NEIN; Ich habe zwei! Da stürzt wieder einer vom Pferd!"

"Den Mund halten!" knurrte Sergeant Henderson. „Glaubst du, dass du jedes Mal, wenn du feuerst, einen Indianer umwirfst? Sie hängen nur auf der anderen Seite ihrer Pferde, Junge!"

Das war so. Bei den Schüssen aus den Karabinern schienen ganze Trupps der umherhuschenden Roten aus ihren Sätteln gerissen zu werden; als, nein, da standen sie wieder aufrecht und gestikulierten Spott! Es reichte aus, jeden Weißen zu täuschen, indem er zum ersten Mal gegen sie kämpfte. Aber die Veteranen in der Schusslinie machten viele Witze über die Rekruten.

Den Indianern gelang es jedoch nicht. Es müssen zwei- oder dreihundert von ihnen gewesen sein, die angegriffen haben, während etwa fünfzig versucht haben, die Lagerpferde zu erobern. Sie hatten den Streikposten erschossen. Er lag verwundet. Er wäre skalpiert worden, wenn seine Kameraden nicht herausgelaufen wären und ihn hineingezerrt hätten. Nach ein paar Salven der Spencers-Soldaten zog sich der rote Feind zurück. Sie waren etwa eine Meile entfernt im Rat versammelt zu sehen.

# IX
# GEFAHR AUF ALLEN SEITEN

Man konnte sehen, dass General Custer völlig empört war. Aber zuerst muss er sich nach dem verwundeten Streikposten erkundigen, der sich als schwer, nicht tödlich, erwies. Dann muss er sein Nachthemd gegen ein praktischeres Feldkostüm austauschen. Als er aus seinem Zelt kam, war er wieder geschäftsbereit.

„Ich würde gerne wissen, wer diese Kerle sind und was sie bedeuten", prangerte er wütend unter seinen Offizieren an. „Wir haben nichts getan, um sie dazu zu bringen, uns anzugreifen. Schicken Sie einen Dolmetscher los, Moylan, und bitten Sie um eine Verhandlung."

Die Indianer waren immer noch auf ihren Ponys versammelt, etwa eine Meile entfernt. Ihre Gestalten zeichneten sich schwarz in der Morgendämmerung ab, die sich über die weite, grenzenlose Prärie erhellte. Wo im Fernen Osten die Prärie auf den Himmel traf, war ein leuchtend rosa Streifen.

Der Dolmetscher, ein Squaw-Mann aus Fort McPherson mit einer Sioux-Frau, ritt hinaus und kreiste mit seinem Pferd am Flussufer. Das signalisierte: „Wir wollen reden." Einer der Indianer antwortete mit demselben Zeichen und ein Teil von ihnen trat vor.

„Sagen Sie ihnen, dass wir sieben von ihnen sieben von ihnen am Fluss zu einem Gespräch treffen werden", wies der General den Dolmetscher an.

Als er wieder vorwärts ritt, rief der Dolmetscher den Indianern quer durch den Raum zu, und die Sache war schnell geklärt.

„Captain Hamilton, Sie werden hier das Kommando übernehmen", wies der General an. „Halten Sie die Männer unter Waffen und seien Sie bereit, beim ersten Signal des Trompeters auf uns zuzugehen. Dr. Coates, Sie kommen besser mit uns anderen; Sie möchten unbedingt die Indianer kennenlernen. Moylan, Thompson, Tom Custer, Yates, Johnson. Wechseln Sie Ihre Revolver von Ihren Holstern zu Ihren Gürteln, meine Herren. Dann können Sie sie im Bedarfsfall erreichen. Diesen Kerlen (und er deutete mit dem Kopf in Richtung der Indianer) ist offensichtlich nicht zu trauen."

Sie ritten davon, natürlich begleitet von Ned. Aus der entgegengesetzten Richtung kamen ihnen die sieben Häuptlinge entgegen. Der Fluss war der Konferenzpunkt, denn er lag etwa in der Mitte zwischen den beiden Parteien. Kurz bevor er es erreichte, blieb der General stehen und stieg ab. Alle außer Ned stiegen ab.

„Halten Sie diese Pferde, Ordonnanz", wies der General Ned an; „Und pass gut auf. Passen Sie besonders auf die Indianer auf, und beim geringsten Ärger oder dem geringsten Anzeichen von Verrat verweigern Sie den ‚Vorstoß'."

„Ja, Sir", antwortete Ned.


Umgeben von den sieben Pferden saß er, ihre Leinen in seinen Händen, während der General und die anderen Offiziere weiter bis zum Rand des Wassers gingen.

Die Ufer auf dieser Seite waren glatt und grasbewachsen; andererseits wurden sie von Arroyos oder Schluchten durchschnitten und mit Weiden bewachsen. Also warteten die Offiziere darauf, dass die Indianer auf die offene Seite gelangten. Auch die Häuptlinge stiegen ab und begannen, ihre Beinlinge auszuziehen, um zu waten. Mutig planschten sie durch die flache Strömung und hielten ihre Mokassins und Gewehre hoch, um aus der Nässe herauszukommen.

„Huh!" „, rief Ned plötzlich von seinem Pferd und traute seinen Augen kaum." Denn der führende Häuptling war Pawnee Killer selbst!

Aber Pawnee Killer schien überhaupt nicht beschämt oder verwirrt darüber zu sein, dass er, nachdem er den General im Lager in Fort McPherson besucht und ihm versprochen hatte, friedlich zu sein, hier versucht hatte, die Pferde der Kolonne zu stehlen und das Lager zu stürmen.

"Wie?" Er grunzte und schüttelte den Beamten die Hand. Und wie?" grunzte der Reihe nach seine ganze Truppe.

Sie waren gut bewaffnet. Normalerweise werden bei einer Konferenz Waffen zurückgelassen; aber dies war eine Konferenz mit bereitstehenden Waffen. Ned saß aufmerksam da und blickte angestrengt, um jede Bewegung der sieben Häuptlinge und auch der Hauptgruppe aus der Ferne zu erfassen. Er konnte nicht viel von dem hören, was gesagt wurde. Später erfuhr er, dass der General nichts über den Angriff auf das Lager gesagt hatte, sondern etwas über das Dorf wissen wollte; und dass Pawnee Killer nichts über das Dorf sagte, sondern wissen wollte, wohin die Kavallerie ging. Und keine Seite erfuhr viel über die andere!

Während Ned spähte und aufmerksam wartete, sah er plötzlich einen anderen Indianer zwischen den Weiden hervortreten und sich wie die Häuptlinge beugen. Dies war ein jüngerer Indianer, voll bewaffnet. Er schüttelte allen die Hand und fragte: „Wie?" Kaum war er fertig und das Gespräch ging weiter, als ein weiterer Indianer auf genau die gleiche Weise hinüberkam.

Ned wurde unruhig. Das war ein großartiger Plan: Die Sioux-Krieger sollten sich durch die Schluchten und Weiden schleichen und einer nach dem anderen überqueren. Pawnee Killer könnte die Klugheit von General Custer nicht besonders hoch einschätzen, wenn er annehmen würde, dass diese Ergänzungen, eine nach der anderen, nicht bemerkt wurden. Da der General jung und neu im Indianerkampf war, belogen worden war und immer noch getäuscht wurde, musste Pawnee Killer offenbar davon ausgehen, dass er nicht viel bedeutete.

Kurz darauf waren zwei weitere Indianer über die Grenze gegangen, so dass es zu den sieben Weißen nun elf waren. Neds Herz schlug schnell. Die Lage wurde ernst. Er veränderte die Linien der Pferde, um mit der rechten Hand das Signalhorn an seine Lippen zu führen. Der „Vorstoß" wiederholte sich immer wieder in seinem Gehirn. Aber hör zu! General Custers Stimme wurde nachdrücklich.

„ Sagen Sie diesem Häuptling, dass meine Männer alle kampfbereit vorrücken werden, wenn ein anderer seiner Männer den Fluss überquert. Sagen Sie ihm, dass der Signalhornist zuschaut und bereit ist, das Signal zu geben."

**„SAGEN SIE DIESEM Häuptling, dass meine Männer vorrücken werden, wenn ein anderer Mann von ihm den Fluss überquert."**

Als dies Pawnee Killer übersetzt wurde (der es anhand des Tonfalls verstanden hatte), gab er eine Art Antwort, winkte aber seiner Gruppe zu und bedeutete ihnen, zurückzuhalten. Er hatte herausgefunden, dass der junge weiße Häuptling mit den gelben Haaren doch gar nicht so dumm war.

Dann löste sich die Konferenz auf. Als der General und die anderen Offiziere weggingen, streckte Pawnee Killer seine Hand aus und verlangte etwas. Der General sprach plötzlich:

"NEIN. Ich sollte nein sagen. Nicht, bis er sein Dorf in die Nähe eines Postens verlegt, wie er es versprochen hat." Als er zurückkam, um sein Pferd zu besteigen, murrte der General immer noch, halb wütend, halb amüsiert. „Zucker, Kaffee und Munition! Er ist der vollendetste Schlingel, den ich je getroffen habe. Er möchte, dass wir ihn ernähren, damit er uns folgen kann, und ihn ausrüsten, damit er uns töten kann. Er hätte etwas von der Munition aufheben sollen, die er heute Morgen so rücksichtslos gegen uns eingesetzt hat!"

Pawnee Killer und seine Häuptlinge und Krieger waren davongaloppiert, und bald zog sich die ganze Gruppe über die Ebene zurück. General Custer befahl wütend „Boots and Saddles", um die Verfolgung aufzunehmen, um herauszufinden, wo das Dorf lag. Aber Pawnee Killer war dem gelbhaarigen General erneut zu schlau. Davon zogen die Sioux in freiem Rennen; Nachdem sie die Kavallerie bedrängt hatten, war der General an der Spitze. Wären alle Kavalleriepferde wie Phil Sheridan gewesen, hätten die Truppen die Indianer zumindest im Blick behalten können; So wie es war, wurden die leicht beladenen Ponys und ihre bequemen Reiter immer weniger und verschwanden bald am Horizont. Daher muss die Kavallerie aufhören, bevor sie sich zu weit vom Lager entfernt.

Jetzt wurden weitere Indianer aus einer anderen Richtung gesichtet.

„Mein Kompliment geht an Kapitän Hamilton. Sagen Sie ihm, er soll mit seiner Truppe nachsehen, was die anderen Kerle vorhaben", befahl der General prompt Adjutant Moylan.

Die Truppe des jungen Captain Hamilton, dessen Oberleutnant Colonel Tom Custer war, trabte freudig davon. Mit zwei solchen Offizieren war dies eine Spitzentruppe von Kämpfern. Außerdem war auch der aktive Doktor Coates dabei. Der General lächelte.

„Der Arzt muss den Indianern so nahe kommen, wie er kann. Das erste, was wir wissen, ist, dass er einem Stamm beitreten wird! „Nun", fügte er ernst hinzu, sein Gesicht zeigte besorgte Falten, „ich wünschte, wir wüssten, dass es Elliot gut ging und er nach Sedgwick durchkam. Es besteht die Möglichkeit, dass die Indianer nicht wissen, dass er weg ist. Seine Eskorte ist so klein, dass er schnell reisen kann. Das ist ein Trost. Cook und Robbins können ziemlich gut auf sich selbst aufpassen, solange ihre Eskorte zusammen bleibt."

Kapitän Hamiltons Truppe war von den Mulden im Norden verschlungen worden; Und während der General und sein Stab über Mittel und Wege diskutierten, waren viele Augen nach Norden gerichtet und viele Ohren angestrengt, um Anzeichen eines Kampfes oder einer weiteren Verfolgung zu erhaschen.

Es kam nichts zurück, es drang von Norden her ein. Der General, der Adjutant und andere Offiziere unterhielten sich, die Männer saßen entspannter da und die Minuten vergingen. Die Sonne stand hoch im Osten; Eine starke Brise wehte über die Ebene und bewegte die längeren Gräser.

Dann ertönte plötzlich ein schnelles Hufgetrappel, ein Keuchen und Schnauben, und fast bevor sich jemand umdrehen konnte, war Doktor Coates mit Höchstgeschwindigkeit seines Pferdes ins Lager gestürmt. Er zog kaum die Zügel an, fiel statt abzusteigen und blieb keuchend liegen und versuchte zu sprechen.

Zu ihm eilten Offiziere und Mannschaften.

„Was ist los, Doktor?"

"Verletzt?"

„Sprich, Mann!"

„Kannst du nicht reden?"

„Wo ist Hamilton?"

„Angegriffen?"

Der Arzt nickte heftig.

„Stiefel und Sättel, da!" befahl der General scharf. „Beeilt euch, Männer!"

Klugerweise vermasselte Ned den Anruf. Die Männer rannten hin und her und zogen ihre Pferde in eine Reihe. Jetzt konnte der Arzt sprechen.


„Indianer! Da drüben! Habe ihn erwischt – umzingelt. Mich hat es fast erwischt – auch."

"Wie weit?"

„Etwa fünf Meilen."

Die Stimme des Generals erklang lauter als Neds Trompete.

„Bereitmachen zum Aufsteigen – Aufsteigen! Vierer richtig, Trab – Marsch!"

Die Überreste der Staffeln verließen das Lager in flottem Trab, um Kapitän Hamilton und Leutnant Tom Custer und ihre Truppe zu retten. Der Arzt fungierte auf seinem kaputten Pferd als Führer.

Es war kein Schußgeräusch zu hören; Aber während die Kolonne weiter vorrückte und versuchte, Höchstgeschwindigkeit zu erreichen und dennoch Kraft für den Kampf aufzusparen, erklärte der Arzt.

„Indianer riefen uns zur Rede und trennten sich dann. Hamilton folgte einer Party, Tom der anderen. Ich ging mit Tom, bis ich irgendwie auf der Seite ausstieg, während ich mich umsah. Als nächstes wusste ich, dass ich verloren war. Schon bald hörte ich heftiges Schießen, und als ich die Gegend erkundete, sah ich Hamiltons Abteilung nur eine halbe Meile entfernt, umgeben von Indianern. Ich dachte, ich würde gleich durchreiten und ihm helfen; Aber die Indianer sahen mich zuerst, und sie kamen, sechs oder acht von ihnen, auf mich zu. Mich hat es fast auch erwischt, sage ich euch! Nahe in Pfeilreichweite , und wenn mein Pferd nicht so viel Angst gehabt hätte wie ich und wenn das Lager nicht genau dann aufgetaucht wäre, wäre meine Kopfhaut verschwunden. Ich fürchte, Hamilton ist in einer schlechten Situation. Sie waren ihm zahlenmäßig überlegen und hatten jede Menge Munition."

„Tom darf sich ihm anschließen."

„Ja, wenn Tom nicht in der gleichen Klemme steckt. Das Land ist voller Inder, glaube ich."

Zwei der fünf Meilen waren zurückgelegt worden. Es war kaum zu erwarten, dass Karabinerschüsse noch zu hören waren; aber dennoch schien die Stille bedrohlich, als ob die Schlacht vorbei sein könnte; und mit dem Sieg auf welcher Seite?

Trab, Trab; Jingle, Jingle; über die grasbewachsene Ebene, wobei sich jeder Mann in seinem Sattel nach vorne beugte, als wollte er schneller dort ankommen. Dann signalisierte Fall Leaf, der Delaware, von einer kleinen Anhöhe aus: „Menschen in Sicht." Der General und Adjutant Moylan hielten ihre Brillengläser vor die Augen, und sofort hob der General in einer Geste der Erleichterung seine behandschuhte Hand.

„Da kommen sie", sagte er. "Gut! Ich sehe den Truppenführer.

Es handelte sich um Kapitän Hamiltons Truppe, alle Männer waren unverletzt und nur ein Pferd verwundet. Kapitän Hamilton berichtete, dass er ohne die Hilfe von Leutnant Tom Custer zwei Krieger getötet und die anderen Indianer vertrieben hatte. Leutnant Tom hatte die zweite Gruppe Indianer verfolgt, bis sie ihn, nachdem sie ihn weit genug gezogen hatten, entwischten. Diese Sioux waren schlau.

Es war Blut vergossen worden. Das war Krieg. Die Indianer wären jetzt heiß auf Rache. Und Major Elliot war immer noch draußen, ebenso wie der Waggonzug nach Fort Wallace. Mit dem Waggonzug würde Mrs. Custer zurückkommen. Das war nun der Hauptgedanke im Lager. Die Indianer würden sich die Chance auf einen solchen Preis wie Versorgungswagen sicherlich nicht entgehen lassen. Warum war der General so töricht gewesen, nach Mrs. Custer zu schicken, wo doch bekannt war, dass sich Indianer im Ausland aufhielten?

Der General wurde innerhalb einer Stunde abgemagert. Noch vor Einbruch der Nacht hatte er ein Geschwader unter dem Kommando von Major

(Oberstleutnant) Myers geschickt, um direkt durchzudringen und den Zug zu treffen.

Dann blieb uns nichts anderes übrig, als zu warten. Drei Tage vergingen, und die kleine Gruppe von Major Elliot ritt mit den Depeschen aus Fort Sedgwick ein. Am nächsten Tag, Hurra! Hier näherten sich die weißbedeckten Armeewagen und die Begleittruppen und schlängelten sich wie eine riesige Schlange über die Ebene.

Der General ritt ihnen entgegen; und insbesondere, um Frau Custer kennenzulernen. Die Wagen waren alle da – zwanzig an der Zahl; die Truppenkolonne schien intakt zu sein; aber von den Wagen oder vom Pferd aus winkte kein Taschentuch zur Begrüßung, und Ned, der Buckie hinter dem General hergetrottet hatte, verspürte einen plötzlichen kalten Schauder. Was wäre, wenn der süßen Mrs. Custer oder der Diana mit den tanzenden Locken etwas zugestoßen wäre?

Major (der auch Oberst war) West hatte das Kommando über die Kolonne, denn er war der ranghöchste Offizier.

„Alles klar, Oberst?" fragte der General, während seine Augen ängstlich über die gewundene Linie wanderten.


„In Ordnung, General. Aber wir hatten einen ziemlichen Pinsel. Das heißt, Cook und Robbins taten es. Myers und ich kamen gerade rechtzeitig an, um zu sehen, wie der Feind verschwand."

"Frau. Custer hier?" fragte der General scharf.

„Nein, General. Zum Glück hat sie Hays nicht verlassen. Cook kann Ihnen davon erzählen."

Habe Hays nicht verlassen! Der General schien tief aufzuatmen. Lager und Wanderweg waren kein Ort für eine weiße Frau, selbst für eine so tapfere Frau wie Mrs. Custer oder eine so hübsche Diana. Er rannte an der Kolonne entlang und suchte Lieutenant Cook.

„Na, Koch! Hatte einen Streit, wie ich gehört habe."

"Jawohl. Sie griffen uns ziemlich heftig an, als wir Wallace verließen, bevor West und Myers sich uns anschlossen. Wir sahen sie kommen und stellten uns mit den Männern zu Fuß und den Wagen und Pferden in der Mitte auf. Dann gingen wir weiter vorwärts, aber sie umzingelten uns brutal. Es waren zwischen sechs- und siebenhundert, nicht wahr, Comstock?"

„Voll und ganz", stimmte Scout Will Comstock zu, der in der Nähe ritt. „Aber es sind jetzt nicht mehr so viele, General. Wir haben fünf von ihnen für immer umgeworfen, und es gibt noch mehr rote Häute, die lästige Löcher haben. Aber es sah eine Zeit lang so aus, als würden unsere Skalps dafür zahlen. Sechs- oder siebenhundert Indianer werden sich nicht von fünfzig Männern davon abhalten lassen, an den Zucker und den Kaffee in diesen Wagen zu kommen.


"Frau. Custer hat also nicht angefangen?" fragte der General von Leutnant Cook.

"Nein Sir. Gott sei Dank hat sie es nicht getan. Sie war dazu bereit, ließ ihr Gepäck anbinden, und General Hancock verbot es. Ich glaube nicht, dass ihr das besonders gut gefallen hat. Ich habe einen Brief von ihr für dich."

General Custer nahm den Brief und las ihn im Sattel.

Aus dem Gespräch ging hervor, dass der Waggonzug drei Stunden lang hart und gut gekämpft hatte. Die Wagen waren von Kugeln übersät; darin befanden sich mehrere Verwundete; und überall in der Kolonne befanden sich zahlreiche verwundete Pferde und Maultiere. Ned hörte ein Gespräch zwischen Lieutenant Cook und einem anderen Offizier, das zeigte, wie ernst die Lage gewesen war.

„Hätten Sie es getan, Koch?" fragte der Offizier scharf.

Leutnant Cook nickte fest.

"Ich sollte. Als sich der Angriff entwickelte, sagte ich mir sofort: „Wenn Mrs. Custer hier unter meiner Obhut wäre, müsste ich als Erstes zu ihrem Krankenwagen fahren und sie gnädigerweise erschießen." Das ist mein feierliches Versprechen an den General.""

"Wütend!" seufzte der andere Offizier ernst. „Das wäre schrecklich. Aber nicht so schrecklich", fügte er hinzu, „um sie oder eine andere weiße Frau lebend in die Hände der Indianer fallen zu lassen."


„Wir haben es dem General im Hinblick auf Mrs. Custer versprochen", sagte der Leutnant. „Er hat uns ein Versprechen gegeben, und er weiß, dass wir unser Wort halten wollten."

„Du hättest ein bisschen gewartet?" verfolgte den Offizier.

Leutnant Cook schüttelte den Kopf.

"Nein Sir. Kein Moment. Ich liebe Mrs. Custer wie eine Schwester; und der Gedanke, dass sie von mir abhängig und im Krankenwagen hilflos war, hätte mich abgelenkt. Ich hätte Befehlen gehorchen sollen – und Sie wissen, was sie sind. Dann hätte ich bis zum Letzten kämpfen und nicht damit rechnen sollen, dem General gegenüberzutreten. Mein erster und letzter Kurs war klar. Aber es war nicht notwendig.“

Ein Kanadier war Leutnant William Cook, mit langem schwarzen Backenbart und hübschem, freundlichem Gesicht. Er hatte den Bürgerkrieg überstanden und galt als einer der besten Offiziere im Siebten Regiment. Aufgrund seiner Geburt nannten sie ihn „Queen's Own“ Cook.

# X
# TRAURIGE NACHRICHTEN FÜR DAS ARMY BLUE

Die Soldaten, die im Waggonzug gekämpft hatten, stolzierten durch das Lager und redeten fast wie Veteranen. Auch das Lager hatte seine Geschichten zu erzählen, von Angriffen, Skalps und Siegen. Damit hatte die Siebte Kavallerie den Anfang auf der Schlachtliste gemacht, um auf ihren Standarten prangen zu können.

Major Elliot hatte von General Sherman den Befehl überbracht, wieder nach Norden in Richtung Platte zu marschieren. Die Platte wurde in der Nähe der Riverside-Station in Colorado, fünfzig Meilen westlich von Fort Sedgwick, getroffen. Es waren keine Indianer gesichtet worden; aber Indianer waren immer noch in der Nähe, denn noch am Abend vor der Ankunft des Siebten in Riverside hatten die Feinde die nächste Station im Westen angegriffen und drei Männer getötet.

Aber das war noch nicht alles. Offensichtlich war noch etwas anderes passiert. Nachdem General Custer seine Depeschen von General Sherman gelesen hatte, ließ er sofort seine Offiziere holen und hielt in seinem Zelt eine Beratung ab. Die Diskussion erreichte leicht das Ohr von Ned, der auf seinem Posten stand und auf Befehle des Generals oder Adjutanten Moylan wartete.


Kidder – ein Leutnant Lyman S. Kidder, Zweite Kavallerie, war aus Fort Sedgwick ausgesandt worden, mit Depeschen zum Lager der Siebten Kavallerie an den Forks of the Republican. Er hatte nur zehn Mann, er hätte dort ankommen sollen, sonst hätte er die Kolonne einholen können, bevor sie die Platte erreichte. Aber er war nicht gesichtet worden. Er war ein junger Offizier, dies war sein erster Kundschafter. Was war mit ihm passiert?

Red Bead, ein freundlicher Sioux-Häuptling, war sein Führer, er konnte also nicht vom Weg abgekommen sein; aber auf einem so langen Ritt waren zehn Männer insgesamt zu wenig, da die Indianer zu Hunderten den ganzen Bezirk heimsuchten.

Schnell verbreitete sich die Nachricht in den Reihen. Es gab Kopfschütteln. Nach Meinung der älteren Unteroffiziere war ein großer Fehler begangen worden.

„Meine Idee ist", sagte Henderson, der so besonnen war wie jeder andere, „dass dieser junge Linke unser Lager angegriffen haben könnte; aber wenn er es tat, dann nahm er den Planwagenweg auf der Südseite, weil er dachte, es sei unser Weg. In diesem Fall wird er auf dieselbe rote Bande treffen, die den Zug zwischen dem Republikaner und Wallace angegriffen hat, und sie werden ihn auslöschen; Sie werden ihn auslöschen. Es war ein Verbrechen, ihn mit insgesamt knapp einem Dutzend Mitgliedern seiner Gruppe auf die Kundschaft zu schicken. Und er ist auch neu im Geschäft. Die Zeit ist gekommen, in der die Armee wissen sollte, dass sie Indianer nicht auf diese Weise bekämpfen kann. Sie sind besser bewaffnet als wir und sehr schlau, Jungs."

Der von Henderson vorgebrachte Vorschlag schien auch der des Offiziersrates zu sein.

Weitere schlechte Nachrichten gingen ein. In den Forts Wallace und Hays war Cholera ausgebrochen, wegen der schlechten Verpflegung auch Skorbut.

Als daher über die Leitung die Depeschen von Kidder wiederholt wurden, in denen er der Kolonne befahl, nach Wallace zurückzukehren, war der General sehr bereit zu gehen. Lieutenant Kidder könnte gefunden werden und Mrs. Custer könnte in ein sichereres Quartier gebracht werden. So wurde das Lager bei Tageslicht abgebrochen.

Während des Marsches wurde scharf nach Anzeichen der vermissten zweiten Kavallerieabteilung Ausschau gehalten; aber keiner erschien.

„Was ist jetzt Ihre Meinung, Comstock?" fragte der General erneut besorgt, als er an der Spitze der Kolonne, wo er und Adjutant Moylan und Will Comstock ritten, den Boden und den Horizont absuchte. Will Comstock schüttelte nur den Kopf.

„Das sage ich nicht, General", antwortete er schließlich. „Es ist noch früh, eine Vermutung anzustellen. Vielleicht geht es ihm gut, vielleicht aber auch *nicht* .

Die Forks of the Republican kamen in Sicht; und der ehemalige Campingplatz. Hier waren die Gleise der Siebten, und von hier aus führte der Weg des Wagenzuges nach Fort Wallace. Aber eine Spur von Leutnant Kidder oder irgendwelchen neuen Reitern konnte nicht einmal von den Delawares gefunden werden, die so intensiv suchten.

Über das Lagerfeuer im Hauptquartier sprach Scout Will Comstock an diesem Abend endlich, zwar deutlicher, aber immer noch zweifelhaft. Und die Beamten hörten gespannt zu.

„Nun, meine *Herren* ", sagte Comstock gedehnt, „bevor sich jemand eine Vorstellung davon macht, wie diese Sache wohl enden wird, gibt es einige

Dinge, mit denen er vertraut sein muss." Zum Beispiel braucht mir jetzt kein Mann mehr etwas über Indianer zu sagen. Wenn ich etwas weiß, sind es Indianer. Ich weiß im Scherz, wie sie etwas tun und wann sie es tun werden; Aber damit ist diese Frage nicht geklärt, und ich werde Ihnen sagen, warum. Das ist mehr als nur ein Scherz, denn die Indianer sind in dieser Angelegenheit verwickelt. Wenn ich diesen jungen Lootenint kennen würde – ich meine Lootenint Kidder – wenn ich wüsste, was für ein Mann er ist, könnte ich Ihnen fast schon sagen, was er getan hat und wohin er gegangen ist; Denn wie Sie sehen, ist die Indianerjagd und der Indianerkampf ein eigenständiger Beruf, und wie bei jedem anderen Geschäft muss ein Mann wissen, worum es geht. Ich habe großes Vertrauen *in* den Kampfgeist von Red Bead, dem Sioux-Häuptling, der die Plünderung und seine Männer anführt, und dass die Injun-Verwandten ihren eigenen Weg gehen, das ist eine faire Show für ihn, wenn er sie durchführt in Ordnung. Aber ist diese Plünderung die Art von Mann, der bereit ist, Ratschläge anzunehmen, selbst wenn sie von einem Indianer kommen? Meine Erfahrung mit euch Armeeleuten ist immer, dass die jungen Leute unter euch glauben, sie wüssten am meisten, und das trifft vor allem dann zu, wenn sie aus West Pine kommen. Wenn einige dieser jungen Kerle auch nur halb so viel wüssten, wie sie zu wissen glauben, könnte man ihnen nichts sagen. Was die lärmenden Bücher angeht, ich nehme an, sie haben alles; Tatsache ist jedoch, dass sie den Unterschied zwischen der Spur einer Kriegspartei und der Spur einer Jagdgruppe, die ihnen den Hals retten wollte, nicht erkennen konnten. Die Hälfte von ihnen kann, wenn sie zum ersten Mal hierher kommen, eine Squaw nicht von einem Bock unterscheiden, weil beide rittlings reiten; aber sie bald l'arn. Mir wurde gesagt, dass dieser Plünderer, von dem wir reden, ein Neuankömmling ist und dass dies sein erster Späher ist. Wenn das der Fall ist, verleiht das dem ganzen Geschäft einen gewaltigen Eindruck, und Sie und ich, meine Herren , er wird großes Glück haben, wenn er gut durchkommt. Morgen machen wir uns auf den Weg zu Wallace, und ich werde vielleicht bald erfahren, ob er diesen Weg gegangen ist."

Diese Rede, die für den sonst schweigsamen Will Comstock so lang war, löste bei allen mehr Angst aus als je zuvor. Offensichtlich hatte der Kundschafter große Ängste, die er für sich zu behalten versuchte.

Deshalb waren alle im Morgengrauen wachsam, um den Wagenweg nach Fort Wallace einzuschlagen. Comstock und die Delawaren rückten vor, um es zuerst zu untersuchen, bevor die Kavalleriekolonne es markieren sollte. Der General und sein Stab drängten vorwärts, um den Bericht zu erhalten.

„Nun, Comstock. Haben sie bestanden?" fragte der General und zügelte kurz.

Comstock war zu Fuß gewesen und hatte genau hingeschaut. Die Delawares und er schienen einer Meinung zu sein, denn jetzt stieg er wieder auf.

"Jawohl. Sie sind sicher auf Wallace los", sagte er nüchtern. „Sie haben diesen Weg hier mit dem Hauptweg der Kolonne verwechselt. Die Spur zeigt, dass zwölf rundum beschlagene amerikanische Pferde kürzlich im Spaziergang in Richtung der Festung vorbeigekommen sind. Als sie an diesem Punkt ankamen, ging es ihnen gut, denn ihre Pferde kamen problemlos voran, und hinter ihnen waren keine Ponyspuren, wie es der Fall wäre, wenn Indianer ein Auge auf sie geworfen hätten." Comstock rieb sich zweifelnd die Wange. „Ich könnte genauso gut sagen, dass es *meiner* Meinung nach, meine *Herren* , erstaunlich sein wird, wenn dieser Plünderer und seine Truppe ohne Gefecht in die Festung gelangen. Er mag es sein, aber *wenn* er es tut, wird es ein Kratzer sein, den es je gab, und ich werde mein Vertrauen in die Indianer verlieren . "

Das klang schlecht. Bis zur Festung waren es nur zwei Tage, aber was würden diese zwei Tage ans Tageslicht bringen?

„Dann werden wir es bald erfahren", sagte der General. „Hoffen wir, dass sie, falls sie die Festung erreichten, nicht versuchten, zurückzukehren und uns weiter zu jagen, und dass wir sie dort finden. Sie und die Delawares achten genau darauf, Will, um auf beiden Seiten Anzeichen dafür zu erkennen, dass sie die Spur verlassen haben."

Comstock nickte.

Noch immer erstreckten sich die Ebenen einsam und ununterbrochen, und außer gelegentlichen Kaninchen oder Wölfen war nie eine sich bewegende Gestalt zu sehen. Dann, gegen Mittag, erschien endlich etwas – ein weißes Objekt, das eine Meile im Voraus den Weg markierte. Ein Skelett? Ein Zelt? Ein Fleck Alkali? Bei jeder Vermutung schüttelte Comstock den Kopf; und sogar die Delawares waren verwirrt.

Aber General Custer zögerte nie.


„Komm schon", sagte er. „Lass uns das untersuchen." Und er galoppierte davon, gefolgt von Adjutant Moylan, Major Elliot, Major West und ein paar anderen Offizieren, den Spähern und Ned. Wohin der General ging, ging er, der Ordonnanz.

„Das ist ein Mistkerl! „Ein totes Pferd, meine *Herren* ", verkündete Comstock, bevor sie mehr als die Hälfte des Weges zurückgelegt hatten. Der General hielt nicht inne, um seine Gläser erneut zu richten; Comstocks Wort genügte.

Tatsächlich war es ein Pferd; ein weißes Pferd, steif und blutig auf der Spur liegend, mit einem Einschussloch im Kopf.

„Ein Kavalleriepferd", rief der General schnell. „Da sind die USA auf der Schulter und Sattelspuren auf dem Rücken."

„Es ist auch von der Zweiten Kavallerie, General", fügte Major Elliot hinzu. „Als ich in Sedgwick war, bemerkte ich eine volle Kompanie auf weißen Pferden."

„Sehen Sie ein Indianerzeichen, Comstock? – Wer hat das getan? Oder ob es einen Streit gegeben hat?" forderte der General.

Scout Comstock und die Delawares untersuchten den Kadaver und den Boden um ihn herum nach Spuren von Pfeilen, Patronenhülsen oder Ponyspuren; aber sie konnten nichts finden. Das Pferd war erschossen und ausgezogen worden; das war alles.

„Dann besteht die Möglichkeit, nicht wahr", schlug Major Elliot vor, „dass das Tier ausgestiegen sein könnte und dass sie es erschossen und seinen Sattel und sein Zaumzeug genommen haben, um zu verhindern, dass die Indianer es ausnutzen?"

„Das müssen wir hoffen", antwortete der General.

Ja, das hofften sie alle; aber bald darauf, auf dem Marsch, sprach Comstock von dort aus, wo er am Wagenweg entlangging.

„Da stimmt etwas nicht, General. Jetzt diskutieren wir Zeichen, die sprechen. Diese Gruppe hier, die wir verfolgen, ist schneller geworden und hat sich unregelmäßiger ausgebreitet, so dass sie sich sowohl auf beiden Seiten des Weges als auch darin befinden."

„Und da ist noch ein totes Pferd, nicht wahr?" dirigierte Major Elliot.

Ja, direkt vor uns erwartete uns ein zweites totes weißes Pferd. in der Spur erschossen und entkleidet, wie beim ersten Mal.

„Auch Ponyspuren, meine *Herren* ", verkündete Comstock in dem Moment, als er den Boden absuchte. „Es sind Indianer. Ich wusste es. Und auch der allerbeste Ort für einen Angriff. Nichts als ebener Boden, den sie umkreisen und erschießen, während die andere Gruppe keinen Unterschlupf findet, um Stellung zu beziehen. Beschlagene Pferde bewegen sich jetzt in vollem Galopp; Das gilt auch für Ponys. Dieser Plünderer und seine Männer reiten hart für die Kivver. Das ist klar."

„Würden sie es schaffen, meinen Sie?"

„Wall", sagte Comstock wieder zweifelnd, „es ist zweifelhaft. Der Versuch, auf freiem Feld vor einer großen Indianergruppe davonzulaufen, ist gefährlich – vor allem, wenn man sich nur auf die Geschwindigkeit verlässt. Ich nehme an, dass dieser Plünderer geritten und nicht gekämpft hat; Das Wichtigste ist, dass er weiß, dass er umzingelt sein wird, während seine Pferde draußen sind."

Die Ponyspuren erstreckten sich weit auf beiden Seiten des Weges und zeigten, dass die Indianer in großer Zahl gewesen waren. Es wurden jedoch weder weitere tote Pferde noch andere Anzeichen von Schäden gefunden; und Ned begann wieder zu hoffen, dass der Leutnant und seine Männer doch entkommen waren. Dennoch waren es noch vierzig Meilen bis Fort Wallace; ein langer, langer Weg auf einer Fahrt fürs Leben.

Plötzlich fiel das ebene Land in ein breites Tal ab, durch das ein Bach floss, der von einem Saum aus Weiden und hohem Unkraut markiert war. Zweifellos hatte dieser Anblick den flüchtenden Leutnant und seine Gruppe aufgeheitert; denn in den Weiden könnten sie Widerstand leisten.

„Das ist Beaver Creek, meine Herren ", informierte Comstock. „Wo der Weg sich kreuzt, werden wir wahrscheinlich viel von dem herausfinden, was wir noch nicht wissen. Aber dort unten gibt es jetzt keine Kämpfe mehr; Das ist Sartin."

NEIN; Kein Kampflärm drang bis zum Talrand; und es gab auch keinen Rauch vom Lager oder vom Signalaufgang. Alles war still; völlige Stille. Als sie den Hang hinunterritten und der Bach selbst noch eine Meile entfernt war, zeigte General Custer wortlos auf sie. Links und vorne kreisten mehrere schwarze Bussarde träge und tief.

"Wütend!" rief Comstock aus. "Rieche es? Ich denke, meine *Herren* , das sagt die Geschichte. Lass 'uns da rüber gehen."


Die Luft war erfüllt vom üblen Geruch verwesenden Fleisches. General Custer und sein Stab wandten sich ab und folgten den Spähern, um nach der Quelle zu suchen. Es könnte nur ein toter Büffel sein; aber wahrscheinlich war es –?

Das Gestrüpp und das Gras waren hoch; Am Rand blieb Ned stehen; er würde die anderen eintreten lassen; er war Soldat, aber er würde lieber dort bleiben, wo er aufgehört hatte. Sie brauchten ihn nicht; Natürlich haben sie das nicht getan. Die Delawares, Will Comstock und die Offiziere ritten hin und her. Erst nach langer Zeit stieß General Jackson, der Neffe von Fall Leaf, plötzlich einen lauten Schrei aus; und sofort sprang er von seinem Pferd und bückte sich.

Er hatte etwas gefunden.

Der General und alle Offiziere und Kundschafter eilten zu ihm. Der General winkte den Männern zu, zu kommen. Sogar Ned drängte vorwärts; er konnte nicht anders, denn er fürchtete sich vor dem Sehen, und dennoch wollte er sehen.

Da lagen sie alle, weiße Pferde und weiße Männer und ein roter Mann; was von ihnen übrig blieb, nachdem der Feind Rache genommen hatte. Es war kein friedlicher Anblick, denn die Körper waren voller Pfeile, schossen hinein und gingen wieder weg, und Messer und Tomahawk hatten grausame Schnittwunden erlitten. Aber es gab viele leere Patronenhülsen, was zeigte, dass Leutnant Kidder und sein kleines Kommando verzweifelt und tapfer gekämpft hatten.

„Umzingelt und abgeschnitten. Ich wusste, dass sie es tun würden", erklärte Comstock. „Die Indianer sind so schnell wie möglich hierhergekommen. Sioux. Wissen Sie warum? Denn als sie Red Bead skalpierten, nahmen sie ihm nicht den Skalp weg. Da liegt es neben ihm. Es ist gegen die Regeln der Indianer, einem Angehörigen ihres Stammes die Kopfhaut abzureißen. Das müssen also Sioux gewesen sein, genau wie Red Bead. Pawnee Killers Band, sozusagen."

Dieser schreckliche Pawnee-Killer!

„Wer ist der Leutnant, frage ich mich?" überlegte der General. „Haben Sie Anzeichen dafür gefunden, Comstock?"

„Kein Eins. Nein Sir; Ich bezweifle, dass selbst seine eigene Mutter ihn erkennen könnte."

Das war so. Nur Red Bead war zu erkennen. Alle anderen wurden ihrer Kleidung beraubt und waren im Gesicht so zerschnitten, dass kaum noch ein Gesichtszug übrig blieb. Fall Leaf, der Delaware, bückte sich und zeigte auf etwas. Es war ein schwarz-weiß kariertes Kragenband, das immer noch einen Hals umgab. Das war alles.

Nach einem traurigen, schaudernden Blick auf das blutige Feld konnten die Soldaten der Siebten Armee nur einen Graben ausheben und die Überreste des jungen Offiziers, seiner tapferen Männer und seines treuen Sioux-Führers behutsam hineinlegen.

# XI
# SCHWIMMENDE TAGE AUF DEM TRAIL

Als am dritten Tag die zurückkehrende Kolonne mit ihren traurigen Nachrichten in die Außenbezirke von Fort Wallace ritt, fanden sie den kleinen Pfosten festgesteckt. Für zusätzliche Barrikaden hatte man Sandsäcke aufgetürmt; Erdhügel deuteten auf Unterstände hin. Zweimal hatten die Indianer es angegriffen. Ja, die Cheyennes unter Häuptling Roman Nose waren beleidigend herangerannt, und als sie mutig die beiden kleinen Kompanien der Siebten Armee unter der Führung von Hauptmann (Oberst) Alfred Barnitz überholt hatten, wurden sie von einem Gegenangriff der Indianer getroffen. Erst nach einem Nahkampf konnten die Krieger von Roman Nose endlich vertrieben werden. Sergeant Anderson glaubte, Roman Nose verwundet zu haben. Ein halbes Dutzend Negersoldaten, die im Vorpostenpostendienst standen, waren in einem Wagen vorwärts gestürmt, ohne auf Befehle zu warten, um der Kavallerie zu helfen; und die Festungsoffiziere lobten die Tat laut.

So befand sich das arme kleine Fort Wallace, allein inmitten der brennenden oder eiskalten Ebenen, der letzte Posten der Linie zum Schutz der Straße nach Denver, in einer schwierigen Lage.


Der Telegraph befand sich zweihundert Meilen östlich, bei Fort Harker; Sogar die Bühnen hatten aufgehört zu laufen, außer in langen Abständen, paarweise, wenn eine Soldatenwache aufgestellt werden konnte; Sendungen und Lieferungen waren unterbrochen. Jetzt wurden die schlechten Rationen immer schlimmer und Skorbut und Cholera machten den Indianern zu schaffen. Der Skorbut wurde durch den Mangel an frischem Fleisch und Gemüse verursacht; Keiner der Ärzte wusste genau, warum die Cholera auftrat. es schien von der Hitze und dem Boden zu kommen.

Der Zustand des tapferen Fort Wallace beunruhigte den General sehr. Natürlich muss Hilfe herbeigeholt werden. Seine eigene Kolonne war durch lange Märsche ziemlich erschöpft angekommen; aber er beschloss, einhundert der besser berittenen Männer mitzunehmen und einen Gewaltmarsch nach Fort Harker zu unternehmen, um Nachschub zu holen. Kapitän Barnitz hatte für diesen Zweck keine Männer entbehren können.

Für Ned war dies der bisher aufregendste Marsch. Es muss hauptsächlich nachts zubereitet werden, um Abkühlung zu gewährleisten und den Indianern zu entgehen. Die gesamte Etappenroute von Wallace nach Harker soll von den Cheyennes und Sioux genau beobachtet worden sein. Die Stationen wurden aufgegeben; oder die Männer hatten sich in ihren

Unterständen versammelt, zu denen sie durch unterirdische Gänge vom Bahnhofsgebäude oder dem Stall aus gelangten.

Sich diesen Unterständen zu nähern, besonders nachts, war keine angenehme Angelegenheit. Der erste erschien nur als niedriger Erdhügel, der sich undeutlich vor dem düsteren Horizont abzeichnete. Tatsächlich müssen die Pfadfinder von ihren Pferden absteigen und sich auf den Boden beugen, um es zu sehen. Langsam rückte die Kolonne vor – und als nächstes geschah, schoß aus dem Hügel ein Feuerstrahl – noch einer – noch zwei; und zu „Crack! Knall-knall! Riss!" Kugeln summten bösartig am General, an Kapitän Hamilton (der die Kolonne befehligte) und Ned selbst vorbei.

„Was ist da los?" laut sangen der General und der Kapitän. "Wir sind Freunde! Weiße Männer! Kavallerie!"

"Knall! Knall-knall! Riss!" Und noch mehr Kugeln.

„Schaffen Sie Ihre Männer schnell hier raus, Kapitän. Diese Kerle sind verrückt", wies der General an. „Schicken Sie jemanden zur Verhandlung nach vorne und sagen Sie ihm, wer wir sind."

Leutnant Tom Custer meldete sich freiwillig.

„Du solltest besser kriechen", riet der General.

Colonel Tom rückte in der Dämmerung auf den niedrigen Hügel neben den Bahnhofsgebäuden zu. Plötzlich war er verschwunden; er kroch. "Knall!" begrüßte ihn mit einem Schuss.

"Hallo!" er begrüßte. „Nicht schießen. Wir sind Kavallerie, das sage ich Ihnen."

„Dann kommen Sie näher heran; „Steh auf und zeig dich, wenn du weiß bist", erwiderte eine Stimme.

„Ich komme", antwortete Tom. „Ich bin Leutnant Custer vom Siebten Regiment."

Der Leutnant traf ein, und die Kolonne, die zuhörte, konnte seine ernsten Erklärungen hören. Nun flackerte im Unterstand ein Licht, und der Leutnant rief der Kolonne zu, sie solle herankommen.

Im Unterstand befanden sich fünf Stationsleute. Sie warteten draußen, und selbst im Sternenlicht waren ihre Augen düster und abgemagert.

„Was hat das zu bedeuten, meine Herren?" fragte der General wütend.

„Nun, Kapitän, wie Sie sehen, ist es so", erklärte der Anführer, ein riesiger Mann mit einem großen Vollbart, der bis zur Taille reichte. „Wir dachten, du wärst Indianer, und heutzutage gehen wir kein Risiko mehr ein."

„Aber Sie haben gehört, wie wir Sie in gutem Englisch begrüßt haben."

„Sicher haben wir das getan; aber das bewies nicht viel. Nein, Sir-ee. Es gibt Indianer, die genauso gut Englisch sprechen wie Sie, und das ist einer ihrer neuesten Tricks. Sie sind allen möglichen Plänen gewachsen, Kapitän; Und obwohl es uns leid tut, auf Sie zu schießen, ist es zu riskant, nachts Fremde in die Nähe zu lassen. Englisch zu sprechen zählt für uns Kerle nicht. Wir sind diesem Injun-Trick auf der Spur."

Deshalb muss jeder besetzte Etappenbahnhof mit großer Vorsicht angefahren werden. Neben den Stationsunterständen verfügte auch die Negerinfanterie, die in Trupps entlang der Strecke stationiert war, um sie zu schützen, über Unterstände. Diese waren eher militärischer Natur als die Unterstände der Station und wurden als „Monitore" bezeichnet, nach dem Monitor, der während des Bürgerkriegs gegen die Merrimac kämpfte.

Die Negertrupps gruben zunächst ein quadratisches Loch aus, das etwa brusttief und groß genug war – sagen wir fünfzehn Fuß oder mehr im Quadrat –, um sie alle aufzunehmen. Um den Rand herum häuften sie Erde und Rasen auf; und von einer Seite zur anderen legten sie ein Dach aus Brettern, das mit noch mehr Rasen bedeckt war. Dann schnitten sie kleine Schießscharten in die niedrigen Mauern und bauten ein kurzes Stück daraus einen Tunnel mit einer Falltür. Und sie waren gut befestigt. Sie konnten weder von Feuer noch von Pfeilen oder Kugeln berührt werden.

Diese seltsamen Befestigungen ähnelten wie riesige, gedrungene Pilze auf der flachen Oberfläche der kahlen Prärie tatsächlich einer „Käseschachtel auf einem Floß". Als die Kolonne auf einem von ihnen eintraf, brodelten die fünf Negersoldaten unter einem Korporal vor Freude.

„Ja, ja", erzählte der Korporal dem General und allen anderen, die es hören konnten, „wir hatten einen Streit." Aber es wird kein Kampf sein; Es war eine Art Massaker. Nachdem wir diesen Heah-Monitor-Kampf fertig hatten, kamen eine ganze Menge Indianer angeritten. Ich schätze, es waren fünfhundert oder fünftausend. Ich fing an, sie zu sehen, sie sehen, wie dieser alte Buckel hochragt. Ich weiß nicht, was das alles bedeutet. Nein, na ja. Habe mächtige Curyus. Wir halten uns alle bedeckt und lassen sie schauen und reden. Sie wurden so neugierig, dass sie es nicht länger zurückhalten konnten, also ritten sie hinein und reckten und reckten die Hühner. Wenn sie ganz nahe kommen, „Gib es ihnen!" Sag ich. „Gib es ihnen!" Und wir haben es ihnen aus den Schlupflöchern angetan. Wir feuern es auf sie ab, und wenn sie herumschwirren, streuen wir es ihnen noch mehr und geben es ihnen weiter, bis sie außer Reichweite sind. Hi-yah-yah! Dey Shore hatte Angst."

Und – „Hi-yah-yah!" schrie vor Lachen seine fünf Gefreiten.

"Gut!" lobte den General. „Wie viele haben sie auf dem Feld zurückgelassen, Korporal?"

„Nun, sie haben niemanden auf dem Feld zurückgelassen, Gin'ral", antwortete der Korporal. „Aber ich schätze, wir haben ungefähr die Hälfte getötet, die andere Hälfte hatte fast Angst davor."

Der General hatte es sehr eilig, Fort Hays zu erreichen, wo (wie alle vermuteten) Mrs. Custer war; und Fort Harker zu erreichen, wo man Medikamente und Lebensmittel für das leidende Fort Wallace erhalten konnte.

In Fort Hays wurde weder Mrs. Custer noch Miss Diana oder die schwarze Eliza gefunden. Aber alle hörten von einer plötzlichen Überschwemmung vom Big Creek, die mehrere Soldaten ertränkt und das Zelt und die Frauen zusammen fast weggeschwemmt hätte; Danach war die Familie des Generals nach Fort Harker zurückgeschickt worden, da Hays für sie als nicht sicher galt. Hier bei Hays warteten Briefe von Mrs. Custer und die Nachricht, dass in Harker die Cholera tödlich wütete.

Jetzt war der General sehr beunruhigt; und ließ Kapitän Hamilton und die Kompanie zurück, um sich einen Tag lang in Hays auszuruhen, zusammen mit Leutnant Cook und Kapitän Tom Custer und Ned und zwei Soldaten, die er für Harker weiterführte. Der Marsch von Wallace nach Hays, 150 Meilen, war in 55 Stunden zurückgelegt worden; Die Fahrt von Hays nach Harker, sechzig Meilen, dauerte elfeinhalb Stunden – was angesichts der langen Fahrt, die vorausgegangen war, ziemlich gut war.

Mrs. Custer war nicht in Harker. Sie und Miss Diana und Eliza waren zu Riley weitergeleitet worden, da es in Harker keinen Ort zum Übernachten gab. Also eilte der General auch von Harker zu Riley – aber Ned ging nicht. Plötzlich wurde ihm schlecht; und der Chirurg sagte, dass er Cholera hätte.

---

# XII

# PHIL SHERIDAN KOMMT AN

Ned war ein sehr kranker Junge; aber vom Krankenhaus in Fort Riley konnte er sein Regiment nach Fort Leavenworth begleiten. Hier verbrachten sie gemütlich den Winter. Mit vielen fein gebauten Gebäuden, inmitten eines 1.000 Hektar großen Militärreservats mit Blick auf den Missouri River, in der Nähe der geschäftigen Stadt Leavenworth mit ihrer Kavallerie, Infanterie und Artillerie, Fort Leavenworth, dem Hauptquartier des Department of the Missouri , war eine deutliche Abwechslung zu Wallace und Hays und Harker und sogar Fort Riley.

Der Herbst und der Winter verliefen ruhig, während draußen in den südwestlichen Ebenen eine Friedenskommission der Regierung einen neuen Vertrag mit den Stämmen schloss. Die Cheyennes waren immer noch wütend, weil General Hancock ihr Dorf zerstört hatte; aber alle einigten sich darauf, in ein Reservat im Indianergebiet zu gehen und die Eisenbahnen, die Wanderwege und die Siedler in Ruhe zu lassen.

Im Frühjahr wurde in Fort Laramie im Norden ein weiterer Vertrag mit den Sioux geschlossen. Die Regierung versprach, ihre Soldaten aus den Sioux-Jagdgebieten im Powder River Valley östlich der Big Horn Mountains im Nordosten von Wyoming und im Südosten von Montana abzuziehen. Um ihre letzten Jagdgründe, das berühmte Black Hills-Land, zu schützen, hatte Red Cloud, der Häuptling der Sioux, lange und hart gekämpft.

Schnell schickten sie eine Nachricht an ihre Cousins, die Cheyennes, Kiowas und alle aus Nebraska, Kansas und Colorado, und ermutigten sie, auch die weißen Männer zu vertreiben. Die Cheyennes, Kiowas und Comanchen protestierten bereits gegen die Verletzung ihres Reservats; Sie sagten, sie hätten nicht verstanden, dass sie gutes Land für schlechtes Land aufgeben sollten.

Die Kansas Pacific Railroad hatte Hays City erreicht und hielt dort an, als wollte sie sich ausruhen. Der tapfere General Hancock war nach New Orleans versetzt worden, und als Kommandeur des Departements Missouri war Generalmajor Philip H. Sheridan abgelöst worden.

Jeder kannte Phil Sheridan, den kämpfenden Iren. Im September 1867 besuchte er Fort Leavenworth kurz, um das Kommando zu übernehmen. und hier erhaschte Ned einen flüchtigen Blick auf ihn. Er war weder General Sherman noch General Hancock. Sheridan war ein kleiner Mann mit irischem Gesicht, kurzgeschnittenem, ergrautem Haar, scharfen grauen Augen, einem rötlichen Schnurrbart und einem kleinen Haarbüschel unter der Unterlippe. Mit seinem schlanken Körper, der vollen Brust, dem kurzen

Hals, dem großen Kugelkopf und seinem aggressiven Auftreten ähnelte er einem Löwen. Er war der Mann, der im Bürgerkrieg die berühmte „Sheridan's Ride" von Winchester nach Cedar Creek gemacht und der Unionsarmee den Tag gerettet hatte. Er war General Custers Kommandeur gewesen.

Im April wurde die Siebte nach Fort Harker zurückbeordert, um bei Indianerproblemen zur Stelle zu sein. Aber es war nicht dasselbe Regiment; denn es fehlte General Custer.

Der General war für ein Jahr von Dienstgrad und Sold suspendiert worden! Es wurde behauptet, dass er seine Männer zu stark von Wallace nach Hays marschiert hatte und dass er Fort Wallace ohne Erlaubnis verlassen hatte, um zu Mrs. Custer in Fort Riley zu gehen. Seine Freunde glaubten, dass er keinerlei Fehlverhalten begangen habe; aber seine eifersüchtigen Feinde triumphierten und das Kriegsministerium hatte ihn diszipliniert.

Dennoch hatte er den Winter in Leavenworth verbracht und die Quartiere von General Sheridan selbst besetzt. Eine gute Sache war passiert. Im Herbst war Mr. Kidder, der Vater des getöteten Lieutenant Kidder von der Zweiten Kavallerie, in Leavenworth aufgetaucht und hatte nach der Leiche seines Sohnes gesucht. General Custer sprach von dem schwarz-weiß karierten Kragenband an einer der Leichen; und der Vater hatte sofort gesagt, dass sein Sohn ein solches Hemd getragen hatte, das seine Mutter für ihn für den Einsatz in der Ebene angefertigt hatte. Mit einer Eskorte war der Vater zum Schlachtfeld von Beaver Creek geeilt, um die Überreste seines lieben Jungen zu holen.

Nun verbrachte General Custer den Rest seiner Amtszeit in seiner alten Heimat Monroe, Michigan. Die Siebte Kavallerie muss das Feld ohne ihn betreten. Und es vermisste seinen Anführer sehr – den schneidigen Custer mit dem langen gelben Haar, der purpurroten Krawatte und dem Wildledermantel; es vermisste seine Pferde und seine Hunde und seinen Enthusiasmus; es hat Mrs. Custer verfehlt.

Ned war vom Trompetendienst entbunden worden und hatte es als Angestellter in der Quartiermeisterabteilung ruhiger angehen lassen. Sein Posten wurde nach Fort Hays verlegt, und hier war er, als sein Regiment etwas außerhalb im Lager eintraf.

Fort Hays hatte sich verbessert. Die Blockhäuser machten Platz für eineinhalbstöckige, bemalte Häuser. Auch die Stadt hatte sich vergrößert. Durch die Einführung der Eisenbahn war es stark gewachsen, obwohl es nicht schöner geworden war. Es war eine Stadt ohne Gesetz außer dem Gesetz des Seils und der Pistole. Der wilde Bill Hickok mit seinen beiden Revolvern mit Elfenbeingriffen, seinen stählernen Augen und seiner ruhigen

Art war der Friedensstifter; aber beim Friedensschluss wurden häufig Männer getötet.

Dies war ein Pfadfinderhauptquartier. Wild Bill war ständig auf und ab unterwegs und ritt auf den Trails. so war Will Comstock; Das galt auch für California Joe und Pony Bill Cody. Aber sie nannten ihn nicht mehr Pony Bill. Er hieß jetzt Buffalo Bill. Im vergangenen Herbst war er damit beschäftigt gewesen, Büffel zu liefern, um die Arbeiter bei der Kansas-Pazifik-Vermessung zu ernähren. Die Menge an Büffeln, die er geschossen hatte, versetzte alle in Erstaunen. In einem freundschaftlichen Kampf mit Will Comstock hatte er neunundsechzig zu Comstocks sechsundvierzig getötet – und Comstock war einer der besten Jäger der Prärie.


Es gab auch mehrere neue Scouts: Sharpe Grover und Jack Corbin und Dick Parr und Jack Stillwell und Bill Trudell; alles gut.

Im Frühling und Sommer drängte die Eisenbahn weiter nach Westen. Im Norden waren die Sioux ruhig und zufrieden, aber im Süden verlangten die Kiowas, Comanchen und Arapahos bessere Bedingungen sowie Waffen und Munition, bevor sie ihr Reservat betraten. Die Pfadfinder Comstock, Grover und Parr wurden speziell dafür eingesetzt, die Stämme zu besuchen, Angelegenheiten zu erklären und für Frieden zu werben. Leutnant Fred H. Beecher, ein Neffe des großen Predigers Henry Ward Beecher aus New York City, leitete ihre Bewegungen.

Das schien ein sehr guter Plan zu sein. Für--

„Meiner Meinung nach, meine Herren", sagte Wild Bill bei Neds Anhörung, „ist es eine Menge Ärger wert, und die Regierung kann es sich leisten, in ein paar Punkten nachzugeben, um zu verhindern, dass die Siedler ermordet werden, die hier draußen sind." ihre Familien, die mit aller Kraft versuchen, das Land aufzubauen. Wenn wir diese Indianer nur bis zum Herbst, nach der Büffelsaison, aufhalten und sie für den Winter in ihr Reservat bringen können, können wir sie dann beobachten."

Von Fort Hays aus marschierte die Siebte Kavallerie im Frühsommer nach Süden, um sich mit einigen der Zehnten Kavallerie und der Dritten Infanterie entlang des Arkansas River in der Nähe von Fort Larned und Fort Dodge zu vereinen. Die Indianerdörfer befanden sich noch immer in dieser Nähe, und die jungen Männer waren unruhig und voller Drohungen. General Alfred Sully, der 1863 in Dakota gegen die Sioux gekämpft hatte, hatte hier unten das Kommando über den Distrikt Arkansas.

Ned wurde im Detail seiner Quartiermeisterabteilung behalten; aber es wuchs in ihm der Wunsch, mit seinen Kameraden ins Feld zu ziehen.

Die Dinge schienen sich gut zu entwickeln, bis im Juli ein Kurier aus Fort Larned Fort Hays erreichte und erfuhr, dass die Krieger die Dörfer verlassen und nach Norden ziehen würden. Kurz darauf kam die Nachricht, dass eine Gruppe von Cheyennes die befreundeten Kaws oder Kansas-Indianer in der Nähe von Council Grove südlich von Riley überfallen und Siedler ausgeraubt hatte.

Dies durfte nicht zugelassen werden, denn die Vereinigten Staaten waren verpflichtet, ihre indischen Freunde zu schützen.

Die Cheyennes und Arapahos und alle hatten nicht die ihnen im Vertrag versprochenen Waffen und Munition erhalten. Nun war es Zeit für die jährliche Geschenkeverteilung. Als sich die Comanchen und die Kiowas in Fort Larned versammelten, um sie zu empfangen, verkündete der Agent, dass sie keine Gewehre, Pistolen, Pulver und Blei haben dürften, bis die Kaws und die Siedler für den ihnen zugefügten Schaden bezahlt worden seien.

Das machte die Indianer wütend. Sie lehnten alle Geschenke ab und kehrten in ihr Lager zurück, wo die jungen Männer mit Kriegstänzen begannen.

General Sully erschien in Fort Larned und bereitete sich auf den Einsatz vor. Aber Little Rock, der Häuptling der Cheyenne, behauptete, dass nur einige böse junge Männer auf einer Expedition gegen die Pawnees die Kaws und die Siedler ausgeraubt hätten. Alle Häuptlinge versprachen, dass alles ruhig sein würde, wenn Waffen und Munition ausgegeben würden, damit ihre Leute den Büffel jagen könnten.

„Mein Volk wird keine Ausflüge mehr in die Siedlungen unternehmen", versicherte Little Raven, der dicke alte Arapaho-Häuptling, der den Weißen immer freundlich gegenübergestanden hatte. „Ihre Herzen sind gut und sie wünschen sich, für immer in Frieden zu sein."

Sogar General Sully war überzeugt und ordnete die Herausgabe der Waffen und Munition an.

„Der General hätte es besser wissen müssen, meine *Herren* ", erklärte Scout Will Comstock, als er über die Angelegenheit in Fort Hays sprach, wo er mit einem Auftrag angekommen war. „Diese Indianer redeten um ihn herum. Einhundert Pistolen, achtzig Gewehre, zwölf Fässer Pulver, ein halbes Fass Blei, fünfzehntausend Kapseln für die 'Rapahos: vierzig Pistolen, zwanzig Gewehre, drei Fässer Pulver, ein halbes Fass Blei, fünftausend Kapseln für die 'Rapahos. Paches; Cheyennes, Comanchen, Kiowas – sie werden gleich behandelt; das ist heute der Fall. Und, meine *Herren* ", fügte er eindrucksvoll hinzu, „merken Sie sich meine Worte." Wir werden von diesen Weepons auf eine Weise hören, die uns nicht gefällt. Ich kenne Indianer. Der kleine Rabe und der schwarze Kessel mögen es vielleicht gut meinen, wenn sie reden, aber sie haben ihr Geld nicht unter Kontrolle. Wir werden alle mit den gleichen Waffen kämpfen, bevor der Buff'ler sich nach Süden wendet."

Jetzt hatte der August begonnen; und am siebten, wer außer einer großen Gruppe Indianer aus Arkansas am Posten von Fort Hays ankommen sollte. Sie waren vom Pawnee Fork westlich von Fort Larned heraufgekommen und sagten, sie seien auf dem Weg, gegen die Pawnees zu kämpfen. Es gab vier oder fünf Arapahos und zwanzig Sioux-Besucher aus dem Norden und 200 Cheyennes. Der Anführer war der alte Black Kettle, der Cheyenne-Häuptling; Andere Häuptlinge waren Tall Wolf und Red Nose und Porcupine Bear und Bear That Goes Ahead (Cheyennes) und sogar ein Sohn von Little Raven, dem Arapaho-Häuptling.

An diesem Abend veranstalteten sie ein großes Powwow. Black Kettle schüttelte allen Soldaten in Reichweite die Hand. Am Lagerfeuer des Gemeinderats hielt er eine Rede, in der es in der Übersetzung von Wilson, dem Posthändler, hieß:

„Die weißen Soldaten sollten sich immer freuen, weil ihre Ponys so groß und stark sind und weil sie so viele Waffen und so viel zu essen haben. Alle anderen Indianer mögen den Weg des Krieges einschlagen, aber Black Kettle wird für immer Frieden mit seinen weißen Brüdern wahren. Er liebt seine weißen Brüder und sein Herz freut sich, wenn er sie trifft und ihnen freundschaftlich die Hand schüttelt."

Das klang für die Weißen sehr gut; Aber jeder wusste, dass die Black Kettle-Band nichts damit zu tun hatte, gegen die Pawnees oder irgendjemanden anderen zu kämpfen. Wenn sie die Pawnees nicht finden würden, könnten sie versuchen, gegen jeden zu kämpfen, den sie trafen.

Sie ritten davon, in ihrer Kriegsbemalung; und als nächstes kamen schreckliche Nachrichten zurück. Zuerst wurden zwei weiße Frauen von ihren Ehemännern nach Fort Harker gebracht; Fast wahnsinnig erzählten die Männer, dass eine Gruppe Cheyennes ihr Ranchhaus am Saline River nördlich von Harker betreten und, nachdem sie freundlicherweise mit heißem Kaffee und Zucker bewirtet worden waren, den Frauen den Kaffee ins Gesicht geworfen, die Männer niedergeschlagen und ... ganz furchtbar misshandelt. Zwei weitere weiße Männer waren auf den Feldern mit Knüppeln getötet worden; Eine Frau war getötet und zwei Kinder weggetragen worden.

Das waren die Neuigkeiten für Hays aus Fort Harker. Aus Fort Wallace, in der anderen Richtung, kamen Meldungen, die ebenso schockierend waren. Der junge Pfadfinder Will Comstock war von den befreundeten Cheyennes des Chief Turkey Leg ermordet worden; Sharpe Grover, sein Begleiter, war schwer verwundet worden.

Einige der jungen Cheyennes hatten versucht, Comstock gegen seinen wertvollen Revolver einzutauschen. Aber er wollte nicht handeln. Es war derselbe Revolver, den er General Custer zu geben versprach, sobald er ihn zum Sieg geführt hatte. Die jungen Indianer ritten dann mit ihm und Grover, um sie aus dem Dorf zu begleiten. Plötzlich fielen sie zurück, erledigten die Indianer, schossen Will Comstock durch den Rücken und töteten beinahe Grover. Aber im Schutz des Körpers seines Kumpels kämpfte Grover mit seinem Langstreckengewehr den ganzen Tag. In der Nacht und am nächsten Tag versteckte er sich in einer Schlucht; und durch die darauffolgende Dunkelheit kroch und taumelte er bis nach Fort Wallace, wo er die Geschichte keuchend ausstieß.

Ja, die Büffel hatten sich noch nicht nach Süden gedreht, aber Fort Hays und die anderen weißen Stationen im Südwesten hörten bereits von den Waffen und Pistolen, die in Fort Larned ausgegeben wurden. Von der Etappenroute Smoky Hill und der Santa Fé, von der Republican, der Saline, der Arkansas und der Cimarron, schließlich entlang der Telegraphenlinie, ging ein Bericht nach dem anderen vorbei, der von Siedlern, Kundschaftern und Kurieren eingebracht wurde und von einem Angriff berichtete Cheyenne, Kiowa und Comanche. Die Stadt Sheridan, am Ende der Kansas Pacific Railroad, nur fünfzehn Meilen von Fort Wallace entfernt, gab bekannt, dass sie angegriffen und zwei Tage lang belagert worden sei!

Siedler, Pfadfinder und andere Grenzbewohner strömten nach Fort Hays und Hays City. Und hier traf General Sheridan höchstpersönlich ein – der zierliche, großköpfige, struppige kleine Ire mit dem Feuer in seinen grauen Augen.

„Das ist Krieg", hörte Ned ihn wiederholen. „Wir werden sie bis zum Ende bekämpfen. Die einzige Möglichkeit, sie zu kontrollieren, besteht darin, sie dort zu vernichten, wo sie sich befinden, bis sie alle in einem Reservat eingesperrt sind."

Buffalo Bill Cody war der Quartiermeisterabteilung mit Station in Fort Larned zugeteilt worden. Nun kam er eines Tages eilig nach Hays geritten, sein Pferd war mit verschwitztem Staub bedeckt, er war ebenso staubig und ebenso müde. Er überbrachte Depeschen und berichtete, dass seine gesamte Route von siebzig Meilen von feindlichen Kriegern heimgesucht worden sei.

Er meldete sich freiwillig, sofort auf demselben Weg zurückzukehren und sich nach Fort Dodge, dreißig Meilen weiter, zu begeben. Zurück ritt er; und in zwei weiteren Tagen war er wieder in Hays. Er war in 55 Stunden 350 Meilen gefahren. Er blieb in Fort Hays, denn General Sheridan beförderte ihn zum Chef der Späher der Fünften Kavallerie.

In den letzten Sendungen von Buffalo Bill hieß es, dass die in den Dörfern zurückgebliebenen alten Männer und Squaws die Tipis packten und nach Süden zogen, als ob die Indianer nicht die Absicht hätten, in irgendeinem Reservat zu überwintern. Offensichtlich sollten die Winterdörfer dort errichtet werden, wo die Soldaten ihnen nicht folgen konnten.

Von General Sheridan gingen schnelle Befehle an General Sully, die Indianer aufzuhalten und zu vertreiben. Und da die Soldaten im Süden beschäftigt waren und den Smoky Hill Trail bewachten, wurde zum Schutz der Siedler im Norden eine Expedition von Freiwilligen ausgesandt.

Sie alle waren Grenzbewohner, die sich gerne versammelten, um für Ranch und Stadt zu kämpfen. Dreißig wurden in Fort Harker rekrutiert, siebzehn in Fort Hays. General George A. Forsyth, der „Sandy" genannt wurde und Oberst im Stab von General Sheridan war, war der kommandierende Offizier. Leutnant Beecher war sein Adjutant. Dr. John S. Mooers aus Kansas City, Chirurg im Bürgerkrieg, war Sanitätsoffizier; General WHH McCall aus dem Bürgerkrieg war First Sergeant. Sharpe Grover (jetzt wieder gesund) war der Führer; Stillwell und Trudell sowie Dick Parr gehörten zu den Kundschaftern.

Ned wollte unbedingt gehen, aber er wurde wegen seiner Jugend abgelehnt.

„Warten Sie", tröstete Jack Stillwell – ein flotter junger Kerl mit einer Taille wie die eines Mädchens und einem Gesicht, das so glatt war wie Neds eigenes. „Für euch andere, Soldaten und alle anderen, wird es noch viel zu tun geben. Warten Sie, bis Sheridan hinter ihnen her ist."

„Wall, es werden nicht mehr so viele sein wie jetzt", bemerkte Sharpe Grover, der in der Nähe stand, bedeutungsvoll.

In Wahrheit dachte Ned das, als er am 28. August von Fort Hays aus gegen die Hundesoldaten ritt, die die Siedlungen überfielen, die kleine Kompanie von einem halben Hundert Mann – wenige an der Zahl, aber jeder Mann ein geschickter Schütze. Sie waren mit Repetiergewehren von Spencer und Henry gut bewaffnet und hatten viel Munition. General „Sandy" Forsyth und Sharpe Grover führten.

Es vergingen ein paar Tage. Ned muss weiterhin seinen beamteten Pflichten nachgehen – die natürlich jemand erfüllen muss, auch im Krieg. Soldatentum bedeutet nicht nur Kämpfen.

Als nächstes erfuhr man, dass südlich von Arkansas General Sully, seine Siebte Kavallerie und seine Dritte Infanterie beinahe ihren Wagenzug verloren hätten und nach Fort Dodge zurückgedrängt worden seien! Ein Soldat war von den Indianern gefangen genommen worden (armer Kerl, Ned kannte ihn gut) und verschleppt, um zu Tode gefoltert zu werden. Kapitän

Hamilton und Kapitän Smith hatten ihre Kompanien vergeblich angegriffen, um ihn zu retten.

Und als nächstes kam die überraschendere Nachricht, dass auf dem Arikaree-Zweig der oberen Republikaner, nicht weit von den Forks, wo Pawnee Killer das Lager der Siebten Kavallerie angegriffen hatte, 700 Cheyenne-Krieger unter Chef Roman Nose die fünfzig Männer von General Forsyth umzingelt hatten und fast „ hat sie ausgelöscht." Nach einem schrecklichen Kampf von drei Tagen und drei Nächten wurden die Freiwilligen von Colonel Carpenter und seiner Zehnten Kavallerie aus Fort Wallace gerettet. Leutnant Beecher und Dr. Mooers waren getötet worden; der General dreimal verwundet; Roman Nose und viele seiner Tapferen waren gefallen. Jack Stillwell hatte die erste Depesche an Wallace weitergeleitet; Trudell war sein Begleiter gewesen.

Ja, es war Krieg. Wäre Custer nicht nötig? Würde er sich in Monroe, Michigan, nicht ärgern? Seine Disziplinarstrafe war fast abgelaufen. Dann, als plötzliche großartige Nachricht, erschien in der in Fort Hays eingegangenen Tageszeitung Leavenworth das folgende Telegramm, kopiert:

Hauptquartier der Missouri,
In the Field, Fort Hays, Kansas, 24. September 1868.

General GA Custer, Monroe, Michigan:

Die Generäle Sherman, Sully und ich sowie fast alle Offiziere Ihres Regiments haben um Sie gebeten, und ich hoffe, dass der Antrag erfolgreich sein wird. Kannst du sofort kommen? Elf Kompanien Ihres Regiments werden um den 1. Oktober gegen die feindlichen Indianer von Medicine Lodge Creek in Richtung der Wichita Mountains vorrücken.

PH SHERIDAN , *kommandierender Generalmajor* .

# XIII
# DAS GELBE HAAR REITET WIEDER

General Custer zögerte nicht. Das hat er nie getan. Innerhalb von weniger als einer Woche, am letzten Morgen im September, wer sollte in Begleitung des Krankenwagens vom Bahnhof in Hays City zur Post gerannt kommen, außer Maida und Blucher und Flirt, die Hirschhunde, und Rover, der alte Fuchshund, und Fanny der kleine Foxterrier und alle anderen Custer-Hunde; Und wer sollte aus dem Krankenwagen springen, bevor er im Hauptquartier angehalten hatte, wenn nicht der General selbst! Da war er, mit seinen gelben Haaren, seinen leuchtenden Augen, seiner schnellen Stimme und seiner geschmeidigen, schlanken Figur, wieder bereit fürs Geschäft.

Hinter dem Krankenwagen folgten, angeführt von einem Pfleger, die Pferde Phil Sheridan und Custis Lee.

Als Ned das von außerhalb des Hauptbüros sah, schlug ihm das Herz bis zum Hals.

„Custer ist gekommen! Custer ist gekommen!" Ein fröhliches Summen schien durch den Pfosten zu laufen. Für Ned war es wie ein Signalhornruf; und er beschloss sofort, dass der General dorthin gehen würde, wo er auch hingehen würde. Keine Referendariatsaufgaben mehr für ihn; NEIN! Plötzlich fühlte er sich stark und gesund, zu allem bereit. Das war das Gefühl, das der General allen um ihn herum vermittelte; Er war so voller Energie und Begeisterung.

Nun war es eindeutig bekannt, dass General Sheridan einen Wintermarsch gegen die Indianer plante, um sie in ihren Dörfern einzufangen, während es kein Gras für ihre Ponys gab und sie nicht nach Belieben reisen konnten. Viele schüttelten den Kopf darüber, dass dieser Plan ein tollkühner Plan sei; Und kurz vor St. Louis kam ein großer, schlanker Mann mit ledrigem Gesicht und schielenden Augen – der „alte Jim Bridger", der berühmte Trapper und Bergsteiger – zu Hays, um General Sheridan ausdrücklich mitzuteilen, dass das gesamte Kommando eingeschneit und verloren sein würde .

Aber fünfhundert Güterwagen waren damit beschäftigt, Vorräte von Fort Harker und Fort Leavenworth zu den Posten südlich im Arkansas River-Gebiet zu transportieren; und da diese Vorräte für die Soldaten und Pferde vorhanden waren und die Männer gut gekleidet waren, kam General Sheridan zu dem Schluss, dass es den weißen Männern im Winter besser gehen würde als den roten.

„Die einzige Möglichkeit, diese Inder zur Ruhe zu bringen, besteht darin, sie ordentlich zu verprügeln. Ich verlasse mich dabei auf dich, Custer", hörte

Ned ihn sagen. „Wir werden den Krieg in das Land des Feindes tragen, wenn er nicht damit rechnet."

Nichts Schlimmes war General Custer; nein, nicht „Old Curly." Er benahm sich so glücklich, als würde er mit Mrs. Custer und den Hunden auf Büffeljagd gehen oder einen Ausritt unternehmen. Er blieb nur ein paar Tage bei Hays, um Anweisungen zu erhalten und letzte Vorbereitungen zu treffen. und als er nach Süden ritt, begierig darauf, das Kommando über die Siebte zu übernehmen, ritt Ned mit ihm, wieder als sein Ordonnanzbeamter.

Fort Hays war weit von seinen Spähern entfernt, die Ned kannte: California Joe, Jack Stillwell, Jack Corbin, Trudell, Romeo – sie befanden sich südlich am Arkansas; Buffalo Bill war mit einem Teil der Fünften Kavallerie unterwegs; Wild Bill war mit Depeschen unterwegs, und nachdem sie weg waren und die Siebte verschwunden war, hatte sich Ned einsam und vernachlässigt gefühlt. Jetzt war alles anders: Er fuhr wieder mit Custer. Hurra!

Der Treffpunkt der Siebten Kavallerie war am Bluff Creek, etwa dreißig Meilen südöstlich von Fort Dodge. Fort Dodge lag oberhalb von Fort Larned in Arkansas und war wie Larned und Riley aus Stein. General Custer hielt hier nur inne, um General Sully, dem Kommandeur des Bezirks, Bericht zu erstatten. Am nächsten Tag ging er weiter; und am Nachmittag wurden die bekannten weißen Armeezelte der Siebten Kavallerie gesichtet.

Was für ein Willkommen war das, als die Truppen herbeikamen, um ihn zu empfangen, die Hunde bellten und sobald sie konnten, strömten die Offiziere herbei, um ihm die Hand zu schütteln.

Es gab einige neue Offiziere und viele neue Männer, denn es waren eilig Rekruten herangezogen worden, um die Ränge auf Kriegsstärke aufzufüllen. Allerdings gab es genug alte, freundliche Gesichter, um Ned das Gefühl zu geben, im Lager der Siebten zu Hause zu sein; und er war fast genauso beschäftigt mit dem Händeschütteln wie der General.


„Wieder zurück, oder?" begrüßte Odell herzlich.

„Ja", grinste Ned.

„Wance ist dann ordentlicher, nehme ich an."

„Ich schätze, das werde ich für eine Weile tun."

„Nun, der General bleibt bei denen, die er mag, und bei denen, die er nicht mag, das Gleiche. Er hat ein großes Herz. Was gibt es Neues von Hays? Kommt General Sheridan auch?"

"Ja. Er sagt, die Indianer müssen gefunden und gedroschen werden."

„B'gorry, wenn Phil Sheridan und ‚Old Curly' zusammenarbeiten, wird das meiner Meinung nach keine Papierkampagne sein."

„Sie haben recht", stimmte Sergeant Walter Kennedy zu – der, wie Ned bemerkte, die Winkel eines Sergeant-Majors trug. „Weil sie Sully und den Rest von uns wieder in Dodge verwandelt haben, denken die Indianer, dass sie die Bosse sind. Aber wenn Sheridan und Custer erst einmal ernsthaft hinter ihnen her sind, werden sie ihre Meinung ändern."

California Joe war hier, in all seiner Pracht.

„Kommt Shuridan, junger Kerl?" er hat gefragt. „Wall, er kann es nicht schaffen, was die anderen hochrangigen Generäle getan haben. Aber ich wette irgendwie auf Shuridan."

„Kennst du ihn, Joe?" fragte Ned höflich.

„Kenne ich ihn, junger Kerl? Kennen Sie Shuridan? Gott sei Dank kannte ich Shuridan schon vor mehr als fünfzehn Jahren weit oben in Oregon, und er war nur ein zweiter Beutezug der Infanterie. Quartiermeister des Fußvolks oder so etwas in der Art. Ich hatte die leise Ahnung, dass er jemandem wehtun würde, wenn sie ihn jemals freilassen würden. Sag mal, warne nicht, der alte Blitz, im Krieg! Ich sage es dir!" Und Joe wischte sein haariges Gesicht mit einem Stück Jutesack ab, das er als Taschentuch benutzte. „Ich wurde scherzhaft von General Custer zum Chef der Pfadfinder hier unten ernannt; Aber ich habe ihm gesagt, dass ich nicht dienen würde, wenn das nur ein Krankenwageneinsatz wäre. Er sagte nein; Er und Shuridan wollten die Indianer zu Pferd jagen, um sie zu fangen. Das hat den Nagel auf den Kopf getroffen. Eine Kolonne auf Rädern, deren Wagen voller Soldaten sind, als würden sie zu einem Stadtbegräbnis in den Vereinigten Staaten fahren, hat ungefähr so viele Chancen, Indianer zu töten, wie ein Team aus sechs Maultieren, die es zu tun hätten. ein Rudel Kojoten. So etwas macht nur den Indianern Spaß."

Während sie auf Anweisungen von General Sheridan wartete, arbeitete die Siebte Kavallerie hart daran, das zu erreichen, was Odell ihr „Kampfgewicht" nannte. Fünfhundert frische Pferde kamen auf dem Weg von Leavenworth an. Der General wählte für sich eine lebhafte Bucht, die er Dandy nannte. Die anderen wurden eingeteilt und dann wurden die Truppen bzw. Kompanien „eingefärbt". Das heißt, die Pferde wurden nach Farben eingeteilt; so dass eine Truppe aus Grauen, eine andere aus Schwarzen, eine andere aus Braunen und so weiter bestand. Der untergeordnete Kompaniechef muss sich mit den verbliebenen Gestromten – den gemischten Farben – begnügen.

Zielübungen waren an der Tagesordnung, da einige der Rekruten noch nie eine Waffe abgefeuert hatten. Vierzig der besten Schützen auf allen Entfernungen wurden zu einer Kompanie von Scharfschützen unter der Leitung von Leutnant „Queen's Own" William Cook, er mit dem langen englischen Backenbart, zusammengestellt.

Es gab Erkundungstouren und jede Menge Jagdaktivitäten. Das Lager ernährte sich weitgehend von wilden Truthähnen, Hirschen, Elchen, Büffeln, Kaninchen und Auerhühnern. Die Hunde des Generals jagten Wölfe und Antilopen.

Der Oktober ging zu Ende. Bald würden sich die Indianer der Ebene für den Winter in ihre Dörfer zurückziehen. Sie aßen getrocknetes Büffelfleisch und ihre Pferde fraßen Pappelrinde und Weiden; und sie würden nicht damit rechnen, dass man sie stört. Dann würden sie im Frühjahr wieder ausziehen, um hierhin und dorthin zu reiten, drei Meilen bis zur Kavallerie.

Den Berichten zufolge, die Scout Buffalo Bill von Fort Larned nach Fort Hays gebracht hatte, waren die Familien der Indianer nach Süden gezogen. Daher glaubte General Sheridan, dass die wichtigsten Winterdörfer unten im Indianergebiet in Richtung Texas liegen würden. Dies war ein wildes, raues Land, in das weiße Männer selten vordrangen. Aber die Cheyennes, die Kiowas und die Comanchen wussten es gut.

General Sully und Onkel John Smith, ein alter Händler, der in die Cheyennes eingeheiratet hatte, hatten einen guten Treffpunkt für die Expedition gefunden, wo Wolf Creek und Beaver Creek etwa hundert Meilen südlich von Fort Dodge den North Canadian River bildeten . Mit einem riesigen Versorgungszug von vierhundert Waggons und fünf Kompanien der dritten regulären Infanterie unter Major John H. Page trafen die elf Kompanien der siebten Infanterie dort ein, um auf die neunzehnte Kansas Volunteer Cavalry zu warten. Gouverneur Crawford von Kansas war zurückgetreten, um dessen Oberst im Feld zu sein; und in der letzten Depesche von General Sherman stand, dass das Regiment unterwegs sei.

Das Lager erhielt den Namen Camp Supply, da hier die Vorräte gelagert werden sollten. Es liegt im heutigen Woodward County im Nordwesten von Oklahoma.

# XIV
# DER WINTERKRIEGSWEG

In der Umgebung drohten weiterhin Stürme. Die Luft war frisch, aber unsicher. Jeder muss sich an Lagerhäuser wenden und beim Bau helfen, um die Vorräte unterzubringen. Die Kansas Volunteers sollten jeden Moment eintreffen; aber sie taten es nicht, denn sie waren weit im Norden verloren und eingeschneit und hungerten.

Doch inmitten der Angst und Ungeduld traf General Sheridan ein. Mit seiner Eskorte erschien er am Nachmittag des 21. November. Er brachte 350 Mann mit: eine Kompanie der zehnten regulären Kavallerie; die „Sandy"-Forsyth-Späher, die am Arikaree gekämpft hatten, jetzt unter Leutnant Lewis Pepoon; zwei Kompanien der Kansas Volunteers, die vor dem Regiment nach Fort Dodge geschickt worden waren; zwölf Osage-Indianer-Pfadfinder und zehn Kansas-Indianer-Pfadfinder. Leutnant Thomas Lebo von der Zehnten Kavallerie hatte das Kommando über die Eskorte.

Alle waren froh, General Sheridan kommen zu sehen. Mit „Little Phil" vor Ort würde die Kampagne sofort beginnen. General Custer war begeistert losgegaloppiert, um ihn zu treffen, mit ihm hineinzureiten und die Situation zu besprechen.


Am interessantesten unter den Neuankömmlingen waren die Osages. Sie hassten die Cheyennes, Comanchen, Kiowas und all diese überfallenden Indianer, die sie ebenso wie die Weißen plünderten; Während des Bürgerkriegs waren die Osages als Späher der Union in den Ebenen tätig.

Der Chef der Truppe war ein großer, heterosexueller alter Mann namens Cha-pa-jen-kan oder Kleiner Biber. Ein anderer Häuptling war der alte Wen-tsi-kee oder Hard Rope, ziemlich fett und angeblich sehr weise. Von den Kriegern war Koom-la-Manche oder der Traber der berühmteste, da er schnell lief und gut schoss.

Die Osages hatten „Medizin hergestellt" für den Kriegspfad in Fort Hays; Die Kaws hatten ihre Medizin auf dem Weg nach unten hergestellt. Sie alle waren mit den neuen Hinterlader-Springfield-Gewehren bewaffnet; und erhielten 75 Dollar pro Monat und Spesen. Um zu zeigen, wie sie schießen konnten, galoppierten die Osages an diesem Abend auf ihren Kriegsponys an einem Holzscheit vorbei und feuerten darauf; und jeder Schuss traf.

Die Sheridan-Kolonne berichtete auf ihrem Abmarsch von Fort Hays über schreckliches Wetter. Ein Schneesturm nach dem anderen hatte sie überfallen; die Ebenen waren mit Schnee bedeckt; Der Arkansas River bei Fort Dodge war dick mit schwimmendem Eis.

Noch heute Abend brach der Winter auch über Camp Supply herein. Der Schnee begann heftig zu fallen; Aber die Siebte Kavalleriekapelle ragte aus dem Sturm heraus und besang lustvoll das Sheridan-Hauptquartier. The Seventh waren stolz auf ihre Band. Odell sagte, es sei das Beste in der Armee. Es konnte sowohl zu Pferd als auch zu Fuß gespielt werden. Wohin die Soldaten auch gingen, die Band ging auch. General Custer liebte Musik und glaubte, dass sie dem Regiment gut tat.

General Custer beriet sich an diesem Abend mit General Sheridan; und am Morgen wurde bald bekannt, dass die Siebte Kavallerie nicht auf die Kansas Volunteers warten, sondern sofort gegen die Indianer vorgehen würde. Als die Kolonne von General Sheridan von Arkansas herunterkam, war sie auf eine neue Spur einer indianischen Kriegspartei gestoßen, die bei einem Überfall nach Norden unterwegs war. Die Siebte Kavallerie sollte dieser Spur rückwärts folgen, um sie zum Dorf zu führen.

Ned hörte, wie sein General Adjutant Moylan die Befehle vorlas. Sie klangen genau wie Sheridan, als sie sagten:

Weiter nach Süden, in Richtung der Antelope Hills, von dort zum Washita River, dem angeblichen Wintersitz der feindlichen Stämme; ihre Dörfer und Ponys zu zerstören; alle Krieger zu töten oder aufzuhängen und alle Frauen und Kinder zurückzubringen.

Der Schnee fiel immer noch schnell; Aber niemand kümmerte sich darum, und am allerwenigsten General Custer. Er hatte General Sheridan gesagt, dass er in vierundzwanzig Stunden zum Abmarsch bereit sein würde; und so war er. Nachts war der Waggonzug mit Vorräten für dreißig Tage zusammengestellt. Es waren nur wenige Zelte erlaubt; Das Gepäck wurde auf Decken und Mäntel reduziert.

Reveille war um drei Uhr; in den Schnee und die Dunkelheit stürzten die Soldaten der Siebten; und im Stall und in der Messe und sogar beim Appell wurden allerlei Witze gemacht. Alle fühlten sich unwohl, aber niemand beschwerte sich.

Die Wachposten standen knietief im Schnee; die Pferde zitterten; Die Köche hatten große Mühe, das Frühstück zuzubereiten.

„Wie ist das für eine Winterkampagne?" forderte Adjutant Moylan und stapfte fast über seine Kavalleriestiefel zum Zelt des Hauptquartiers.

"Bußgeld! Bußgeld!" erklärte General Custer und spähte hinaus. „Genau das, was wir wollen."

„Na ja, dann haben wir es", versicherte der schneebedeckte Adjutant.

Also machten sie sich wohl oder übel auf den Weg, dachte Ned.

Es war gerade heller Tag, als er auf das Wort des Adjutanten „Stiefel und Sättel" blies. Die Notizen setzten nicht nur die Kavallerie in Aktion, sondern schienen auch das ganze Lager aufzuwecken; denn Zelte wurden aufgerissen und Offiziere und Männer der Infanterie und der Freiwilligen steckten ihre Köpfe heraus. Der General galoppierte zum Zelt von General Sheridan.

„Bist du das, Custer? Was denkst du über den Sturm?" Die Worte von General Sheridan drangen gedämpft, aber deutlich in die treibenden Flocken hinein.

„Genau das Richtige, General", antwortete „Old Curly" so fröhlich. „Wir können umziehen, aber die Indianer können nicht. Ich würde mir nichts Besseres wünschen als eine Woche davon."

„Leb wohl, alter Kerl. Passen Sie auf sich auf", rief Leutnant Taylor, ein Adjutant, von der Tür seines Zeltes aus, als General Custer zurückgaloppierte. In ein riesiges Büffelgewand gehüllt, sah Leutnant Taylor aus wie ein Häuptling.

Der General winkte ihm zu.

„Zu Pferd", ertönte Ned.

Die vom Sturm verschleierten Soldaten standen bereit.

„Bereiten Sie sich auf den Aufstieg vor!" wurde der Befehl gerufen. "Montieren! Zu viert – richtig! Vorwärts – marschieren!"

Entlang der Zeltreihe winkten Hände und riefen zum Abschied und Glück, während die Siebte Kavallerie, elf Kompanien, 800 Mann, in Viererkolonnen im Schritt ritt, um sich gegen den Sturm und die Indianer zu wehren. Mutig schmetterte die Band „The Girl I Left Behind Me".

General Custer trug eine runde Wolfspelzmütze mit Ohrenklappen, Pelzhandschuhe und an seinen Füßen große Überschuhe aus Büffelleder mit Haaren im Inneren. Das war Trapper-Stil. Sein zweireihiger Kavalleriemantel hielt seinen Körper warm. Die gesamte Truppe war so gekleidet, dass sie bequem war. California Joe trug wie üblich seinen alten, schaufelförmig zusammengebundenen Schlapphut, an seinen Händen riesige Fäustlinge aus Büffelleder und an seinen Füßen Fellschuhe wie die des Generals. Die Osages, die gefangen genommen wurden, saßen steif da, ihre Büffelgewänder ragten über ihre Köpfe hinaus. Hard Rope zitterte und zitterte und murmelte klagend.

"Was sagt sie?" fragte der General des Dolmetschers.

„Er sagt, es sei schlecht für einen alten Mann, bei kaltem Wetter allein zu sein, und er wird eine Cheyenne-Squaw fangen, um seinen Rücken warm zu halten", erklärte der Dolmetscher.

Aber die Späher waren bald außer Hör- und Sichtweite. Sie sollten den Vormarsch übernehmen, um das Schild zu lesen und die Kolonne zum nächsten Lagerplatz zu führen, fünfzehn Meilen. Ihnen folgte die lange Kolonne aus schneebedeckten Soldaten und Pferden, während die Gepäckwagen hinten schufteten. Hinter den Wagen ritt ein Trupp als Wache.

Die Späher wussten, wo sich die Spur der feindlichen Kriegspartei gekreuzt hatte, aber der Schnee verdeckte sie und alle Orientierungspunkte. Und es schneite immer noch, bis die Kolonne nach dem 15-Meilen-Marsch (der den ganzen Tag dauerte) ins Lager ging und der kühle weiße Mantel 18 Zoll dick war.

„Wie ist es, Joe? Ausgeräumt, nicht wahr?" lud der General ein, als er bei einem kurzen Inspektionsrundgang im Grau des nächsten Morgens diesem würdigen Mann begegnete.

„Ja, die Reise ist heute gut, guten Morgen, General", antwortete der bereitwillige Joe. „Und ich habe einen infarnalen, chronischen Husten, der mich seit zwei Tagen fast umbringt, und ich habe gedacht, dass ich den Rotz erwischt habe, und sie könnten genauso gut einen Kerl erschießen, um ihn zu töten, als ihn zu bekommen." stört ihn."

„Tut mir leid, Joe", lachte der General.

Der Marsch verlief nach Süden, das Tal von Wolf Creek hinauf. Weiden- und Holzflächen waren voller Hirsche, Elche und Büffel, die der Sturm dorthin getrieben hatte. Maida und Blücher, die Hirschhunde des Generals, hatten großen Spaß daran, sie zu jagen; und die Kolonne sicherte reichlich Fleisch.

Nun verließ der Marsch das Tal des Wolfes und überquerte das Tal des Kanadiers, einen Tagesmarsch südwärts. Jenseits des Kanadiers lag das Land des Washita-Flusses, wo, wie jeder glaubte, die Winterdörfer der feindlichen Indianer lagen. Die Cheyennes, die Kiowas, die Comanchen, die Apachen – dort konnte man sie finden, behaglich lagerten sie bis zum Ruf des Frühlings.

Dies war der dritte Tag. Der Gelbe Haar und seine Kavallerie befanden sich sechzig Meilen im eigenen Land des Indianers, wo weiße Kavallerie noch nie zuvor gewesen war. Rundherum erstreckte sich die verschneite Wildnis von Ebenen und Wasserläufen. Es war an der Zeit, eine Spur der Indianer zu finden. Der tapfere Major Joel Elliot, der nie halbe Sachen machte, schickte den Kanadier auf eine Erkundungstour. Ihm wurden drei Truppen gegeben. Er sollte mit leichtem Gepäck reisen, ohne Wagen, aber mit einhundert

Schuss Karabinermunition für den Mann, Tagesrationen und Pferdefutter. Wenn eine Spur der Indianer entdeckt wurde, sollte er diese sofort verfolgen und einen Kurier mit der Neuigkeit zurückschicken. Mit Soldaten und Kundschaftern, sowohl roten als auch weißen, ritt Major Elliot westlich entlang der schneebedeckten Ufer des Canadian, von dessen rotem Boden der Wind den Schnee geweht hatte.

California Joe hatte eine Furt gefunden, und auf dem Weg zum Washita kreuzte die schnelle Strömung durch das schwimmende Eis die Pferde und Wagen. Beim Helfen müssen die Männer hüfthoch waten. Das war eine kalte, gemeine Arbeit, aber sie war in drei Stunden erledigt.

Vor uns ragten die hohen, runden Antelope Hills auf. Dies waren die Wahrzeichen des Marsches und Little Beaver und Hard Rope und ihre Anhänger hatten sie genau getroffen. Den weiteren Hang des Canadian Valley hinauf schleppten sich die schweren Armeewagen mit ihren Kapuzen entlang.

Major Elliot war drei Stunden oder länger weg.

Von einem kleinen Hügel aus hatte der General alles beobachtet und dirigiert, während Ned auf seinem Pferd neben ihm saß und Adjutant Moylan geschäftig hierhin und dorthin eilte. Die Nachhut hatte es schließlich unten geschafft. Darauf warteten sie.

„In Ordnung", bemerkte der General kurz zu Ned. „Ton fürs Pferd." Und nein! Warten!" er donnerte. „Hier kommt jemand."

Er zeigte und richtete seine Brille. Von Norden her näherte sich in gleichmäßigem Galopp eine Gestalt, die sich schwarz vor dem weißen Hintergrund abhob.

„Es ist Corbin", verkündete der General und blickte ernst durch sein Glas. Sein gebräuntes Gesicht wurde hochrot.

Ja, es war Corbin – Jack Corbin, der Scout, der ein Partner von California Joe war. Offensichtlich überbrachte er wichtige Neuigkeiten, denn er trieb sein Pferd gnadenlos an. Er kam an – sein Gesicht war frostig und sein Pferd keuchte aus weiten, frostigen Nüstern. Der General sagte kein Wort, fragend; Es war nichts nötig, denn Corbin sprach sofort.

„Wir haben den Weg gefunden, etwa zwölf Meilen nördlich. Hundertfünfzig Indianer, Richtung Südosten, für die Washita. Innerhalb von vierundzwanzig Stunden hergestellt."

"Gut!" rief der General. „Wo ist Elliot?"

„Follerin'."

„Kannst du ihn mit einem frischen Pferd fangen?"

„Ich schätze, das kann ich."

„Bringen Sie das Pferd dorthin", wies der General an.

Corbin wechselte im Handumdrehen den Sattel.

„Sagen Sie Major Elliot, er soll die Verfolgung so schnell wie möglich vorantreiben, und ich werde quer durchs Land fahren und mich ihm anschließen. Wenn der Weg seine Richtung ändert, so dass ich ihn nicht treffen kann, muss er mich darüber informieren. Wenn ich heute Abend nicht bis acht Uhr zu ihm komme, soll er anhalten und auf mich warten."

Wortlos galoppierte Jack Corbin davon.

„Guter Offiziersruf, Signalhornist", befahl der General Ned.

Die Beamten waren so beschäftigt gewesen, dass anscheinend niemand die Ankunft und Abreise von Jack bemerkt hatte. Aber jetzt, als die Signalhörner erklangen, eilten sie herbei, neugierig auf den Anlass. Mit seiner schnellen, scharfen Art erzählte ihnen der General, was passiert war.

„Nun, meine Herren, das ist unsere Chance", fügte er hinzu. „Wir dürfen es nicht vernachlässigen, und wir dürfen Major Elliot nicht die ganzen Kämpfe überlassen. Wir machen Schluss. Die Wagen müssen hier unter der Bewachung eines Offiziers und von zehn Männern jeder Kompanie zurückgelassen werden. Kompaniechefs machen ihre eigenen Angaben. Der Offizier des Tages wird weiterhin für die Wache verantwortlich sein, die Wagen herbeiholen und unserer Spur so schnell wie möglich folgen. Die Verfolgerkolonne wird in leichter Marschordnung sein. Egal, das Wetter. Die Indianer sind von größerer Bedeutung. Die Befehle sind auf einhundert Schuss Munition für den Mann sowie Kaffee, hartes Brot, Futter und Decken beschränkt, die er auf dem Sattel tragen kann. Zelte und zusätzliche Decken müssen bei den Wagen gelassen werden. Das ist alles, meine Herren." Und der General schaute auf seine Uhr. „Der Vorstoß wird in zwanzig Minuten ertönen. Adjutant, Sie werden den Beamten des Tages über die Vereinbarungen informieren."

Auf einmal sprach ein halbes Dutzend Stimmen in kleinem Chor.

„Das ist Hamilton! Oh, wir sollten Hamilton bei uns haben!"

Der General lächelte und schüttelte den Kopf.

„Jemand ist für den Waggonzug zuständig."

Die Offiziere zerstreuten sich, denn die Zeit war tatsächlich knapp, und der General akzeptierte keine Ausreden für Verzögerungen. Der junge Kapitän Hamilton, der als Offizier des Tages die Nachhut befehligte, die gerade überquert hatte, war bei der Konferenz abwesend; Jetzt kam er im Galopp und unterbrach den General, der sich in die Vorbereitungen gestürzt hatte. Das Gesicht des Kapitäns war weiß und besorgt. Er salutierte.

„Bitte um Verzeihung, General", platzte es aus ihm heraus. „Aber verstehe ich, dass der Offizier des Tages beim Waggonzug bleibt?"

"Jawohl Kapitän."

„Aber, General! Ich bin der Offizier des Tages!"

„Daran habe ich damals nicht gedacht, Hamilton", antwortete der General offenherzig. „Ich habe einfach die Anweisungen gegeben, und ich fürchte, sie müssen befolgt werden."

"Allgemein!" rief der Kapitän. Er war sehr verzweifelt. Ned wusste warum und wusste es zu schätzen. Zurückzubleiben, während die anderen kämpften, wäre schrecklich. „Dann muss ich bleiben? Kann ich nicht gehen, Sir?"

„Der Waggonzug muss geschützt werden", antwortete der General freundlich, aber bestimmt. „Wir würden dich gerne bei uns haben, Hamilton. Wir brauchen solche Männer wie Sie. Aber auch der Zug braucht einen Offizier; und das ist Soldatenglück. Hier liegt deine Pflicht."

„Es kommt mir ziemlich schwer vor, dass ich bleiben muss", murmelte er bestürzt. „Es wird wahrscheinlich zu einem großen Kampf kommen – und ich werde nicht zur Stelle sein, um mein Geschwader anzuführen."

Der General musterte ihn mit sanftem Blick. Der junge Hauptmann, temperamentvoll und kämpferisch, machte wirklich eine traurige Figur.

„Ich werde es dir sagen, Hamilton. Wenn Sie einen Beamten finden, der aus irgendeinem Grund davon überzeugt ist, dass er lieber bleiben sollte als Sie, kann er Ihren Platz einnehmen . Ansonsten sind Sie als Beamter des Tages beim Zug.

Kapitän Hamiltons Gesicht leuchtete auf.

„Danke, General! Danke schön! Ich werde hingehen und nachsehen." Und er wirbelte sein Pferd herum und galoppierte zurück, auf dieser verlassenen Hoffnung. Ned vertraute eher darauf, dass er Erfolg haben würde.

Plötzlich kam er wieder hierher. Er strahlte ziemlich, als er salutierte.

„Leutnant Mathey, Sir! Er ist schneeblind und kann daher kaum sehen, und mit der Kolonne wäre er nutzlos. Er hat freundlicherweise einem Austausch mit mir zugestimmt. Soll ich mich meinem Geschwader anschließen, Sir?"

„Sehr gut, Sir", stimmte der General zu. Und der frohe Kapitän Louis Hamilton, Enkel von Alexander Hamilton, flog zu seinem Posten.

Pünktlich zur rechten Zeit blickte der General auf die Uhr. Er sprang in den Sattel.

„Alles bereit, Moylan", rief er. Und zu Ned: „Ertönen Sie den Vormarsch."

# XV
## „Wir greifen bei Tageslicht an"

Es war ein langer, langer Gewaltmarsch. Weit und weiß lag die trostlose Wüste jenseits des Kanadiers, und durch den Fuß des Schnees pflügte die eifrige Kolonne. Keine sich bewegende Gestalt durchbrach die weiße Fläche; Keine sich bewegende Gestalt außer den Gestalten von California Joe und Romeo und Little Beaver und Hard Rope und den anderen Spähern, denn weit voraus und zu beiden Seiten ritten sie auf der Suche nach der Elliot-Spur. Da der Major, den Indianern folgend, nach Südosten unterwegs war, sollte ein Kurs nach Süden früher oder später auf seine Spuren stoßen.

Es stellte sich heraus, dass es spät war; Denn erst eine Stunde nach Sonnenuntergang und nach einem Tagesritt ohne Pause zum Essen oder Trinken sah die Kolonne, wie Little Beaver abrupt anhielt und mit erhobener Hand eine Spur signalisierte.

Das war Erntedankfest, Donnerstag, der 26. November 1868.

Anhand der Gleise war Major Elliot immer noch auf der Spur der ins Dorf ziehenden Indianer. Nachdem Little Beaver und seine Osages das Ponyschild gelesen hatten, erklärten sie, dass die Indianer heute Morgen auf ihrem Weg vorbeigekommen seien. Der General war sehr erleichtert und befahl, zu traben. und drängte die Kolonne nach vorne, um den Major zu überholen. Die Dämmerung brach herein. Vorher waren die Umrisse von Holz entlang eines Baches in einem kleinen Tal zu sehen. Der General schickte einen Trupp Soldaten und Kundschafter voraus, um den Major zu fangen und ihm zu sagen, er solle bei Holz und Wasser anhalten und warten.

„Sagen Sie ihm, er soll kein Lager aufschlagen, sondern sich auf einen Nachtmarsch vorbereiten, wenn ich mich ihm anschließe", fügte der General hinzu.

Der Kolonne wurde schließlich eine Stunde Zeit gegeben, um sich auszuruhen, Kaffee zu trinken und die Pferde zu füttern.

Der eifrige Major Elliot war weiter gegangen, als irgendjemand erwartet hatte. Erst um neun Uhr nachts und nach einer weiteren harten Fahrt durch Schnee, Wald und Dunkelheit wurde er schließlich wie befohlen wartend an einem Bach mit hohen Ufern gefunden.

„Noch einmal eine Stunde Ruhe", befahl der General kurz. „Dann ist der Mond aufgegangen und wir können die Spur nehmen. Es dürfen keine Trompetenrufe oder andere Geräusche zu hören sein. Der Klang hat in diesem Land eine weite Verbreitung. Die Männer dürfen Feuer für den Kaffee machen, kleine Feuer unter den Rändern der Bänke, damit die

Flammen nicht sichtbar sind. Schicken Sie mir die Osages. Ich möchte mit ihnen reden."

Die Osages waren sich sicher, dass dies ein Seitenarm des Washita River war und dass die Cheyennes und Kiowas und alle ihr Dorf nicht weit flussabwärts hatten. Der Weg schien direkt dorthin zu führen. Aber durch den Mischlingsdolmetscher bestand Little Beaver immer wieder darauf, dass die Soldaten bis zum Tagesanbruch hier im Holz verborgen bleiben und dann wieder auf den Weg marschieren.

General Custer schnippte ungeduldig mit den Fingern und lachte.

„Das ist die indische Art zu kämpfen", sagte er prompt. „Sie hassen es, jemanden anzugreifen, der von der Dunkelheit oder in Verschanzungen verborgen bleibt. Nein, sagen Sie Little Beaver, dass wir auf dem Weg der Weißen kämpfen werden und dass wir in einer Stunde marschieren, wenn der Mond aufgeht."

Dies schien die Osages nicht zu befriedigen, die guttural untereinander murmelten. Offensichtlich schätzten sie, wie Pawnee Killer, wenn auch aus einem anderen Grund, die Fähigkeiten des weißen Häuptlings nicht allzu hoch ein, den sie den Häuptling mit den langen gelben Haaren nannten.

Die Stunde verging; der Halbmond ging auf; und einer nach dem anderen meldeten Kapitän Hamilton, Oberst Cook, Kapitän Yates, Kapitän Smith, Major Bell und alle anderen Kompaniechefs Adjutant Moylan, dass ihre Abteilungen zum Marsch bereit seien.

Es erklangen keine Signalhörner; aber in Viererkolonnen ritten die achthundert Reiter in schwacher Kolonne den Bachlauf hinunter und folgten der Indianerspur, die so deutlich im weißen Schnee zu erkennen war.

Zwei der Osages, Hard Rope und ein Krieger, führten dreihundert Meter voraus. Sie waren zu Fuß, um die Schilder besser lesen zu können; Mit langen, lautlosen Mokassinschritten schlichen sie schnell über den Schnee. Sie sahen Skalps, die sie ihren verhassten Feinden, den Cheyennes und den Kiowas, abnehmen sollten.

Danach ritten die weißen und roten Pfadfinder im Gänsemarsch, California Joe auf seinem Maultier an der Spitze. Seine alte Springfield-Muskete lag in der Vertiefung seines linken Arms; aber ausnahmsweise drang der Geruch seiner Pfeife nicht zurück. Der Befehl verbot jegliches Rauchen. Neben California ritt Joe selbst auf dem General, um das erste Wort oder Signal sofort auffangen zu können. Dicht hinter ihm ritt Ned als Trompeter.

Nach einer Viertelmeile folgte die Kolonne vorsichtig. Hin und wieder trat einer der Offiziere im Trab vor und flüsterte dem General etwas zu, indem er ihm einen Vorschlag oder eine Frage machte; aber selbst das brach die Stille nicht. Der Marsch ging immer weiter, wie stundenlang.

Plötzlich zeigte California Joe deutlich darauf. Die beiden Osages, die die Spur wählten, waren stehen geblieben; Auf kurzen Befehl des Generals muss Ned aussteigen und Adjutant Moylan anweisen, die Kolonne ebenfalls anzuhalten.

Als er im Trab zurückkam, war der General bei den beiden Osages. Einer von ihnen konnte ein wenig Englisch sprechen.

"Was ist los?" fragte der General.

„Ich weiß es nicht", antwortete der Osage. „Aber ich rieche Feuer."


Adjutant Moylan, Colonel Myers (ein alter Präriebewohner) und Colonel Benteen trafen ein; sie alle schnüffelten heftig, ebenso wie Ned; aber keiner von ihnen konnte eine Spur von Rauch riechen.

„Hmpf!" grunzte Colonel Myers. "Er hat Angst; das ist es, was ihn quält. Wissen Sie, diese Indianer sind nicht für diesen Marsch und suchen nach einem Vorwand, um damit aufzuhören."

„Ich rieche Feuer", beharrte der Osage; und sein Begleiter nickte heftig.

„Riechst du etwas, Joe?" fragte der General.

California Joe wedelte langsam mit dem Kopf, während er durch seinen matten, ziegelroten Schnurrbart einatmete.

„Nein, das tue ich nicht, General. Und Corbin auch nicht. Und wir haben auch erstklassige Riecher, auch wenn sie im Moment scherzhaft erstarrt sind."

„Sehr gut", antwortete der General. „Wir machen weiter. Sagen Sie den Anhängern, sie sollen langsam fahren und Nase und Augen offen halten."

Es wurde mehr als eine halbe Meile zurückgelegt; und wieder hatten die Osages angehalten. Diesmal triumphierten sie und empfingen den General mit bewusster Würde. Der englischsprachige Osage zeigte zuvor nach links.

„Ich habe es dir gesagt", flüsterte er.

Sicher genug. Vor uns, hundert Meter neben dem Weg, am Rande des Waldes, war der schwache Schein eines fast erloschenen Lagerfeuers. Es war nur eine Handvoll Glut, und Ned konnte sie immer noch nicht riechen; aber da war es. Diese Osages hatten wirklich gute Nasen.

Obwohl der Mond durch die treibenden Wolken des Winters hell auf die lange Säule schien, die im Schnee wartete, bewegte sich das Feuer nicht. Die Indianer, die das Feuer gemacht hatten, mussten schlafen.

„Joe, du und Little Beaver nimmst ein paar deiner Männer und erkundest das Lager", flüsterte der General. Ein Zittern in seiner Stimme verriet seine Aufregung. „Finden Sie alles heraus, was Sie können. Wir werden hier warten."

Zum Schnee schwangen sich California Joe und Jack Corbin und Little Beaver und alle Osages. Mit dem Klicken des Gewehrschlosses stahlen sie sich vorwärts, um in das Holz über dem Feuer einzudringen und es so auszuspionieren. Plötzlich verschwanden sie. Jeder Offizier und jeder Soldat saßen angespannt da und spähten, begierig darauf, jeder heftigen Salve zu begegnen, die mit Sicherheit die Sättel leeren würde. Denn die Kolumne war eine faire Note.

War der harte, kalte Marsch von drei Tagen ein Fehlschlag? Waren die Indianer bereits auf der Hut? Sehen! Jetzt beugte er sich tief vor und stieß vom Rand des Balkens her einen Osage aus. California Joe folgte dicht dahinter. Einer nach dem anderen näherten sich die Späher dem Feuer. Sie erreichten es, richteten sich auf – offenbar passierte nichts, und ein großer Seufzer der Erleichterung ging durch die angespannte Kolonne, in der die Kompanien in Abständen saßen.

Nachdem sie herumgeschnüffelt und scharfsinnig untersucht hatten, kehrten die Späher zurück. California Joe berichtete.


„Es gibt kein normales Lagerfeuer", sagte er. „Die Partei, die wir verfolgen, hat es nie geschafft, laut den Osages. Es ist die Arbeit indianischer Hirten; Jungen, sozusagen, um sie zu wärmen, während sie auf die Ponys aufpassten. Das Dorf sollte höchstens zwei bis drei Meilen entfernt sein."

Das waren gute Nachrichten. Der General gab das Wort, erneut vorzurücken, aber vorsichtiger als je zuvor. Und er nahm Ned als Ordonnanz und ritt mit seiner gewohnten Impulsivität vorwärts, begleitet von den beiden Osage-Führern, die sich so gut geschlagen hatten.

Der Weg hatte den Bach verlassen und überquerte eine große Kurve. Die Führer hielten sich direkt an der Spitze des Pferdes des Generals. Immer wenn sie an eine Anhöhe kamen, schlich man sich vorwärts und spähte hinüber. Als er sah, dass die Luft klar war, gab er den anderen ein Zeichen, weiterzukommen. Atemlose Arbeit war das, und Neds Herz klopfte so stark, dass er fürchtete, er würde angewiesen werden, dort zu bleiben, wo er war. Jetzt hatte der Osage auf der Kuppe einer langen, mit Büschen bewachsenen

Wasserscheide auf Erkundungstour seine Hand an die Stirn gelegt und spähte darunter hervor. Er ging tiefer in die Hocke und kam hastig zurück. Etwas war gesichtet worden.

"Was ist es?" fragte der General eifrig.

„Haufenweise Indianer da unten", grunzte der Osage kehlig vor den Sattelblättern. Und er zeigte nach vorne.

Der General sprang von seinem Pferd; Er gab Ned ein Zeichen und überließ ihren Pferden die Aufsicht über den anderen Osage, und mit dem ersten stahlen sie sich ebenfalls vorwärts.


„Lass den Säbel fallen", flüsterte der General Ned streng zu. Ned öffnete seinen Gürtel und ließ ihn mit der schleifenden Scheide fallen. Er machte zu viel Lärm.

Tief im Mondlicht spähten sie über die Spitze des Bergrückens und suchten zuvor das Tal ab. Etwa eine halbe Meile weiter entfernt lag auf dem Schnee, der das Waldstück am Rande des eisigen Baches säumte, eine große schwärzliche Masse, wie eine große Tiermasse.

"Büffel!" riskierte der General, nachdem er lange und ernst geschaut hatte.

Der Osage sagte kein Wort.

„Warum denken Sie, dass es Inder sind?" flüsterte der General. „Vielleicht Büffel."

Der Osage schüttelte seinen gefiederten Kopf.

"NEIN. „Ich habe Hundegebell gehört", versicherte er leise.

Wieder hörten sie zu. Die eiskalte Luft war sehr ruhig. Neds Herz klopfte; er wünschte, dass er nicht atmen müsste. Dann ertönte klar durch die Nacht das kläffende Bellen eines Hundes aus dem Holz nahe der schwarzen Masse.

„Das stimmt", murmelte der General. "Warten! Ist das nicht eine Glocke – eine Ponyglocke? Ja. Das sind Ponys. Büffel haben in diesem Land nicht die Angewohnheit, Glocken zu tragen."

Er drehte sich schnell um und machte einen Schritt, um die Nachricht der Kolumne zu überbringen. Aber er blieb stehen. Die Glocke hatte verstummt, kein Hund bellte, aber laut und klagend hallte der Schrei eines Babys durch die einsame Wüste. Ned erschrak ziemlich; es klang so nach Zuhause und am Kaminfeuer. Natürlich hatten die Indianer ihre Kinder.

„Das ist hart", murmelte der General. „Diese Indianer haben unsere Frauen und Kinder nicht verschont – aber ich wünschte, in diesem Dorf würden nur Männer leben."

Mit Ned eilte er zurück zu den Spähern, während die beiden Osages weiterhin das schlafende Dorf im Auge behielten.

„Mein Kompliment geht an den Adjutanten und bitte ihn, alle Offiziere hierher zu schicken", wies er Ned an. Und Ned überbrachte die Botschaft.

Die Nachricht wurde schnell weitergegeben, und aus der mit Gerüchten gefüllten Kolonne versammelten sich die Offiziere umgehend im Kreis um ihren Oberst.

„Das Dorf liegt vor uns, etwa eine Dreiviertelmeile, meine Herren", sagte der General vorsichtig. „Nimm deine Säbel ab und komm mit mir so leise wie möglich voran, und von der Spitze der Anhöhe da drüben, wo die beiden Osages sind, werde ich dir die Lage des Landes zeigen."

Das taten sie gerne. Von der Anhöhe aus erkundeten sie vorsichtig. Die Ponyherde war so schlicht wie zuvor; regierte immer noch die einsame Nacht; Irgendwo da unten schlief das Indianerdorf. Sie glaubten, eine Ansammlung von Tipis aufspüren zu können.

Nachdem er gezeigt und erklärt hatte und ein verständnisvolles Nicken erhalten hatte, zog sich der General ebenso leise zurück. Alle folgten.


Jetzt musste ein Kriegsrat abgehalten werden, wo die Säbel zurückgelassen worden waren. California Joe hörte zustimmend zu; Little Beaver und Hard Rope versuchen besorgt, den Plan des weißen Häuptlings zu verstehen. Die Osages hatten ihre Büffelroben gelockert, als seien sie zum sofortigen Eingreifen bereit. Aber das war nicht der Plan.

Der Angriff sollte im Morgengrauen erfolgen, sobald es hell genug zum Zielen war. Das Dorf sollte zunächst umzingelt und von vier Seiten angegriffen werden.

Jetzt war es nach Mitternacht; Der Mond schwebte hoch. Sofort machte sich Major Joel Elliot mit den Truppen G, H und M, etwa 200 Mann, im Schutz des Bergrückens auf den Weg, um einen weiten Bogen zu machen, um eine Position einzunehmen, von der aus er das Dorf von unten her angreifen konnte; machte sich mit B- und F-Truppen, Colonel William Thompson, auf den Weg in die andere Richtung, um eine ähnliche Position oben einzunehmen.

„Der Angriff wird pünktlich bei Tageslicht erfolgen, meine Herren", lauteten die letzten Anweisungen des Generals. „Die Band wird Garryowen spielen, und bei der ersten Note stürmen Sie von der Position aus, an der Sie sich befinden."

Der erfahrene Colonel Myers und seine „rechte Mitte"-Kolonne könnten, bis es an der Zeit ist, ihre Posten einzunehmen, auch nicht so weit entfernt auf der rechten Seite bleiben.

Die vierte oder „mittlere" Kolonne wurde vom General selbst kommandiert; aber von den vier Kompanien A, C, D und K befehligte Kapitän Hamilton die eine Staffel, Oberst West die andere. Und es gab die Scharfschützen von Lieutenant (Colonel) „Queen's Own" Cook.


Ah, aber hier oben hinter dem Bergrücken war es kalt. Es war zwei Uhr, und bis zum Tagesanbruch mussten noch vier Stunden vergehen. Niemand durfte ein Feuer machen, und es war verboten, mit den Füßen zu stampfen oder auf und ab zu gehen, weil ein solches Knarren des Schnees das Dorf beunruhigen könnte.

Die Männer, zusammengekauert in ihren Mänteln, standen oder kauerten, jeder hielt sich an den Leinen seines Pferdes fest. Die Offiziere versammelten sich in kleinen Gruppen und unterhielten sich im Sitzen oder Stehen leise.

Die Gruppe des Generals war die größte: Adjutant Moylan, Leutnant Tom Custer, Captain Hamilton, Colonel West und andere.

„Es war ein langer Thanksgiving-Tag und ein Fasten statt eines Festes", sagte Colonel West.

„Oh, wir feiern später", sagte Leutnant Tom. „Du kennst den Vers:

„Für Gold pflügt der Kaufmann das Hauptland,
der Bauer pflügt das Gut;
Aber Ruhm ist der Preis des Soldaten,
der Reichtum des Soldaten ist Ehre."

„Wie wäre es, Hamilton? Bist du froh, dass du gekommen bist?" fragte Leutnant Moylan.

"Perfekt. Der einzige Mensch, der mir leid tut, ist der arme Mathey."

„Es besteht die Gefahr, dass er einen mitreißenden, guten Kampf verpasst."

„Und eine, bei der einige von uns wahrscheinlich verletzt werden. Diese Indianer werden wie Dämonen kämpfen, um ihre Familien und ihr Eigentum zu verteidigen."

„Nun, was mich betrifft, meine Herren, Sie wissen, wie ich mich fühle", sagte der junge Kapitän Hamilton ernst. „Ich will den Tod des Soldaten. Wenn meine Stunde kommt, hoffe ich, dass ich im Kampf durchs Herz geschossen werde."

Bei all dem leisen Gerede, sowohl unter Männern als auch unter Offizieren, muss die bevorstehende Schlacht als ernstes Problem angesehen werden. Niemand konnte sagen, wie viele Indianer unten auf ihrem eigenen Gelände untergebracht waren, mit reichlich Munition, Nahrung und Deckung; und es gab keine härteren Kämpfer als die Cheyennes und die Kiowas.

Die Osages saßen in ihrer Kriegsbemalung aus Rot, Weiß, Schwarz und Gelb unter Decken und Roben im Kreis und murmelten ernst, als hätten auch sie Zweifel an den Fähigkeiten des weißen Häuptlings. Einer von ihnen war nicht mit Kriegsbemalung versehen. Seine Farbe war aus Trauer ganz schwarz. Der Dolmetscher erklärte, dass dieser Krieger seine Squaw an die Cheyennes verloren hatte und dass er seine Trauer nicht abwaschen konnte, bis er sich einen Cheyenne-Skalp genommen hatte.

Ned dachte viel über das Dorf nach. Es würde wahrscheinlich einige weiße Gefangene enthalten. Unter ihnen könnte die kleine Mary sein. Er beschloss, die Augen offen zu halten, um zu sehen, ob irgendjemand so aussah wie sie.

# XVI
## „GARRYOWEN" UND „CHARGE!"

Während die kalten Stunden schleppten, warfen einige der Offiziere die Umhänge ihrer Kavalleriemäntel über ihre Köpfe, streckten sich im Schnee aus und schliefen. Nachdem der General seine Inspektion beendet hatte, tat er es ihm gleich. Aber die Osages schliefen nicht; Auch die Männer der Reihen versammelten sich nicht mehr so dicht an den Köpfen ihrer Pferde, um sich warm zu halten. Die Hirschhunde Maida und Blücher zitterten und jammerten und rollten sich zu einer Kugel zusammen.

Dahinter, auf dem Kamm des Bergrückens, bewachten ein Osage und zwei der Offiziere das bewusstlose Dorf unten scharf.

Ned döste; Als er steif und zitternd aufwachte, war der Mond untergegangen, alles war stockfinster, außer dass weit im Osten nur ein Hauch von Grau das Herannahen der Morgendämmerung ankündigte.

Jemand in der Nähe von Ned bewegte sich und zündete ein Streichholz an. Es war der General, der auf seine Uhr schaute. Das flackernde Licht enthüllte sein ängstliches Gesicht und seinen von Frost umrandeten Schnurrbart. Er stand auf, beugte sich über eine andere schlafende Gestalt und sagte leise und ernst: „Moylan! Moylan!"


"Jawohl." Und auch der Adjutant setzte sich auf, gähnte und sprang auf.

„Es ist Zeit, dass wir uns formieren. Wecken Sie die Offiziere", fuhr der General fort. „Bist du das, Trompeter?"

„Ja, Sir", antwortete Ned.

„Vielleicht helfen Sie uns. Wenn Sie zu Colonel Myers kommen, machen Sie ihm von mir ein Kompliment und fordern Sie ihn auf, sein Kommando sofort abzuziehen und Stellung zu beziehen."

"Jawohl."

Viele der Beamten waren bereits wach, warteten, spähten und lauschten. Überall ragten dunkle Gestalten empor, und vorsichtige Stimmen sprachen mit leiser Stimme. Ein leises Klingeln ertönte, als die Pferde sich bei der Bewegung ihrer Wächter bewegten.

Bald entfernte sich die Kolonne von Colonel Myers in der Dunkelheit, um weiter rechts Stellung zu beziehen.

Die Soldaten der mittleren Kolonne waren noch nicht beritten; Die Kompanien in Viererkolonne warteten auf den Zeitpunkt, an dem das Licht aus dem Osten stärker werden sollte.

Ned, der neben seinem Pferd stand, zitterte vor Kälte und gemischter Aufregung. Alles davor war düster und still; der schneebedeckte und mit Büschen befleckte Bergrücken grenzte an die Himmelslinie im Süden; Jenseits des Bergrückens lag das schicksalhafte Dorf. Nicht einmal ein Hund bellte.

Plötzlich ertönte ein Murmeln durch die Viererreihen. In den samtschwarzen Himmel über dem Bergrücken erhob sich langsam und majestätisch ein Feuersignal aus gelbem Schein. Sofort schoss Ned der Gedanke durch den Kopf, das Dorf sei alarmiert, Major Elliot oder Colonel Thompson seien entdeckt worden, und dies sei ein brennender Pfeil, um die Nachricht im Tal zu verbreiten. Als nächstes kamen die Salven, die Rufe und die Schreie.

"Eine Rakete! Eine Signalrakete!" ejakulierte jemanden.

„Wie lange brennt es! Warum platzt es nicht?" fragte sich Adjutant Moylan ungeduldig.

Aufwärts und aufwärts, und aufwärts, natürlich majestätisch, schwebte es höher und wechselte von Gelb zu Rot und von Rot zu Blau und von Blau zu Zitronengelb. Die Kolonnen sahen atemlos zu, Augen und Ohren auf die Abwärtskurve oder die Explosion gerichtet. Der General sprach froh.

„Es ist ein Stern."

"Oh!" seufzte der Offizier und die Männer entspannt, als sie das Wort weitergaben.

Für einen Stern war es, der jetzt weiß über dem Weiß und Schwarz aufblitzte; ein unbeschreiblich schöner Morgenstern in dieser reinen, stillen Luft. Es schien ein Omen des Friedens zu sein, aber es brütete über einem Kriegsschauplatz.

Das Licht im Osten war breiter geworden. Von Mund zu Mund wurde der Befehl zum Vormarsch gegeben; Ohne Signalhorn bemerkten wir, dass die Säulen aufstiegen und nun mit dem Knarren des Schnees begannen, den Grat zu erklimmen. Vom Kamm kamen der Osage und die beiden Offiziere herab. Das Dorf schlief immer noch, ahnungslos.

Der Gipfel wurde erreicht. Jedes Auge suchte das Dorf unten. Man könnte sagen, dass seine spitzen Tipis, so dick wie junge Zedern, auf beiden Seiten des geschwungenen Baches liegen. Die Ponyherde war unruhig, als der Tag nach der langen, beißenden Nacht nahte.

Hier auf dem Kamm wurde schnell die Schlachtlinie für den Angriff gebildet. Rechts und links ritten die Soldaten in einer Linie, um die Front der Staffel zu bilden; die rechte wurde von Colonel West gehalten, die linke von Captain Hamilton und den Cook-Scharfschützen, die zu Fuß kämpfen sollten.

„Offiziere und Männer werden ihre Mäntel ausziehen und die Männer ihre Rucksäcke, um hier unter der Bewachung eines Mannes aus jeder Kompanie zurückgelassen zu werden", wies der General knapp an. „Wir müssen in unserem Handeln frei sein. Es darf kein Schuss abgefeuert werden, bevor der Angriff ertönt. Halten Sie diese Hunde auch hier."

Daher wurden Mäntel und Rucksäcke abgelegt; Bis auf die Blusen ausgezogen wartete die Kolonne erneut schwer atmend.

„Zum – verdammten – Marsch!" Der untere Befehlshaber sickerte durch die lange Reihe; und mehr durch Sehen als durch Hören der Linie, der sie gehorchte. Vom Kamm aus begann der Abstieg; und wenn alles gut lief, näherten sich von drei anderen Punkten aus drei weitere Linien ebenso vorsichtig dem zum Scheitern verurteilten Dorf.

Der General führte in der Mitte, neben ihm Adjutant Moylan und Ned dahinter. Ein paar Schritte hinter der rechten Seite des Generals stand Oberst West, der das rechte Geschwader befehligte. Kapitän Hamilton war auf der linken Seite.


„Nun, Männer, bleiben Sie cool, warten Sie auf den Befehl, schießen Sie niedrig und nicht zu schnell", hörte Ned ihn in klarem, ruhigem Ton warnen.

Sergeant-Major Kennedy vom Unteroffizierstab war ein weiterer Mann an vorderster Front. Ned erblickte ihn rechts.

Kurz vor der Mitte der Linie ritt die Kapelle in dichter Formation – jeder Mann hielt sein Instrument bereit, das Kornett des Chefmusikers an den Lippen, bereit, beim ersten Signal zum Angriff in „Garryowen" auszubrechen.

Der Fuß des Hügels war erreicht; Die Ponyherde starrte und drängte sich unruhig, witterte, hörte und sah. Mit dem Knistern des Schnees zogen sie zur Seite – und während sich das Knistern der Kavallerie mit dem Knistern ihrer Ponys vermischte, schlief das Dorf weiter und ahnte nichts.

Jetzt war das Holz vor uns das Ziel; denn im Holz befand sich die Hauptsammlung der Logen. Einige davon waren oben und unten auf dieser Seite des Baches aufgestellt worden; aber die meisten befanden sich auf der anderen Seite, wo das Ufer niedrig und eben war.

Von der Ponyherde bis zum Waldrand war es weiter als erwartet; Mit Knistern und leichtem Klirren von Säbel und Biss bewegte sich die Reihe im eifrigen Schritt näher, und jeder Mann spähte, und die Landschaft erhellte sich allzu schnell. Die Tipis schimmerten weiß; von der Spitze eines gekräuselten, dünnen Rauchs; Sehr bald würde das Dorf zum Alltag eines neuen Tages erwachen. Wie tief sie schliefen – Krieger und Squaw und Kind und sogar Hund!

„Wieder ein verlassenes Dorf!" flüsterte der General Adjutant Moylan zu.

Der Adjutant nickte. Der General warf einen Blick über seine Linie, rechts und links; er richtete sich im Sattel weiter auf, seine rechte Hand fiel auf den Griff seines Revolvers, der aus dem Holster herausragte; Offensichtlich war die Zeit gekommen, und in wenigen Augenblicken würde man wissen, ob es sich tatsächlich um ein weiteres verlassenes Dorf handelte. Ned hob sein Horn zum „Angriff" an die Lippen; Doch noch während er Luft holte, ertönte in Bereitschaft klug und schnell von der anderen Seite des Dorfes ein einziger Gewehrschuss! Der Alarm!

Was für eine Veränderung brach über das schlummernde Tal herein! Der General drehte sich im Sattel um; Mit einem Wort brachte seine Stimme die Band zum Handeln.

"Hohe Selbstvorlage! Gib es ihnen!"

Es bestand keine Notwendigkeit mehr, etwas zu verbergen. Ganz im Gegenteil. Die eisige Luft, rosa vom nahenden Morgengrauen, ließ die mutige Band in lautes Geschrei aufplatzen. Die Männer jubelten wild; Zurück von den Hügeln jenseits des schicksalhaften Dorfes eilten wie ein Echo andere Jubelrufe herbei.

„Trott – Marsch!"

Die Reihe der Schwadronen, die unregelmäßig durch das niedrige Unterholz drängten, begann zu traben. Säbel klirrten, Sättel knarrten; Karabiner befanden sich auf der „Vorwärts"-Position, mit dem Kolben am Oberschenkel, die Mündung nach oben; und die Scharfschützen müssen rennen.

Die Bäume waren vorher nah. Die Tipis waren schlicht. Dunkle Gestalten huschten zwischen ihnen hin und her. Hunde bellten wütend. Von der anderen Seite des Dorfes ertönte eine rasselnde Karabinersalve, die sich zu einem stetigen Klappern steigerte.

Der General stand in seinen Steigbügeln; Er wirbelte Dandy herum und schwang seine Mütze hoch über sein gelbes Haar. Über dem Lärm der Musikkapelle und des Jubels erhob sich seine Stimme jubelnd.

"Aufladung!"

Das war genug. Ned klebte seine Lippen an das alte Signalhorn und zwang mit aufgeblasenen Wangen seine ganze Seele in die wilden, mitreißenden Klänge des „Angriffs". Rechts und links antworteten die Signalhörner der Kompanie. Die Pferde sprangen vorwärts und warteten nicht auf die Sporen.

Ned war sich bewusst, dass die Truppe durch einen Abstand der dahinter liegenden Staffel zurückgefallen war; sie rannten daran vorbei; aber es spielte weiter.


Unsere so starken Herzen haben uns Ruhm eingebracht,
denn bald wird bekannt, woher wir kamen;
Wohin wir auch gehen, fürchten sie den Namen
Garryowen in seiner Herrlichkeit.


Noch heftiger jubelten die Männer. Sergeant-Major Kennedy (guter Soldat) hatte sich fast auf Augenhöhe mit dem General und dem Adjutanten aufgestellt. Sie ritten mit hochgehaltenen Revolvern, um auf die tödliche Ebene gebracht zu werden. Ned blies immer wieder den „Angriff" – das Signalhorn in seiner linken Hand, aber seinen Revolver in der rechten.

Jetzt stießen sie auf die ersten Bäume, die den Bach säumten und auf dieser Seite die wenigen Tipis beherbergten. Aus den Tipis strömten Männer und Frauen – die Männer halbnackt, die Waffen in der Hand, die Frauen mit ihren verängstigten Kindern umherhuschen. Sie sahen die galoppierende blaue Linie und suchten Schutz vor Bäumen und Bächen. Die Gewehre der Indianer schlugen giftig in die Gesichter der Pferde. Ned glaubte aus dem Augenwinkel zu sehen, wie Kapitän Hamilton seitwärts aus dem Sattel fiel. Aber der Custer-Revolver und die Revolver seiner Kameraden schossen Rauch aus, und die Karabiner der Soldaten übertönten mit Brüllen jedes Geräusch, fast jeden Gedanken außer dem Gedanken an einen Kampf.

Die Indianer wurden zurückgedrängt – Krieger wichen aus, Frauen und Kinder flohen. Viele Krieger wurden aus ihren weißen Hütten vertrieben und standen hüfthoch im gefrorenen Bach. andere kämpften aus der Deckung des hohen Ufers; andere von den Bäumen und dem Unterholz. Es war eine heiße, schnelle Arbeit. Sogar die Squaws benutzten Gewehr und Bogen. Einige fielen, wie die Krieger, die im Akt der erbitterten Verteidigung abgeschossen wurden. Es ließ sich nicht vermeiden. Ned schoss nach rechts und links, aber ob er jemanden traf, wusste er nicht.

Jetzt befand sich die Schlange schon weit vor der ersten Tipi-Sammlung und am Bach. Auf der anderen Seite tobte die Schlacht heftig; und in den Strom stürzte das rücksichtslose Geschwader, seine Linie war desorganisiert, aber immer noch widerstandslos. Unter den Tipis gegenüber stand ein einzelnes schwarzes Tipi, das das Tipi des Häuptlings, des alten Black Kettle, sein musste. Aber der alte Black Kettle lag starr da und wurde von dem schnell reitenden Koom-la-Manche niedergeschossen.


Der Kampf hatte sich zu einem Kampf nach Belieben entwickelt – zu einem schnellen Schießen zwischen den Tipis und Bäumen, um sie zu beseitigen. Das Dorf wurde schnell gesäubert, aber der Kampf hatte gerade erst begonnen. Im Dorf befanden sich nun die Truppen; die Indianer waren draußen; Ihr Jubelgeschrei und ihre Schüsse wurden immer wütender. Die Späher der Osage rannten hierhin und dorthin und antworteten mit Jubelschrei. Das Gesicht des kleinen Bibers war verzerrt wie das eines Dämons. Als Ned ihn erblickte, hätte er beinahe auf ihn geschossen, hielt ihn aber gerade noch rechtzeitig zurück. Im Handgemenge war es schwer, Freund vom Feind zu unterscheiden.

Von der Truppenkette in die Enge getrieben, stürmten die gefangenen Cheyennes immer noch verzweifelt los, um in Deckung zu gelangen. Plötzlich wurden Neds Augen, die schnell zwischen den Tipis umherschweiften, durch einen neuen Anblick gestoppt: ein kleines weißes Mädchen, das rannte! Ein kleines weißes Mädchen – in Wildlederstiefeln mit Fransen und Mokassins; aber dennoch ein kleines weißes Mädchen, dessen langes, helles Haar über seine Schultern floss. Mit einem erschrockenen Schrei „Schau!" und mit einem Stoß der Sporen stürzte Ned auf sie zu.

"Maria!" er hat angerufen. "Maria! Hier bin ich! Maria!"

Aber wie konnte seine Stimme inmitten des Trubels aus Schüssen, Jubel und Jubel gehört werden?

Im Kampf kämpfte jeder für sich und alle zusammen, um zu verhindern, dass die Indianer abrissen. Der Hain war ein Pandämonium. Ned war allein vorwärts gestürmt. Er kam am ersten Tipis auf seinem Weg vorbei; Und da kam Maria, tapfer flatternd und heftig ausweichend; Dahinter stand, auch jetzt noch mit ausgestreckter Hand und bösem Gesichtsausdruck, ein großer indischer Krieger. Nase aufschneiden? Vielleicht. Wer er war, spielte keine Rolle.

Wieder schrie Ned und gab Buckie die Sporen. Er beugte sich vor und schob seinen Revolver vor, um den Abzug zu betätigen. Der große Indianer war auf kurze Distanz ein gutes Ziel ; Aber natürlich darf die Kugel Mary nicht treffen . Nun war sie über einen Zeltpflock gestolpert und lag am Boden. Aber Buckie hatte sie fast erreicht; so war es auch mit dem Inder. Als er rannte, hielt er einen gespannten Bogen und einen darauf angebrachten Pfeil in der Hand. Er war schlagfertig, denn als Ned auf Buckie seinen Anspruch bestritt, war sein Pfeil augenblicklich vor seinem Auge, die Bogensehne zu einem Bogen gespannt und die Eisenspitze auf Neds Brust gerichtet.

**Der Big Indian war ein faires Ziel, aber die Kugel durfte Mary nicht treffen**

Ned hatte kaum Zeit, Buckie zu kontrollieren, warf sich zur Seite und drückte ab. Er war sich bewusst, dass das Klirren des Bogens und das Bellen seines Colts gleichzeitig klangen. Dann ließ ihn ein heftiger Schlag ins Gesicht mit sternenklarem Rot blenden und ließ ihn schwindlig hinabstürzen. Seine Füße rutschten aus den Steigbügeln und er landete auf einem Haufen.

Er darf dort nicht bleiben. Sein Kopf war taub vor Schock, aber sein Verstand arbeitete wie rasend. Was geschah mit Maria? Was würde mit ihm selbst passieren? Die große Angst vor dem Schälmesser und vor dem Zerreißen durch grausame Hände schmerzte ihn mehr als der jetzt zunehmende Schmerz. Er wand sich auf die Knie, spannte den Revolver und gab sich alle Mühe, etwas zu sehen. Vor seinem einen Auge schwammen die

Tipis undeutlich. War er allein hier? Wo waren die anderen Soldaten? War dieser Lichtfleck Mary? Kam Cut Nose? Oder lag der große Indianer zusammengekauert auf dem zertrampelten Schnee am Fuß des Tipis auf der rechten Seite und berührte mit seinen ausgestreckten Fingern die kleine Mädchenfigur, deren Gesicht in ihren Armen verborgen war?

Schnell kroch Ned herüber, den Revolver bereit. Der große Indianer rührte sich nicht; in einer Hand hielt er seinen Bogen zersplittert; unter ihm wurde der Schnee rot. Ned warf seine Vorsicht vor wilden Tieren beiseite.

"Maria!" er hat angerufen. "Aufstehen. Schnell."

Sie hob den Kopf und starrte erschrocken mit großen blauen Augen.

"Wer bist du?" sie zitterte.

„Ich bin Ned. Ich bin Bruder Ned. Ich werde dich retten."

„Oh, Ned!" sie weinte und kletterte zu ihm. „Du bist verletzt! Du hast einen Pfeil direkt im Kopf."

Ned hob hastig die Hand. Seine Finger berührten das gefiederte Ende eines Pfeils, der aus seinem Gesicht ragte. Ein entsetzlicher Schmerz schoss durch seinen Kopf und seinen Rücken hinunter; und vor Angst fiel er in Ohnmacht.

---

# XVII
# NACH DER SCHLACHT

Ned blieb nicht lange bewusstlos. Er war halb bewusstlos. Er hörte undeutlich die flehende Stimme der kleinen Maria, er spürte ihre Liebkosungen, er war sich bewusst, dass die Schüsse und die Schreie und das Geschrei weitergingen, er spürte den pochenden Schmerz seiner Wunde, er fühlte sich gehoben und getragen, schlaff und wieder abgesetzt ; und er verspürte einen schärferen, widerlichen Schmerz, als die Finger den Pfeil manipulierten, während eine freundliche Stimme ihn beruhigte. Das muss der Chirurg sein, Dr. Lippincott.

Er schloss fest seine Lippen, nicht einmal um zu stöhnen. Es war die Aufgabe des Soldaten, Schmerzen zu ertragen; und wenn er nur ein Junge war, war er auch Soldat. Ein „Schnippen" ertönte am Pfeil, und für einen Moment war der Schock fast zu stark, um ihn auszuhalten. Dann wurde der Schaft vorsichtig, aber fest aus dem Loch geschoben. Der Chirurg hatte den Kopf abgeschnitten und den Pfeil nach hinten herausgezogen, denn die Spitze war natürlich mit Widerhaken versehen.

„Du wirst es gut machen, mein Junge", sagte der Chirurg. „Es ist nur eine Fleischwunde. Es folgte außerhalb des Schädels. Gut!"

Soft Touch legte einen Verband an.

„Kannst du das nicht sehen, Ned? Bitte sehen!" flehte die kleine Maria.


Ned sammelte sich und öffnete sein einziges Auge. Er lag gestützt auf einem Haufen Büffelroben. Mary versuchte ihn zu umarmen. Er umarmte Maria. Sie befanden sich auf einem offenen Platz inmitten der Tipis, wo das Feldlazarett eingerichtet worden war. Um sie herum befanden sich weitere verwundete Soldaten. Oberst Barnitz lag daneben, bleich wie tot. Doktor Lippincott und seine Assistenten waren hier und da beschäftigt.

Das Rasseln von Gewehr und Karabiner, die schnellen Befehle, die trotzigen Schreie kündeten von einem verzweifelten Kampf. Die Klänge von „Garryowen" klangen wild und inspirierend, während die Band, die auf einer kleinen Anhöhe am Dorf stationiert war, immer weiter spielte. Aber höher, durchdringender, den ganzen Lärm durchdringend, dem Heulen der Wölfe nicht unähnlich, erhob sich ein unaufhörlicher Gesang – das Trauergeheul trauriger Squaws.

Die Anklage hatte Erfolg gehabt. Die Truppen hatten das Dorf. Jetzt waren die umliegenden Hügel voller Indianer; die Soldaten waren in der Mitte; und der Tag war noch nicht Mittag.

Schnell kamen die Nachrichten, die von Verwundeten überbracht wurden oder zufällig von herbeieilenden Kämpfern herübertrieben. Kapitän Hamilton war getötet worden – durch einen Herzschuss im Kampf, genau wie er es sich als Soldat gewünscht hatte. Bluff Colonel Alfred Barnitz wurde durch eine Kugel im Körper schwer verletzt. Oberstleutnant Tom Custer und Lieutenant March waren verwundet worden. Seit dem ersten Angriff war weder Major Elliot noch Sergeant-Major Kennedy gesehen worden. Black Kettle und Chief Little Rock wurden getötet. Major Benteen war dem jungen Sohn von Black Kettle begegnet, der keine vierzehn Jahre alt war, und nachdem er wiederholt auf ihn geschossen hatte und sein Pferd unter ihm erschossen worden war, war er gezwungen gewesen, zurückzuschießen und den tapferen jungen Krieger zu töten. Squaws und Kinder hatten brutal gekämpft und den Kriegern geholfen. Eine Squaw, die mit einem gefangenen kleinen weißen Jungen geflohen war, hatte ihn lieber erstochen, als ihn auszuliefern. Sie war sofort abgeschossen worden; aber zu spät. Romeo, der Dolmetscher, hatte die gefangenen Squaws in einem großen Tipi versammelt, und California Joe hatte neunhundert Ponys zusammengetrieben. Dies war das Cheyenne-Dorf mit einigen Arapaho- und Sioux-Tipis. Aber einer der Squaws hatte dem General (der unversehrt blieb) mitgeteilt, dass sich unterhalb des Cheyenne-Dorfes zehn Meilen lang die Dörfer der Kiowas und der Comanchen, weiterer Cheyennes, der Arapahos und einiger Apachen erstreckten. Von den Läufern und dem Lärm des Konflikts aufgeweckt, versammelten sich diese Krieger zu Hunderten zum Angriff und zur Rettung.

Kapitän Smith kam hastig hergeritten; Anhand der Bewegungen seiner Hand zählte er die Tipis; und er hatte es eilig, weil hin und wieder eine wütende Squaw auf ihn schoss.

„Einundfünfzig", rief er einem Sanitäter zu.

General Custer selbst erschien, errötet und energisch, auf Dandy, übersät mit Schaum, gefrorenem Schlamm und Wasser.


„Hallo", rief er, als er Ned sah. "Verletzt?"

„Ja, Sir", und Ned versuchte zu salutieren.

"Kugel?"

"Nein Sir. Pfeil."

„Es ist ihm nicht durch den Kopf gegangen", piepste die kleine Mary tapfer. „Es blieb einfach dort hängen."

„Ich habe meine Schwester gefunden, Sir", informierte Ned, der es ihm unbedingt mitteilen wollte.

"Gut!" Und der vielbeschäftigte General wandte sich anderen Angelegenheiten zu. Sein Adlerblick musterte das Krankenhaus. „Sie müssen sich darauf vorbereiten, von hier wegzuziehen, Doktor", sagte er. „Wir werden nicht bleiben."

„In Ordnung, General."

Und das Gelbe Haar rannte davon.

Immer mehr Indianer versammelten sich auf den Bergrücken rund um das Dorf. Zu sehen waren die Kopfbedeckungen der Krieger. Es kam die Nachricht, dass die Mäntel und Rucksäcke, die die mittlere Kolonne beim Vorrücken zurückgelassen hatte, erbeutet worden waren und dass die Wache sich gezwungen sah, schnell zu fliehen, um zu entkommen. Blücher, der Hirschhund, war zu den Indianern gerannt, weil er glaubte, sie würden zur Jagd rufen; und nun versteifte er sich dort oben, mit einem Pfeil durchbohrt. Maida war nicht verletzt worden.

Es war schlimm, die Mäntel und die Rucksäcke mit den Verpflegungsrationen zu verlieren – obwohl es hier im Dorf natürlich jede Menge Pelze und Lebensmittel gab. Aber was ist mit dem Versorgungszug, den Leutnant Mathey mitbrachte? Von den Hügeln aus würden die Indianer es bald sehen, und während tausend von ihnen gegen die Kavallerie kämpften, würden weitere tausend die achtzig Männer angreifen, die die Wagen bewachten.

Die das Dorf umgebenden Krieger schienen nicht bereit zu sein, es zu stürmen und zurückzuerobern; Während ein Kreis abgesessener Soldaten sie auf große Entfernung hielt, suchten Feldtrupps in den Tipis nach den Toten und Verwundeten auf beiden Seiten.

Bei den Kämpfen war eine Ruhepause eingetreten. Nun machten sich 200 Soldaten an die Arbeit, die Beute aus den Tipis hochzuhäufen, die Tipis niederzureißen, um sie zu verbrennen. General Custer, gut sichtbar, auf dem ruhelosen Dandy, der rechts und links schnell Befehle an seine Adjutanten überbrachte, erhielt den Bericht über die Ergebnisse der Schlacht.

Es gab 875 Ponys und Maultiere; 241 Sättel, einige (wie man am gesammelten Stapel sehen konnte) sehr fein verziert; 573 gekleidete Büffelroben – einige davon ebenfalls sehr schön; 390 Hüttenhäute; 160 rohe Gewänder, ungegerbt; Fünfunddreißig Bögen, fünfunddreißig Revolver, siebenundvierzig Gewehre, 360 Äxte und Beile, zwölf Schilde, fünfundsiebzig Lanzen, neunzig Geschossformen, fünfunddreißig Pfund Pulver, 1050 Pfund Blei, 300 Pfund Kugeln, 4000 Pfeile und Pfeilspitzen,

470 Regierungsdecken, 93 Mäntel, 775 Lasso- oder Streikposten aus Fell, 940 Ledersatteltaschen, 700 Pfund Tabak und Mokassins sowie Trockenfleisch und Mehl und so weiter.

Einhundertdrei Indianer waren getötet worden, darunter sechzehn Häuptlinge; drei Squaws sowie ein Junge und zwei Mädchen waren verwundet worden; 53 waren Gefangene. Kapitän Hamilton und drei weitere Soldaten waren getötet worden; Oberst Barnitz, Oberst Tom Custer, Lieutenant March und elf Männer verwundet; Major Elliot und Sergeant-Major Kennedy sowie vierzehn Männer wurden noch vermisst. Es wurde gemunkelt, dass sie einige flussabwärts flüchtende Indianer verfolgt hatten.

Nachdem ein paar Sachen zur Aufbewahrung herausgesucht worden waren, wurden die Stapel von Hütten und Habseligkeiten in Brand gesteckt. Beim Anblick der Flammen erklangen von den Indianern auf den Hügeln laute Wutschreie, und sie stürmten in einer Gruppe nach der anderen herab und griffen die Kavallerielinien an. Der General befahl seinen berittenen Staffeln, zurückzuschlagen. Unterlegen waren die Indianer gezwungen, einen Weg freizumachen, wohin auch immer die Führer führten. Somit war wieder Luft zum Atmen gegeben.

Die gesamte Kolonne wurde in Marschformation aufgestellt. Das Lazarett war durchbrochen worden, als nun aus dem hinteren Teil der Kolonne scharfe Salven erklangen und weiterhin schwere Schüsse folgten.

Ein Angriff? Oder waren es Major Elliot und seine Männer, die sich den Weg zu ihren Kameraden bahnten? Oder war es der Versorgungszug, der in Gefahr war? Nein. Schnell wurde bekannt gegeben, dass der General angeordnet hatte, alle gefangenen Ponys und Maultiere zu erschießen, mit Ausnahme derjenigen, die zum Tragen der Gefangenen benötigt wurden. Achthundert wurden von vier Kompanien getötet, die für die Schüsse zuständig waren.


Das war grausam, aber im Krieg notwendig. Was konnte die Kolonne mit all diesen wilden Ponys und Maultieren anfangen? Die Indianer würden erbittert kämpfen, um sie zurückzuerobern; Ohne sie wären die Indianer schwer verkrüppelt. Also hatte der General sein Herz hart getroffen und den Befehl gegeben. Als das Feuer aufhörte, war die ganze Kolonne froh, denn das Töten von Pferden ist keine Soldatenarbeit.

Von Major Elliot und seinen Fünfzehn hatte man nichts gehört. Sie zu verzögern und aufzusuchen, könnte den Verlust der gesamten Kolonne und des Versorgungszuges bedeuten. Wie dicht wimmelte es von den Indianern! Kiowa, Comanche, Arapaho und Apache und Cheyenne versammelten sich in ihrer Kriegskleidung, um ihre Kameraden zu rächen. Auf den Gipfeln der

Hügel hatten sie Wachposten aufgestellt, um das umliegende Land und die nächste Bewegung der Eindringlinge zu beobachten.

Es war drei Uhr nachmittags. Die Schlacht hatte neun Stunden gedauert. Auf das Zeichen des Generals hin ertönte klar und trotzig der Signalhornruf „Vorrücken"; „Zum – verdammten – Marsch!" ertönte den Befehl.

Die schwersten Verwundeten und die in eine Decke gewickelte Leiche von Captain Hamilton befanden sich im Krankenwagen. Ned konnte auf seinem Pferd reiten; Und neben ihm ritt auf einem Pony die kleine Mary mit ihrem indischen Schmuck und ihrem weißen Mädchengesicht und Haar. Die Osage-Späher mit vielen Skalps – der trauernde Krieger, der jetzt wie die anderen Kriegsbemalung trug – führten; Die gefangenen Squaws und Kinder, auf Ponys, schlossen sich unter Bewachung hinten an. Scharmützler ritten an den Flanken.


So marschierte die Siebte Kavallerie in dichter Reihenfolge, mit wehenden Fahnen und Musikkapellen, als wollte sie die anderen Dörfer flussabwärts vom Schlachtfeld und der Lodge-Asche aus angreifen.

Die Indianer eilten davon, um zu retten, was sie konnten, bevor der gnadenlose Häuptling mit dem langen gelben Haar auch dort zuschlagen würde. Sie huschten das Tal hinunter und die meisten verschwanden. Aber das Gelbe Haar war schlau. Als die Dunkelheit hereinbrach, drehte er seine Männer um, ohne die anderen Dörfer angegriffen zu haben, und marschierte schnell bis zwei Uhr morgens auf dem Hinterweg. Die Männer ohne Mäntel und Rucksäcke litten darunter. Oberst West wurde losgeschickt, um den Waggonzug zu treffen und ihn zu verstärken; Der Rest der Kolonne lagerte um riesige Feuer herum, hier im Tal des Washita, bevor der Weg in Richtung des Kanadiers nach Norden abbog.

Die Osages hängten ihre erbeuteten Skalps an eine Stange vor ihrem Feuer und feuerten mehrere Salven auf sie ab. Am höchsten hing Black Kettles ergrauter Skalp, die Beute des stolzen jungen, tapferen Koom-la-Manche.

Diese Schießerei, erklärte California Joe, der alles wusste, sei durchgeführt worden, um die Geister des alten Black Kettle und der anderen zu vertreiben, die herumlungerten und versuchten, ihre Skalps zurückzuerobern.

California Joe war in großer Freude und redete ständig.

„Kämpfen?" er forderte eine allgemeine Antwort. „Nennst du das Kampf? Ich nenne es einen Scherz, der das Ungeziefer im Großen und Ganzen ausrottet. Ja, und das ist einer, den sie nie wieder tun werden, sage ich euch. Ich sage jetzt lieber, dass die Indianer sich freuen würden, für eine Weile damit Schluss zu machen."

Joe schien recht zu haben, denn der Morgen brach klar, kalt, aber friedlich an. Mittags wurde der Waggonzug wohlbehalten und unversehrt abgeholt. Hurra für Decken, Zelte und Vorräte.

In dieser Nacht ritten California Joe und Jack Corbin mit Depeschen los, in denen sie General Sheridan die Schlacht am Washita ankündigten. „Das würde eine lange, gefährliche Fahrt über Meilen feindlicher Winterlandschaft werden.

Den Verwundeten ging es gut. Sogar Oberst Barnitz, von dem angenommen wurde, dass er tödlich verwundet war, hatte alle Erschütterungen überlebt und würde sich den Berichten von Doktor Lippincott zufolge wahrscheinlich erholen. Neds Kopf schmerzte natürlich erheblich, und er konnte weder sein Signalhorn blasen noch das Auge auf der bandagierten Seite benutzen, aber er konnte reiten und würde bald so gut wie neu sein – bis auf die Narbe. Er und Mary hatten viel zu besprechen.

Als Camp Supply fast in Sichtweite war, kamen California Joe und Corbin sowie ein weiterer Späher angeritten und beantworteten die Meldungen vom Hauptquartier. Joe und Jack waren in sechsunddreißig Stunden durchgekommen und waren größtenteils nachts unterwegs; Da waren sie wieder.

An diesem Abend las Adjutant Moylan auf Anweisung von General Custer auf dem Wachposten, während alle Truppen in einer Reihe standen, die von General Sheridan erhaltene Depesche vor: „General Field Orders No. 6", datiert „Headquarters Department of the Missouri, in the Field"., Depot an der North Canadian, an der Kreuzung von Beaver Creek, Indian Territory, 29. November 1868."

Es verkündete offiziell die Niederlage „durch das Siebte Kavallerieregiment einer großen Streitmacht von Cheyenne-Indianern unter dem berühmten Häuptling Black Kettle, verstärkt durch die Arapahos unter Little Raven und die Kiowas unter Satanta, am Morgen des 27.". sofort, am Washita River, in der Nähe der Antelope Hills, Indian Territory;" und wie alle derartigen offiziellen Berichte über Einsätze in der Armee oder Marine berichteten sie über Verluste und Gewinne. Aber der letzte Absatz, den Adjutant Moylan mit eindringlicher Stimme vorlas, löste Jubelrufe aus den Reihen aus:

„Die Energie und Schnelligkeit, die während eines der schwersten Schneestürme, die diesen Teil des Landes heimgesucht haben, gezeigt wurden, bei Temperaturen unter dem Gefrierpunkt, sowie die gezeigte Tapferkeit und Tapferkeit, die zu solch einem bemerkenswerten Erfolg führten, spiegeln die höchste Anerkennung für beide wider." Offiziere und Männer der Siebten Kavallerie; und der kommandierende Generalmajor bedauert zwar den Verlust so tapferer Offiziere wie Major Elliot und Kapitän

Hamilton, die fielen, während sie ihre Männer tapfer anführten, möchte aber den Offizieren und Männern, die an der Schlacht am Washita beteiligt waren, und seinen Dank aussprechen Besondere Glückwünsche gelten ihrem angesehenen Kommandeur, Brevet-Generalmajor George A. Custer, für die effizienten und tapferen Dienste, die den Beginn des Feldzugs gegen die feindlichen Indianer südlich von Arkansas geprägt haben.

„Auf Befehl von

„Generalmajor PH SHERIDAN .“

"Hurra! Hurra! Hurra!" jubelten die Reihen. Es war schön, von einem Soldaten wie Phil Sheridan geschätzt zu werden.

Per Kurier wurde mitgeteilt, dass die Expedition am nächsten Tag Camp Supply betreten würde, und bald wusste jeder, dass der Einzug mit Stil erfolgen würde. Es gab einen geschäftigen Abend und frühen Morgen, der dem Reinigen von Waffen und Knöpfen und dem Flicken von Kleidung gewidmet war.

Der Tag war wunderschön. Die Sonne schien hell, der Schnee war geschmolzen, die Luft fühlte sich warm an. Pünktlich zur Mittagszeit erreichte die Spitze der Kolonne den Bergrücken, unter dem sich Camp Supply befand. Das fröhliche Abfeuern der Gewehre der Osages, die an der Spitze standen, verkündete, dass das Lager in Sicht sei.

Über den Kamm des Gebirgskamms und den langen, sonnigen Hang hinunter in das mit Zelten übersäte Tal marschierten die siegreichen Achthunderter, um sich einen Überblick zu verschaffen. General Sheridan und sein Stab warteten in voller Uniform auf ihren Pferden dort, wo die Kolonne vorbeikommen würde.

Zuerst ritten die Osage-Späher auf ihren tänzelnden Ponys. Sie und ihre Ponys waren bunt bemalt und mit roten und blauen Streifen, Federn und Schmuckstücken behängt; sie hatten ihre fröhlichste Pracht angelegt; Von ihren Speeren hingen Skalps – der Speer des jungen Koom-la-Manche, der den Skalp von Black Kettle schwenkte. Während sie ritten, schwangen sie ihre Waffen, feuerten ihre Gewehre ab und sangen wilde Triumphlieder. Der kleine Biber führte. Er versuchte, steif und stolz zu sitzen; aber einmal muss er sich auf die geschwollene Brust schlagen und laut schreien: „Sie nennen uns Amerikaner.“ Wir sind mehr. Wir sind Osages!“

Dahinter ritten in einer Reihe die weißen Pfadfinder, auch sie stolz, aber California Joe rauchte auf seinem alten Maultier wie immer seine schwarze Pfeife.

Dann kamen die Indianerfamilien und blickten neugierig, einige der Squaws und drei Kinder auf einem Pony, viele in scharlachroten und blauen Decken.

Dann ritten der General und sein Stab. Danach marschierte die Band und spielte „Garryowen". In Zugkolonnen folgten die Truppen, Rang für Rang, unter dem Kommando ihrer Offiziere.

Höher erklangen die Schreie und Gesänge der Osages; schneller California Joe zog seine Pfeife; Mitreißender spielte die Band. Waffen funkelten, die hellen Decken und die indianischen Ornamente aus Silber und Kupfer glänzten, die Säbel blitzten in einem „Geschenk", während die siegreiche Kolonne Reihe für Reihe vor General Sheridan vorbeizog und wiederholt seine Mütze hob.

Nicht zuletzt prominent bei der Zeremonie waren Ned und die anderen Verwundeten, die sich allesamt als Helden fühlten.

Als die Siebte ins Lager gegangen war, gab es auch hier beim Rendezvous eine tolle Zeit der Glückwünsche und des Händeschüttelns. In dieser Nacht führten die Osages einen gewaltigen Skalptanz auf, der bis zum Morgen andauerte und viele Menschen wach hielt.

# XVIII
# IN DAS LAND DER DAKOTAH

Die Siebte bezog ihr Lager etwa eine halbe Meile den Beaver Creek hinauf von der Baumstämme von Fort Supply aus. Am dritten Tag danach wurde die Leiche von Kapitän Louis McLane Hamilton unter einigen Pappeln am Ufer des Baches beigesetzt. Es war eine feierliche und zärtliche militärische Beerdigung; mit gedämpften Trommeln und langsamem Marsch durch die Kapelle, und im Krankenwagen ein grober Brettersarg, bedeckt mit der amerikanischen Flagge, und hinter dem Krankenwagen das Pferd des Kapitäns, mit einem schwarzen Tuch drapiert und mit dem leeren Sattel und den Kavalleriestiefeln auf dem Kopf stehend. Über dem Grab wurden drei Salven abgefeuert; Odell ließ „Taps" ertönen.

Die Nineteenth Kansas Volunteers hatten sich endlich durchgekämpft, nachdem sie durch Kälte und Hunger fast alle ihre Pferde verloren hatten. General Sheridan hatte nur auf die Kansas-Soldaten gewartet, bevor er selbst mit General Custer und allen anderen zu einem weiteren Wintermarsch gegen die Indianer aufbrechen sollte. Und er hoffte, Neuigkeiten über Major Elliot und fünfzehn Männer zu bekommen.

Es wurde jedoch beschlossen, die Gefangenen und Verwundeten nach Fort Hays zu schicken; und da Ned noch nicht dienstfähig war (der Pfeil hatte zwei große Löcher hinterlassen, eines über seinem linken Auge, wo er eingedrungen war, und das andere über seinem linken Ohr, wo er herausgekommen war), musste er nach Fort Hays er geht. Little Mary war natürlich auch dabei.

Am siebten Dezember, kaum eine Woche nach dem Einmarsch der Siebten, marschierten die berühmten „Ponysoldaten" zusammen mit der Infanterie oder den „Walk-a-Heaps" erneut aus. General Sheridan, den die Indianer „Little-Big-Short-Man-Ride-Fast" nannten, begleitete die Kolonne, aber „Old Curly" („Creeping Panther", „Strong Arm", „Long Yellow Hair") hatte das Kommando . Sie machten sich auf den Weg nach Süden. Denn nach Norden folgten die Invaliden und die Cheyenne-Gefangenen unter Eskorte.

Von dort kamen regelmäßig Berichte nach Fort Hays durch. Auf dem Marsch nach Süden war das Schlachtfeld der Washita erneut besucht worden. Zwei Meilen unterhalb des Black Kettle-Dorfes wurden in einem kleinen Raum gefrorenen Bodens die entstellten Leichen der verlorenen Major Elliot und Sergeant-Major Kennedy sowie der vierzehn anderen entdeckt. Stapel von Patronenhülsen zeigten, dass sie standhaft gekämpft hatten, bis sie einer nach dem anderen fielen. Die Indianer, die Black Kettle zu Hilfe eilten, müssen sie umzingelt haben.

Die Comanchen und Apachen versammelten sich im Reservat. Satanta und Lone Wolf, der Kriegshäuptling der Kiowa, wurden gefangen genommen, und alle Kiowas kamen herein. Das Gleiche galt für die Arapahos. Und nachdem sie dem Strong Arm, wie sie den General jetzt nannten, zwei junge weiße Frauen übergeben hatten, Mrs. Wilson und Miss White, taten dies auch die meisten Cheyennes.

Die Kampagne war ein Erfolg; Die Schlacht am Washita hatte die Stämme der Südwestebene zerschlagen.

An einem strahlenden Tag im März 1869 ritt die von der Reise erschöpfte Siebte Kavallerie zur Melodie von „Garryowen" fröhlich nach Hause in Fort Hays. Sie brachten mehr Cheyenne-Gefangene und mehr Geschichten.

Ein neuer Offizier hatte das Kommando in Fort Hays. Es handelte sich um General Nelson A. Miles, der gerade zum Oberst der Spitzenklasse der Fünften Infanterie ernannt worden war, aber im Bürgerkrieg war er Kavallerieoffizier gewesen. Er schickte seine fünfte Infanterietruppe (eine gute) los, um die siebte Infanterie zu begrüßen und sie mit „Garryowen" ins Lager zu eskortieren.

Ganz in Wildleder gekleidet und immer noch sein blaues Hemd mit breitem Kragen und den Sternen an den Spitzen sowie seine purpurrote Krawatte tragend, führte General Custer Dandy. Im Winter hatte er sich einen Bart wachsen lassen; von leuchtendem Rot und nicht sehr hübsch. Viele der Offiziere waren in Wildleder gekleidet. Die Wagen waren mit Trophäen wie Roben, Schilden, bestickten Hemden und wilden Waffen beladen. California Joe rauchte seine schwarze Pfeife.

Zurück am Big Creek, in der Nähe von Fort Hays, wo sie im Frühsommer 1867 ihr Lager aufgeschlagen hatte, konnte die Siebte Kavallerie eine lange Rast genießen; denn die Ebenen waren ruhig.

Mrs. Custer war aus Fort Leavenworth, wo sie gewartet hatte, geeilt; kam mit ihr, um sich dem „Gin'nel" anzuschließen, Eliza, der Köchin, und Henry, dem Negerkutscher. Es kamen Ehefrauen anderer Offiziere. Mrs. Miles, erst seit einem Jahr verheiratet, war bereits auf dem Posten.

Es sah so aus, als ob die indischen Probleme vorbei wären. Lediglich im Norden waren die mächtigen Sioux vom Weißen unabhängig. Aber sie hatten ihre eigene große Region, in der sie umherstreifen konnten und in der es Weißen verboten war.

Neds Wunde war schnell verheilt. Little Mary wurde bei einer freundlichen Familie in Leavenworth untergebracht. Die Siebte wurde im Winter 1869–1870 in Fort Leavenworth untergebracht; Den folgenden Sommer verbrachten sie in den Ebenen, wo sie Erkundungen und andere

Routinearbeiten erledigten, ergänzt durch die Büffeljagd, und im März 1871 wurden sie nach Kentucky und South Carolina versetzt. Hier sollten sie auf kleinen Posten dabei helfen, nicht autorisierte Whisky-Manufakturen und einen Geheimbund namens Ku-Klux-Klan aufzulösen, der in die Rechte der Bürger und Neger des Nordens eingriff. Dies war keine Soldatenarbeit wie der Dienst in der Ebene, und der Siebte war nicht besonders erfreut darüber.

Auch die Pfadfinder waren gut verstreut. California Joe war verschwunden. Berichten zufolge war er in die Berge gegangen. Wild Bill Hickok war von einigen widerspenstigen Soldaten angegriffen worden und aufgrund seiner schrecklichen Verteidigung mit seinen tödlichen Waffen war er gezwungen, Hays zu verlassen. Er war Marschall in Abilene geworden – einer weiteren rauen und rauen Stadt, weiter östlich an der Eisenbahnlinie. Romeo hatte in die Cheyennes eingeheiratet, mit denen er zusammenlebte. Buffalo Bill Cody wurde der Fünften Kavallerie zugeteilt.

Was Ned betrifft, so schien es ihm, dass er in der Nähe von Maria bleiben sollte. So wurde ihm seine (ehrenvolle) Entlassung aus der Armee gewährt und er erhielt eine Regierungsstelle in der Quartiermeisterabteilung von Fort Leavenworth. Hier konnte er sich in das Soldatenleben einmischen, das er liebte, und sich auch um Maria kümmern. Es ging ihr gut und sie wuchs zu einem großen Mädchen heran.

Einmal erhaschte Ned einen Blick auf den General, als dieser im Frühjahr 1872 mit dem Großfürsten Alexis von Russland von einer großen Büffeljagd in der Ebene zurückkehrte. Custer war von General Sheridan als seine Eskorte eingesetzt worden. Buffalo Bill war der Führer gewesen. Die Jagd war ein großer Erfolg und der Großherzog war sehr zufrieden.

Ein weiteres Jahr verging – und plötzlich verbreitete sich die Nachricht, dass die Siebte Kavallerie erneut das Feld erobern würde. Ihnen wurde befohlen, sich zu versammeln und als Regiment gemeinsam nach Fort Rice, inmitten der Sioux des Dakota-Territoriums, aufzubrechen.

Diese Nachricht reichte Ned. Es brachte sein Blut zum Kribbeln, es brachte seine Gedanken zum Tanzen, es erfüllte seine Augen mit Bildern vom Lager und vom Marsch und von einer wachen, geschmeidigen, soldatenhaften Gestalt, deren scharfe blaue Augen und lange gelbe Haare und ihre klare Stimme kein Junge jemals vergessen könnte , genauso wenig wie er die Kavallerieführer vergessen konnte, die ihm beim Angriff zuwinkten.


Ned meldete sich erneut mit der Bitte, ihn wieder dem Siebten zuzuteilen. Und da er ein „Veteran" war und die Siebte mehr Männer für den Felddienst brauchte, wurde ihm befohlen, sich bei seinem Regiment in Omaha zu melden. Dort wartete er Mitte März mit ein paar echten Rekruten am

Bahnhof, als der erste Teil des langen Zuges einfuhr, der die berühmte Siebte Kavallerie auf dem Weg von den Staaten zur beliebtesten Grenze beförderte.

Aus den Autos brodelten die blauen Blusen und die gelben Streifen! Da war der General – wie immer zuerst. Er trug die reguläre Arbeitsuniform statt Wildleder; er hatte sich die Haare geschnitten; Er schien weißer als in der Ebene, aber er war derselbe schnelle, mutige und aktive Geist. Und da war Mrs. Custer mit anderen Damen. Und da waren „Queen's Own" Cook – und Lieutenant Tom – und Captain Benteen – und alle alten Offiziere und mehrere neue. Und da ragten aus den Autofenstern und von den Stufen her bekannte Gesichter und Formen von Kameraden.

Ned muss sich beim Adjutanten melden, der sich als Leutnant Calhoun herausstellte. Dann könnte er von Freunden begrüßt werden. Er hatte sogar das Vergnügen, den General zu begrüßen und ihm die Hand zu schütteln, während der General und Mrs. Custer sich nach ihm und Mary erkundigten und sagten, sie seien froh, ihn wieder bei sich zu haben. Schließlich fand er Odell, der in der Band war; und von Odell könnte er alle Neuigkeiten erhalten.

„Nie mehr Schwarzbrenner jagen und Polizisten für die Sivinth spielen, b'gorry", erklärte Odell. „Du bist gut davongekommen, mein Junge; Und jetzt bist du gerade noch rechtzeitig zu uns gekommen. Sobald wir Yankton of Dakota erreichen, wo die Eisenbahn endet, geht es wieder ernst mit „Boots and Saddles", denn vor uns liegt ein 600-Meilen-Marsch. Glaube, scheint es nicht gut zu sein! Und das ist es, was wir alle wollen. Wir sind weich."

„Ich frage mich, was wir oben in Dakota machen werden", sagte Ned unverblümt. „Erkunden Sie die Gegend und beobachten Sie die Sioux?"

„Nun, es lohnt sich, sie zu beobachten, oder ich irre mich", erwiderte Odell. „Die Leute denken vielleicht, dass dieser kleine Krieg, den wir mit den Cheyennes führten, ein guter Kampf war. Aber ich sage euch, dort oben im Dakota-Land warten einige Kämpfe darauf, dass die Schlacht am Washita wie ein Scharmützel wirkt. Vierzigtausend Sioux werden in einem großen Land, das sie kennen und das wir nicht kennen, nicht so schnell verdrängt werden. Ich sage euch, diese Sioux sind die größte Indianergemeinschaft auf dem Kontinent. Es gibt keinen Unsinn über sie."

„Aber was ist überhaupt das Problem?" wagte es, einen der Rekruten zu fragen. „Wessen Land ist es?"

„Die Sioux", antwortete Odell. "Sicher; es gehört den Sioux. Stimmte die Regierung im Jahr 68 nicht per Vertrag zu, die Wagenstraße durch das Land zu sperren, die Forts im Powder-River-Land aufzugeben und es für immer den Sioux zu überlassen? Und schon schleichen sich nicht schon die Weißen ein, wann immer sie die Gelegenheit dazu haben, und die Bergleute sind nicht bereit, die Black Hills zu erkunden; und da die Northern Pacific Railroad Bismarck, Dakota, erreicht, ist es keine Wagenstraße, sondern eine Eisenstraße, die droht, den heiligen Boden zu durchqueren. Angesichts dessen und der schlechten Rationen, die in den Agenturen ausgegeben werden, kann ich es den Indianern nicht verübeln, dass sie sich beschweren. Faith, ich mag gegen sie kämpfen, aber sie haben mein Mitgefühl."

„Was ist das für ein Land im Norden?" fragte der Rekrut.

„Nun, es ist ein Badlands- und Hügelland, das in Flussbetten unterteilt ist, mit den Black Hills-Bergen in der südwestlichen Ecke und den angrenzenden Regionen Powder River und Yellowstone. Die Sivinth denken vielleicht, dass in den Ebenen von Kansas heiß und kalt wehte, mein Gott; aber dort oben ist ein Abschnitt, wo es neun Monate Winter und drei Monate Spätherbst ist und der Wind das Gras bis auf die Wurzeln wegbläst."

Ned, wieder ein Kavallerie-Trompeter, wurde der B-Truppe von Leutnant Tom zugeteilt. Natürlich konnte Ned nicht erwarten, noch einmal der Lieblingspfleger des Generals zu sein; Zumindest nicht sofort. Er war ein Mann und musste wie die anderen Männer seinen Platz einnehmen. Aber einer der schneidigen, unbeschwerten Trompeter von Tom Custer zu sein, kam dem des Generals am nächsten.

Leutnant Calhoun hatte Miss Margaret Custer, die Schwester des Generals, geheiratet. Sie und Mrs. Custer ritten mit dem General und seinem Stab an der Spitze der Kolonne. Unten in Kentucky hatte der General noch viele weitere Hunde eingesammelt; und hatte ein Vollblutpferd namens Vic gekauft, um dem treuen Dandy Gesellschaft zu leisten. Diesmal war Eliza, die schwarze Köchin, nicht gekommen; aber es gab noch eine andere schwarze Köchin namens Mary und einen schwarzen Kutscher namens Ham für die Reisekutsche, in die Mrs. Custer und Mrs. Calhoun manchmal umstiegen.

In einer langen, langen Zweierkolonne, gefolgt von den weißgedeckten Armeewagen, schlängelte sich die Siebte Kavallerie nach Norden über die Salbei-Ebenen von Dakota, die Weiden und Pappeln des schlammigen Missouri immer in Sichtweite.

# XIX
## Scouting unter den SIOUX

Fort Rice lag zehn Meilen oberhalb der Mündung des Cannon-Ball River und zwanzig Meilen unterhalb der neuen Stadt Bismarck. Rund um die schieferfarbenen Fachwerkgebäude erstreckten sich die Salbei-Ebenen von Dakota, scheinbar noch größer und karger als die sanften Büffelebenen von Kansas. Butte und Coulée oder Trockenwäsche haben sie kaputt gemacht; Die einzigen Bäume befanden sich entlang der Wasserläufe. Die Winde waren frisch und stark, die kurzen Sommer heiß, die langen Winter kalt. Es war ein Land, das starke, zähe und robuste Männer und Frauen hervorbrachte, und das waren die Sioux – die stolze Nation der Dakota.

Die Northern Pacific Railroad hatte von St. Paul aus Bismarck erreicht und war entschlossen, über Dakota und Montana vorzudringen, so wie die Union Pacific über Nebraska und Wyoming vorgedrungen war. Kaum war die Siebte Kavallerie in Fort Rice willkommen geheißen, bereitete sie sich schon darauf vor, den langen Weg erneut zu beschreiten, als Eskorte zum Schutz der Ingenieure, die eine Route nach Westen für die Eisenbahn untersuchten.

Als die Ingenieure der Northern Pacific Railroad mit ihrer Erkundung noch weiter nach Westen begannen, zählte ihre Eskorte fast 2000 Soldaten: von der Siebten Kavallerie, der Infanterie, der Artillerie und indischen Spähern, alle unter Generalmajor DS Stanley, mit General Custer als „ Long Hair" kommandiert die zehn Kompanien der Siebten.

Es sollte ein klarer Marsch durch West-Dakota zum Yellowstone River in Montana werden. Nur wenige weiße Männer hatten dieses Land gesehen.

Die indischen Pfadfinder waren keine treuen Osages oder Kaws. Sie waren Arikaras; ein kriegerischer Stamm, der zahlenmäßig kleiner ist als die Südindianer; Ihr Chefscout war Bloody Knife. Sie hassten die Sioux und die Crows of Montana auch. Die Sioux kämpften schon lange gegen die Arikaras und dringen heutzutage ständig in das Land der Krähen ein, um Skalps und Pferde zu holen.

Beim Siebten waren Dr. James Honzinger, der dicke, kahlköpfige alte Tierarzt des Regiments, und Mr. Baliran, der Post-Marketer, anwesend. Sie waren keine Soldaten, sondern Zivilangestellte und begleiteten die Expedition als Ausflug. Der General nahm Mary, die schwarze Köchin, für sein Chaos.

Es dauerte einen Monat, bis am 19. Juli der Yellowstone River in Montana erreicht wurde. Es kam ihm fast wie in alten Zeiten vor, als der General Dandy oder Vic vorausging, in seinen gefransten Wildlederstiefeln, seinen gefransten Handschuhen, seinem breitkrempigen Hut, seinem blauen Hemd und der purpurroten Krawatte und den hohen Stiefeln mit roten Spitzen; Die Hunde galoppierten nach rechts und links und es gab jede Menge Jagd.

Die Ingenieursgruppe und die anwesenden Wissenschaftler müssen sich langsam bewegen und viele Notizen machen. Dr. Honzinger und Herr Baliran bestanden darauf, abseits der Kolonne herumzureiten und Exemplare einzusammeln. Sie wurden gewarnt, dass dies eine gefährliche Praxis sei, doch sie beachteten sie nicht und weigerten sich sogar, Waffen zu tragen.

In der Nähe der Mündung des Powder River in den Yellowstone nahm der General Captain Moylans Kompanie und Leutnant Toms Kompanie sowie Bloody Knife, den Arikara-Späher, mit, um die vor ihm liegende Route zu erkunden. Es waren noch keine Indianer gesichtet worden; Aber jetzt, nach ein oder zwei Meilen, blieb Bloody Knife stehen, untersuchte den Boden und unterschrieb: „Hier sind Indianer vorbeigekommen."

Sie hatten also: neunzehn Sioux, nach dem neuen Schild. Sie mussten das Lager erkundet haben und waren weitergereist, um die Hauptkompanie der Krieger zu informieren.

Dennoch ritt das kleine Geschwader weiter, bis von den Klippen entlang des Yellowstone grün vor ihnen das wunderschöne Tal des Tongue River lag, der von Süden herauffloss. Der General gab den Befehl, in einer Gruppe von Pappeln ein Lager aufzuschlagen und auf die Kolonne zu warten. Mit abgesattelten, entbissenen und abgesteckten Pferden und aufgestellten Streikposten streckte sich das Kommando auf dem Boden aus, um sich auszuruhen. Die meisten Beamten lockerten ihre Kleidung und bereiteten sich auf ein Nickerchen vor.

Ned nickte im Halbschlaf, als er die vollkommene Ruhe durchbrach, alle zusammenzucken ließ und das „Bang!" aussprach. Knall!" der Karabiner der Streikposten.

„Indianer!" riefen die Stimmen der Streikposten.

Das Lager war auf den Beinen, spähte und blinzelte. Die Streikposten knieten und zielten; Und dahinter, über das offene Tal, ritt hinter den angebundenen Pferden eine kurze Reihe bemalter Reiter.

„Auf eure Pferde, Männer! Schnell! Zu euren Pferden! Laufen!" Der Befehl des Generals war so scharf wie der Knall einer Peitsche. Ohne Schuhe, Hut und Mantel stand er da, das Gewehr in der Hand.

Es waren nur ein halbes Dutzend Indianer zu sehen. Offensichtlich hatten sie vorgehabt, die Berge zu überrennen; aber sie hatten ohne ihren Gastgeber gerechnet. Die Siebte Kavallerie hatte schon zuvor Indianer getroffen. Die Soldaten stürmten hinaus, um die Lariate der Pferde zu ergreifen und die

Streikposten zu verstärken. Und als die Gruppe der Indianer plötzlich stehen blieb, rannte sie außer Reichweite hin und her und gestikulierte, als wollte sie die Soldaten auffordern, zu ihnen zu kommen und sie abzuholen. „Das waren Sioux, ihrer Kriegskleidung und Tatkraft nach zu urteilen", sagte Bloody Knife, und in seinen Augen glühten Hass und Verachtung.

Jetzt hieß es „Boots and Saddles" und „Mount". Der General nahm Adjutant Calhoun und Leutnant Tom sowie zwanzig Männer, darunter Ned, den Trompeter, und galoppierte kühn davon; Kapitän Moylan sollte folgen.

Die sechs Sioux konnten sich problemlos außer Reichweite halten. Wie jeder wissen sollte, versuchten sie nur, den weißen Häuptling durch List in einen Hinterhalt zu locken. So ging die Jagd weiter, das grasbewachsene grüne Tal hinauf.

„Ich nehme meine Ordonnanz und reite voraus, Tom", rief der General. „Vielleicht wird das den Plan dieser Schurken weiterentwickeln. Sie folgen uns im Abstand von etwa zweihundert Metern und sind bereit, hereinzustürmen."

Der General saß auf seinem Kentucky-Pferd Vic. Sergeant Butler, sein Pfleger, hatte auch ein gutes Pferd. Aber die Indianer ließen nicht einmal sie herankommen, da die anderen Soldaten so nahe bei ihnen waren. Sie waren schlau, diese sechs Sioux, und wussten, worum es ging.

Vorher befand sich links ein Stück Holz. Der General war stehen geblieben; hielt auch die sechs Indianer an. Der General ritt im Kreis, um zu verhandeln; Die sechs Indianer achteten nicht darauf. Nun kam Sergeant Butler mit einer Nachricht vom General zurück. Er salutierte vor Leutnant Tom.

„Das Kompliment des Generals, und er würde Ihnen vorschlagen, ein wachsames Auge auf die Baumgruppe dort zu haben", sagte der Sergeant.

„Sehr gut", antwortete Leutnant Tom.

Sergeant Butler galoppierte davon.

„Meiner Meinung nach ist dieses Unterholz voller Sioux, und diese sechs Böcke würden uns nur zu gerne vorbeiführen", sagte Adjutant Calhoun zu Leutnant Tom.

„Es wäre besser, wenn der General sich uns anschließt oder wir ihn", antwortete der Leutnant mit besorgtem Blick. „Er ist zu nah. Er ist haftbar —", aber aus der ganzen Distanz ertönte plötzlich ein Schrei.

Die sechs Sioux hatten sich umgedreht und griffen an, und wie im Handumdrehen waren ganze dreihundert andere aus dem Waldstück gestürmt. Mit voller Geschwindigkeit kamen sie, jubelnd und schießend, und in einer prächtigen Reihe. Offensichtlich waren diese Sioux hervorragende Krieger.

Alle Augen richteten sich auf den General. Er war herumgewirbelt, der Sergeant hatte sich herumgewirbelt, und sie spornten sie an, um ihr Leben zu retten. Sie waren dreihundert Meter vom Baumstamm entfernt, ihnen fast gegenüber, und zweihundert Meter von den Soldaten entfernt.

Die Linie der Sioux raste weiter und teilte sich, teils, um den General abzuwehren, teils, um hinter die Abteilung zu reiten und den von hinten kommenden Kapitän Moylan abzuwehren.

„Bereiten Sie sich auf den Kampf zu Fuß vor!" Es war die klare Stimme von Leutnant Tom.

Aus dem Sattel schwangen sich drei Männer aus jedem Trupp und überließ es Nummer Vier, die Pferde zu halten.

„Als Scharmützler, Männer! Schnell!" und „Gesellschaft – halt!" gab die Befehle. Es war keine Zeit für behördliche Anordnungen. Vor den Pferden waren die abgesessenen Männer hergelaufen, um in loser Reihe anzuhalten, niederzuknien und, ohne auf weitere Befehle zu warten, zu zielen.

„Schießen Sie nicht, Männer, bis ich das Wort gebe", sagte Leutnant Tom mit dem Revolver in der Hand hinter der Linie. „Tief zielen."

Die Sioux, der General und Sergeant Butler rannten aufeinander zu und schienen im Begriff zu sein, sich anzuschließen. Aber der General und der Sergeant schlugen. Sie würden zuerst ankommen. Gut!


Die Sioux waren gut in Reichweite. Ihre Kriegsbemalung und ihre Federn waren deutlich sichtbar. Es waren genug von ihnen, um über die kleine Kavallerielinie zu reiten und sie zu Tode zu trampeln. Ned kniete mit gezogenem Revolver am Ende der Reihe und spürte, wie er zitterte, obwohl er keine Angst hatte. Die Stimme von Leutnant Tom erklang.

„Lasst sie es haben!"

"Absturz!" rülpste die fünfzehn Karabiner. Und mit klugem Rasseln, als sich die Kammern öffneten, schlossen und nachluden, rülpsten sie erneut: „Crash!" Durch den Rauch schwankten und stürzten indische Reiter, Ponys streckten sich oder galoppierten wild; und auf beiden Seiten huschten die Sioux-Krieger umher.

"Knall! Knall-knall! Knall!" Zum dritten Mal brüllten die Karabiner. "Hurra! Yah! Yah!" lautstark jubelten die Soldaten. Als die Antwort kam, raste die Unterstützung von Kapitän Moylan mit voller Geschwindigkeit voran. Der

General atmete schwer und seine Augen leuchteten blau aus seinem rot verbranntem Gesicht. Auch der General war angekommen und gespannt.

„Bereiten Sie sich auf den Kampf zu Fuß vor!" schrie Kapitän Moylan.

Die Sioux waren zahlreich; es gibt nur wenige Soldaten; doch mit den Pferden, die von einem Halbkreis aus Scharmützlern geschützt wurden, fielen sie stetig in den Hain des Mittagsschlafs zurück. Doch selbst hier hätte es schwierig werden können – denn diese Sioux waren entschlossene Kämpfer –, als vier weitere Kompanien der Siebten Kompanie, die der weise General Stanley vorausgeschickt hatte, mit Jubelrufen und fliegenden Wegweisern nicht erschienen waren. Und die Sioux galoppierten davon.

Die Unternehmen brachten schlechte Nachrichten. An diesem Morgen, nachdem der General gegangen war, wurden entlang der Marschlinie die leblosen Körper von Dr. Honzinger und Herrn Baliran gefunden, die von Kugeln und Pfeilen durchbohrt worden waren. Die beiden Kumpane waren wie üblich umhergewandert und mussten zwei Meilen von der Hilfe entfernt gewesen sein, als Indianer – natürlich Sioux – sie niedergeschlagen hatten.

Auch zwei Soldaten wurden getötet, und es kam zu einer weiteren Schlacht – einer längeren, härteren Schlacht – mit weiteren Sioux am Yellowstone, bevor die Siebte in der letzten Septemberwoche wieder in die Kaserne zurückkehrte.

Dies waren neue Kasernen, der Posten von Fort Abraham Lincoln, die in diesem Sommer und Herbst neben dem Missouri, oberhalb von Fort Rice und gegenüber der Stadt Bismarck, dem Endpunkt der Eisenbahn, gebaut wurden.

Fort Abraham Lincoln gehörte der Siebten Kavallerie. Es war ihr Hauptquartier und beherbergte sechs Unternehmen. Die vier anderen Kompanien im Dakota-Dienst waren in Fort Rice stationiert.

Es war ziemlich langweilig, in dem langen, schneereichen Winter mit Minusgraden Soldat in Fort Lincoln oder Rice zu sein. Es kamen keine Züge nach Bismarck; Post und Vorräte müssen per Pferd und Schlitten ankommen. Für die Soldaten gab es kaum Reitübungen, und die Männer bewegten sich gut eingehüllt in Pelzmützen und Schuhen und Fäustlingen aus Büffelleder.


Draußen in der Nähe der Agenturen versammelten sich die freundlichen Sioux und warteten auf den Frühling. und weiter im Reservat hatten sich in ihren Dörfern die unfreundlichen Sioux unter dem Chefarzt Sitting Bull versammelt. Aber wer freundlich und wer unfreundlich war, ließ sich nicht sagen; so dass es niemandem auf dem Posten erlaubt war, außerhalb der Schusslinie umherzuwandern, außer aus geschäftlichen Gründen.

Die Arikara- oder Ree-Pfadfinder und ihre Familien lagerten am Rande von Fort Lincoln. Bloody Knife, der Chefaufklärer, war der Favorit des Generals. Der beste weiße Scout in Fort Lincoln war „Lonesome" Charley Reynolds. Er hatte dunkelblaue Augen mit langen Wimpern und kleine, feine Gesichtszüge. Er war leiser als sogar Will Comstock; und sprach selten, es sei denn, man sprach mit ihm. Er sah nicht wie ein Pfadfinder aus und verhielt sich auch nicht wie ein Pfadfinder, dennoch war er einer der mutigsten Männer des Westens.

Im Frühjahr kam ein weiterer Custer zu Besuch aus dem Osten: Boston Custer, der jüngste Bruder des Generals; ein dünner, blasser Junge, ungefähr im Alter von Ned, dem Trompeter. Er sah nicht gut aus, aber er erwartete, dass die frische Luft und das Leben im Freien in den westlichen Ebenen ihn stark machen würden.

Als die Quelle öffnete, war viel über die geheimnisvollen Black Hills gesprochen worden, die die Indianer Pah-sap-pa nannten. In den Zeitungen war viel auf die Black Hills verwiesen worden, und nun forderten die Grenzbewohner von Wyoming südwestlich davon und Dakota östlich davon, dass die Regierung Entdecker einlassen solle. Dies jedoch war Sioux-Land, das ihnen von den Vereinigten Staaten im Vertrag von 1868 garantiert wurde; und es war ein sehr liebes Sioux-Land.

„Sehen Sie", sagte Charley Reynolds in einem der Momente, als er mit den Männern sprach, „es ist so. Nun, ich war noch nie in den Black Hills – weit weg, meine ich. Ich habe keinen Zweifel daran, dass dort Gold ist. Für mich sehen die Felsen so aus; und Fallensteller und auch die Indianer sagen, es gäbe Gold. Aber es ist ein Medizinland. Die Indianer sagen, dass diese Berge voller böser Geister sind, die nicht gestört werden dürfen. Tatsache ist, dass es das einzige gute Land ist, das die Sioux haben. Viel Holz und gutes Wasser und Gras; sowohl ein Sommer- als auch ein Winterland; und die Sioux wollen es nicht aufgeben. Man kann ihnen keine Vorwürfe machen. Sie wissen, dass, sobald die Bergleute dort eindringen, das Wild verscheucht oder getötet, Holz abgeholzt, Wasser verdorben und die Indianer vertrieben werden. Sie beobachten, wie diese Region mächtig nah kommt."

„Ich denke, Sie haben Recht", stimmte Sergeant Butler zu, und auch Odell nickte. „Aber ich wette meinen Büffelmantel gegen eine Pfeife voll Tabak, dass die Regierung nicht zulassen wird, dass diese Black Hills unerforscht bleiben. Die Armee muss eine Karte dieses Reservats haben, damit wir im Notfall wissen, wohin wir gehen. Wenn sich die Indianer dann in die Black Hills zurückziehen, können wir ihnen folgen."

Tatsächlich verbreitete sich, als die Ebenen mit Gras grün wurden, die Nachricht, dass die Siebte Kavallerie die 200 Meilen südwestlich entfernten Black Hills in Luftlinie erkunden sollte.

Die Befehle wurden am 8. Juni vom Hauptquartier des Department of Dakota in St. Paul auf Befehl von Brigadegeneral Alfred H. Terry, dem Kommandeur des Departments, erteilt. Die vier Kompanien der Siebten Armee sollten von Fort Rice nach Fort Lincoln vorrücken, und alle zehn Kompanien sollten gemeinsam das Feld einnehmen. Es würde „Teigjungen" oder „wandelnde Soldaten" geben; G-Kompanie der Siebzehnten Infanterie und I-Kompanie der Zwanzigsten; ein Trupp Armeeingenieure unter Kapitän William Ludlow; General George A. Forsyth, der berühmte „Sandy" Forsyth der Insel, kämpfte mit Roman Nose in der Nähe der Forks of the Republican; Charley Reynolds, der Pfadfinder; Skunk Head und Bull Bear und andere Rees unter Bloody Knife; und einige Santee Sioux, deren Hauptführer Goose und „Jo Lawrence" waren.

Boston Custer, oder „Bos", kündigte an, dass er gehen würde; und vor dem Start trafen zwei von der Regierung engagierte Wissenschaftler ein: Professor NH Winchell, der Staatsgeologe von Minnesota, und Herr George Bird Grinnell aus New Haven, Connecticut, der über die Fossilien und Tiere berichten sollte. Ein Fotograf von St. Paul kam, um unterwegs Fotos zu machen; und eine Reihe ziviler Bergleute schlossen sich der Kolonne an, um nach Gold zu schürfen.


Der Start erfolgte am 2. Juli. Die Expedition muss innerhalb von sechzig Tagen zurückkehren. Es bot einen beeindruckenden Anblick: Insgesamt etwa 1000 Männer mit drei Gatling-Geschützen und einer 3-Zoll-Gewehrkanone, 110 Armeewagen und Krankenwagen sowie die vierzig Custer-Hunde!

Agard, der Dolmetscher, und Charley Reynolds sagten, die indianischen Späher hätten erwartet, dass die Weißen es nicht wagen würden, direkt in die geheimnisvollen Black Hills vorzudringen. Der General lachte.

Der Marsch war fast ein Picknick. Wer jagen wollte, hatte reichlich Gelegenheit, Antilopen und Hirsche zu jagen. Die Wissenschaftler waren damit beschäftigt, Steine und Tiere zu untersuchen. Bos Custer war ein großer Favorit. Natürlich war er ein Zartfuß, denn dies war seine erste Erfahrung in der Ebene. Der General und Colonel Tom, seine Brüder, spielten viele Witze über ihn, um seinen Mut auf die Probe zu stellen und sich lustig zu machen; aber er nahm alles so gutmütig auf und machte sich so nützlich, dass man ihn sehr mochte. Der General war wieder in seinem

Element: Er war in Hirschleder gekleidet, galoppierte auf Vic oder Dandy, sprach Gebärdensprache mit Bloody Knife, Bull Bear, Skunk's Head und Goose und holte sich viele Informationen von den Wissenschaftlern.

Nach 300 Meilen, laut Kilometerzähler oder Messrädern des Wagens der Ingenieure, am 20. Juli durch eine kleine Schlucht änderte sich der Kurs plötzlich von trockener, brennender Prärie zu knietiefem grünem Gras, reifenden Stachelbeeren, wilden Kirschen, kühlen Brisen und kristallklarem Wasser . So sahen die schrecklichen Black Hills im Inneren aus. Jetzt wollten sogar die Pfadfinder weitermachen. Noch nie hatte jemand im Kommando ein so bezauberndes Land gesehen.

Von Norden nach Süden und von Süden nach Norden marschierte die Kolonne durch die Black Hills. Die Soldaten jagten und schliefen, die Wissenschaftler suchten nach Wissen, die Bergleute suchten nach Gold. Sie fanden eine beträchtliche „Farbe", die sie im Lager aufgeregt zeigten; aber sie führten keine großen Angriffe durch. Professor Winchell, der Geologe, war der Meinung, dass hier nicht viel Gold verborgen sei; Allerdings überzeugte er weder die Bergleute noch die Soldaten.

Von den Sioux gab es keine Schwierigkeiten: Die gesamte Expedition war ein voller Erfolg, ohne Probleme; und ihre Wagen und Sättel hoch beladen mit Hörnern, Fellen und anderen Exemplaren, um halb vier Uhr am Nachmittag des 30. August, dem sechzigsten Tag auf den Punkt, schwang die zerfetzte, aber glückliche Kolonne erneut ihre Hüte nach Fort Abe Lincoln.

# XX
# REGEN IM GESICHT schwört Rache

Der Winter 1874–1875 brach in Fort Lincoln ein, genau wie der lange, kalte, schneereiche Winter des Vorjahres. Jetzt waren es wieder Büffelschuhe, Fäustlinge und Pelzmützen; kurze Übungen und ziemlich lange Zeitspanne. Die Sioux unter Sitting Bull und Crazy Horse blieben irgendwo in den Tiefen des riesigen Reservats. Sie weigerten sich, wie die anderen Indianer, in die Agenturen zu kommen; und alle Vorräte, die sie bekamen, wurden ihnen von ihren Freunden gebracht. Die Sioux nannten General Custers Spur in die Black Hills „Diebesspur". Sie hatten vielfach dagegen protestiert. Aber weiße Abenteurer waren sehr aufgeregt und planten offen, dorthin zu gehen, um nach Gold zu suchen. Schon war eine Gruppe aus Missachtung der Regierung und der Indianer ausgezogen und befand sich irgendwo in den Bergen. Die ihnen nachgeschickten Soldaten konnten sie nicht finden.

Dies war jedoch nicht der größte Aufreger in Fort Lincoln. Als der Dezember zu Ende ging, wurde Kapitän Yates plötzlich der Befehl erteilt, drei Offiziere und einhundert Mann mitzunehmen und sich auf einen Späher zu begeben. Leutnant Tom Custer war einer der Offiziere; und als Trompeter von Leutnant Toms Truppe wurde Ned für den Marsch eingesetzt.

Das schien in der Ferienzeit ziemlich schwierig zu sein; denn das Wetter war durchdringend kalt und es wehte ein scharfer Wind. Aber es war auf jeden Fall eine Abwechslung zum eher langweiligen Garnisonsalltag.

Niemand in den Reihen schien zu wissen, wohin die Kolonne ging oder warum sie ging. Charley Reynolds war der Führer.

Die Route führte nach Süden, entlang des Missouri, wobei die Offiziere und Soldaten bis zur Nase in wärmste Kleidung gehüllt waren, ob vorschriftsgemäß oder nicht. Fort Rice, zwanzig Meilen, wurde passiert; und es lagen noch zwanzig Meilen zurück, bevor die Offiziere bei einem kurzen Halt offenbar einige Befehle berieten, die Kapitän Yates erteilt hatte. Er und Leutnant Tom und die anderen beiden Offiziere murmelten und nickten. Bei „For'rd – marschieren!" Die Viererkolonne zog weiter.

Vor uns, dreißig Meilen oder siebzig Meilen unterhalb von Fort Abraham Lincoln, befand sich die Standing Rock Agency für die Unkpapa- und Yanktonais-Sioux. Am dritten Tag des Marsches tauchten die Bürogebäude in Sichtweite auf. Direkt außerhalb des Agenturgeländes schlug die Kolonne ein provisorisches Lager auf, um die Nacht zu verbringen.

Es waren viele Sioux unterwegs, denn es war Zeit für die Ration, und sie versammelten sich aus ihrem zehn Meilen flussabwärts gelegenen Dorf, um ihr Rindfleisch und andere Vorräte zu holen.

Nun wurde durch das Lager berichtet, dass die Expedition mit dem Ziel durchgeführt worden sei, einige Sioux zu fangen, die im Sommer zuvor einen Weißen am Red River im Norden getötet hatten. Das scheint richtig zu sein; denn nach dem Frühstück wurden vierzig der Soldaten nach Süden in das Dorf geführt, wo Gerüchten zufolge die Mörder sein könnten. Dies schien eine eher dumme Arbeit von Captain Yates und Lieutenant Tom zu sein. Natürlich würden die anderen Sioux die Ankunft der Soldaten sehen und die Mörder warnen, sich zu verstecken.

„Boots and Saddles" war es jedoch für das gesamte Lager. Nachdem die Abteilung davon getrottet war, brachte Kapitän Yates den Rest der Kompanie zur Agentur. Sie wurden kurz vor dem Postladen angehalten.

Es war voller Indianer, die Handel trieben. Sie stolzierten ein und aus, alle in Büffelroben oder Regierungsdecken in Rot, Blau und Grau gehüllt. Kaum ein Gesicht war zu sehen. Leutnant Tom stieg ab und winkte fünf seiner Soldaten gemächlich ein. Er blieb drinnen, als würde er mit dem Händler plaudern.

„Beruhigen Sie sich", befahl Captain Yates dem Sergeant der Truppe draußen. So konnte der Rest der Kolonne absteigen, die Beine ausstrecken und die Arme schwingen und neugierig die vielen verhüllten Indianer beobachten. Auch das war eine schwierige Arbeit. Und doch lag etwas in der Luft. Offensichtlich hatten Kapitän Yates und Leutnant Tom einen Plan im Ärmel.

Drei Stunden vergingen – und nun entstand plötzlich ein großer Aufruhr. Aus dem Laden kamen schnelles Gerangel und scharfe Befehle. Hohe, anschwellende, wütende Stimmen in kehligen Sioux-Sprachen; Die Indianer draußen begannen zu rennen.

„Comp'ny – 'ten' *meiden* ! Montieren!" schrie Kapitän Yates. „Stellt euch direkt in die Reihe – marschiert! Vorwärts – marschieren! Traben – marschieren! Comp'ny – halt!"

In einer Schlange standen sie vor der Tür der Agentur. Ein Indianer drinnen sprach laut, als würde er zu den Waffen rufen. Mindestens fünfhundert Indianer kamen mit ihren Gewehren angerannt; Und durch die Tür wurde ein weiterer Indianer zwischen zwei der Soldaten geschoben, die Arme auf dem Rücken gefesselt, die Decke von seinem stolzen, gutaussehenden, ernsten Gesicht gefallen. Nur in seinen Augen blitzte Trotz auf. Zwei Soldaten machten den Weg frei; Leutnant Tom und der fünfte Soldat folgten.

„Regen im Gesicht!" sagte jemand beiseite, in den Reihen; und der Name wanderte nach rechts und links. Das war Rain-in-the-Face, ein bekannter Unkpapa-Krieger, der von Leutnant Tom verhaftet worden war.

„Vorwärts – Karabiner!" schrie Kapitän Yates über den Tumult hinweg; und die Karabinerkolben wurden sofort mit der Mündung nach oben auf die Oberschenkel gelegt. Dies war ein „Bereit" für schnelles Handeln.

Der indische Redner schrie und drängte immer noch; die anderen Indianer drängelten und brüllten, und von allen Seiten wuchs die Menge. Für die kleine Kavalleriekompanie sah es schlecht aus.

Rain-in-the-Face leistete keinen Widerstand. Er wurde auf ein Pferd gehoben und von einer Soldatenwache umringt, die vor den finsteren Blicken und Drohungen der Umgebung keinen Zentimeter nachgab.

Allmählich, als Kapitän Yates nun über den Postdolmetscher mit den Indianern sprach, ließ der Tumult nach. Sie wussten, dass bei einem direkten Kampf auf der Stelle viele von ihnen getötet werden würden; und sie wussten, dass Rain-in-the-Face aus gutem Grund verhaftet worden war. Kurz darauf begannen sie, in ihr Dorf zu eilen, um dort zu powwowen und vielleicht Verstärkung zu holen.

„Vier richtig – marschieren! Kolonne rechts – marschieren!" befahl Kapitän Yates; und mit Rain-in-the-Face in der Mitte rückte die kompakte Kavalleriekolonne aus der Agentur heraus.

Als wir im provisorischen Lager direkt vor der Tür Halt machten, wussten alle schnell, warum Rain-in-the-Face verhaftet worden war. Ein paar Wochen zuvor veranstalteten die in der Agentur versammelten Sioux einen großen Tanz, bei dem die Krieger ihre größten Taten vorgetragen hatten. Sie sprachen auf Sioux, aber Charley Reynolds, der Kundschafter, saß in der Nähe und beobachtete. Er verstand Sioux. Als Rain-in-the-Face den Kreis betrat und mit seiner Karriere prahlte, spitzte Charley plötzlich die Ohren, ließ sich aber nicht anmerken, dass er es gehört hatte; denn Rain-in-the-Face prahlte damit, dass er anderthalb Jahre zuvor zwei weiße Männer getötet hatte.

Einer war ein dicker Mann ohne Haare; Er hatte ihn von seinem Pferd aus erschossen und war mit der Kriegskeule fertig. Der andere war ein jüngerer Mann, der Begleiter des dicken Mannes, der in einer Baumgruppe Zuflucht gesucht hatte. Er hatte für den Frieden unterschrieben und seinen Hut angeboten; aber auch er war erschossen worden, mit Kugel und Pfeil. Es wurden keine Skalps entnommen, da der dicke Mann eine Glatze hatte und der andere Mann sehr kurze Haare hatte.

Dann wusste Charley Reynolds, dass er einen der Mörder des Tierarztes Honzinger und des Sutler Baliran gefunden hatte, der harmlos und unbewaffnet auf der Yellowstone-Expedition im Sommer 1873 getötet worden war. So schnell er konnte, schlüpfte Charley heraus und eilte mit ihm Neuigkeiten an General Custer in Fort Lincoln.

General Custer hatte die Nachricht geheim gehalten, damit die Sioux nicht beunruhigt waren und Rain-in-the-Face eine Nachricht schickten. Er galt als mächtiger Krieger, denn er hatte einen Rekord aufgestellt, indem er vier Stunden lang in einer Sonnentanzzeremonie an Seilen hing, die an Schienen befestigt waren, die durch seine Brust und seinen Rücken gesteckt wurden. Er hatte fünf bekannte Brüder – Bear's Face, Red Thunder, Iron Horn, Little Bear und Shave Head: allesamt Krieger. Was auch immer zu tun war, musste also mit List geschehen. Und so war es geschehen.

Dort im Agenturladen wartend, bis die Indianer einen Blick auf ihre Gesichtszüge werfen würden, als Rain-in-the-Face schließlich seine Decke fallen ließ, hatte der kleine Leutnant Tom ihn mit einem Satz von hinten um beide Arme gewickelt.

In Fort Lincoln gestand Rain-in-the-Face die Morde. Er rechnete offensichtlich damit, sofort gehängt zu werden, denn er war schwarz gekleidet. Sein Bruder Iron Horn und andere führende Sioux versuchten, ihn zu trösten, und im Rat mit dem General flehten sie für ihn. Aber alle Aktionen und Gespräche wurden in einer feierlichen, würdevollen Art und Weise geführt, wie es sich für die große Sioux-Nation gehörte.

Während der General auf konkrete Befehle des Kriegsministeriums wartete, muss Rain-in-the-Face im Wachhaus eingesperrt werden. Hier blieb er fast vier Monate. Er blieb immer ruhig, immer stolz und schaute niemanden an, als er an einen anderen Gefangenen gekettet hin und her gehen durfte, um sich zu bewegen.

Am frühen Morgen im April verbreitete sich ein Alarm, vom Wachposten bis zu den Offizieren. Durch ein von weißen Gefangenen in die Holzwand gebohrtes Loch hatte sich Rain-in-the-Face davongeschlichen. Er erschien nicht bei der Agentur. In den umliegenden Lagern wurde er nicht gefunden. Doch schon bald sandte er von Sitting Bulls Feindbande weit oben am Yellowstone River in Montana von Mund zu Mund, von Sioux zu Sioux, eine Nachricht. Charley Reynolds selbst war Autorität.

„Rain-in-the-Face sagt", berichtete Charley, „um dem Langhaar und dem Bruder des Langhaars zu sagen, dass er ihnen das Herz herausschneiden wird, weil sie einen großen Krieger ins Gefängnis gesteckt haben."

# XXI
# SITTING BULL SAGT: „COMM ON!"

In diesem Sommer 1875 unternahm die Siebte Kavallerie keinen regulären Feldzug oder Expedition. Die wenigen Monate wurden mit Übungen in Fort Lincoln und Fort Rice sowie mit kurzen Erkundungs- und Übungsfahrten verbracht. Es war jedoch nicht abzusehen, wann das gesamte Regiment so schnell wie möglich abgezogen werden würde. Die Sioux murmelten ständig; und laut Charley Reynolds und anderen Personen, die wussten, ging es ihnen im Umfeld der Pfosten „schlecht".

Sitting Bull und Crazy Horse befanden sich noch außerhalb des Reservats, in ihrem eigenen Land am Powder River und in der Big Horn-Region; aber selbst Red Cloud und Spotted Tail, die als erste den Vertrag von 1868 unterzeichnet hatten und damit dem Vorbehalt von Dakota zustimmten, beklagten sich heftig über die unfaire Behandlung.

Red Cloud hatte behauptet, dass den Sioux ihre Vorräte geraubt würden; Einige der von der Regierung verschickten Vorräte erreichten sie nie, andere waren unbrauchbar. Eine Untersuchung ergab, dass Red Cloud die Wahrheit gesagt hatte.


Die Northern Pacific Railroad hatte in Bismarck angehalten, aber die Vermessungen in ganz Dakota waren durchgeführt worden, was auch die Sioux verärgerte. Sie hatten verstanden, dass kein weißer Mann ohne ihre Erlaubnis das Reservat durchqueren sollte. Und natürlich gab es die Probleme mit den Black Hills.

„Nun, was denkst du heutzutage, Charley?" lud Odell ein, als der Sommer weiterging und nur Gerüchte die Luft erfüllten. „Es wird spät für den Krieg, bis zum nächsten Jahr; nicht wahr? Aber ich habe gehört, dass es in den Black Hills tausend Bergleute gibt und sie eine Stadt gegründet haben, die sie Custer City nennen."

„Lonesome" Charley Reynolds zog langsam an seiner Pfeife und blickte mit seinen ruhigen, düsteren dunkelblauen Augen vor sich hin.

„Wenn es Büffel gegeben hätte, hätte es Krieg gegeben", antwortete er. „Aber der alte Red Cloud war schlau genug, Läufer auszusenden und die Büffel zu zählen, und es gab nur sehr wenige Läufer. „Meiner Vorstellung nach wurden in den Ebenen insgesamt, im Norden und im Süden, sechs bis acht Millionen Büffel von Weißmarktjägern abgeschlachtet. Der Büffel ist die Nahrung der Sioux und Cheyenne. Red Cloud sieht, dass die Sioux, nachdem die Büffel verschwunden sind, den Weißen wegen ihres Fleisches verpflichtet sind; Sie können den Krieg nicht lange führen; und deshalb bevorzugen Red Cloud und Spotted Tail statt eines Kampfes den Verkauf der Black Hills an die Regierung. Die Weißen haben sowieso die Hills. Die Grundstücke in Custer City, die sie verkaufen, sind Indianerland. „Es ist nicht gerecht und richtig – aber es ist die Art des weißen Mannes." Solange wir das Land nicht wollen, können die Indianer es haben; aber wenn wir es wollen, dann finden wir einen Weg, es zu bekommen."

Es gingen Berichte über einen großen Rat ein, der am 17. September in Crow Butte, in der Nähe der Red Cloud-Agentur an der Nordgrenze des Nordwestens von Nebraska, abgehalten wurde. Hier trafen die Vereinigten Staaten auf die Sioux-Nation und die nördlichen Cheyennes und Arapahos, um sie gegen die Black Hills einzutauschen. Ein Teil der Indianer wollte verkaufen, ein Teil nicht. Sie bezeichneten Pah-sap-pa als ihr „Haus aus Gold".

Die Vereinigten Staaten boten ihnen 400.000 Dollar pro Jahr, solange die Weißen die Hills haben wollten; und bot den Kauf für 6.000.000 US-Dollar an. Die Sioux lachten. Sie verlangten etwa 30.000.000 Dollar, etwa 60.000.000 Dollar; oder „Unterstützung für jeden Indianer, solange die Sioux leben."

Little Wolf, Cheyenne-Häuptling, sagte:

„Aus diesen Hügeln wurde bereits viel gestohlen. Wenn der Große Vater dieses reiche Land von uns bekommt, sollte er uns gut dafür bezahlen. Dieses Land ist mehr wert als alle wilden Tiere und alle zahmen Tiere, die die Weißen haben."

Sagte Krähenfeder, Sioux:

„Selbst wenn unser großer Vater jedem Indianerhaus jedes Jahr hundert verschiedene Arten von Vieh geben würde, würden sich die Black Hills damit nicht finanzieren. Ich bin hier nicht zum Spaß geboren und aufgewachsen. Ich hoffe, der Große Vater wird hinschauen und sehen, wie viele Millionen Dollar aus diesen Black Hills gestohlen wurden; und wenn er es herausfindet, möchte ich, dass er uns das bezahlt. Und wir werden nicht zulassen, dass Weiße auf vielen Wegen hereinkommen. Der Weg der Diebe, den das lange gelbe Haar gemacht hat, reicht aus. Das können wir beobachten."

Die Vereinigten Staaten haben die Black Hills – die Pah-sap-pa der Sioux und Cheyennes – also nicht gekauft oder gepachtet. Ned hörte auf dem Posten viele Argumente dafür und dagegen; aber er konnte nicht sehen, dass die Indianer viel im Unrecht hatten.

Die Regierung war jedoch der Ansicht, dass auch bei ihr eine Beschwerde vorliege. Draußen im Powder River und Big Horn-Gebiet, abseits des

Reservats, gab es Sitting Bull und Crazy Horse. Der Vertrag besagte, dass diese schöne Region im Nordosten von Wyoming und im Südosten von Montana von der Dakota- und Nebraska-Linie bis zu den Big Horn Mountains ausschließlich Indianerbesitz war und Sioux-Jagdgebiete sein sollte, solange es etwas zu jagen gab. Hier reichten die freien Bands von Sitting Bull und Crazy Horse; aber die Weißen von Wyoming und Montana betrachteten diese Rover als gefährlich, und die Crows, die versuchten, friedlich in ihrem Reservat westlich der Jagdgründe zu leben, erklärten, dass der Jäger Sioux ihre Pferde gestohlen habe.

„Wenn diese Sioux von der Jagd auf Büffel auf die Jagd auf Skalps oder Pferde umsteigen, werden sie sie, wenn sie sie an einem Ort nicht finden können, an einem anderen suchen", beklagten sich die Weißen – von denen einige das Powder River-Land eher für sich begehrten.


„Wir könnten genauso gut rausgehen und kämpfen wie früher", beklagten sich die Crows, „anstatt gute Indianer zu sein, denn wir haben nichts davon, wenn andere Indianer uns stehlen dürfen."

Unter den Sioux wurde es zu einem beliebten Brauch, dass ihre jungen Männer die Grenzen der Reservate hinter sich ließen, sich den freien Banden anschlossen und eine gute Zeit hatten, bis sie beschlossen, in die Agenturen zu kommen, um Nachschub zu holen.

Alles in allem verliefen die Angelegenheiten zwischen der Sioux-Nation und der Nation der Vereinigten Staaten nicht zufriedenstellend. Noch vor Mitte Dezember wurde in Fort Lincoln bekannt, dass die Regierung Sitting Bull und den anderen Banden befohlen hatte, vor Ende Januar in das Reservat einzudringen, andernfalls würden sie die Konsequenzen tragen.

„Huh!" grunzte Odell, als die Nachricht auf dem Weg zu den verschiedenen Behörden Fort Lincoln erreichte. „Das bedeutet Krieg."

„Ja, und wahrscheinlich auch ein Winterfeldzug", warf Sergeant Butler von Neds Kompanie ein. „Noch ein Washita zum Siebten!"

„Werden Sitting Bull oder Crazy Horse nicht reinkommen, meinen Sie?" fragte Ned besorgt.

„Charley sagt, das werden sie nicht", sagte Sergeant Butler und deutete mit dem Kopf auf den Späher.

Charley saß entspannt im Kasernenraum am Herd.

„Nein, das werden sie nicht", beteuerte er ruhig. „Warum sollten sie? Sie haben ihr eigenes, von der Regierung garantiertes Gelände, auf dem sie leben und jagen können. Darüber hinaus wird sich ihnen die Hälfte der Sioux-

Nation anschließen. Ich habe großen Respekt vor Sitting Bull. Er ist heute die größte Macht im Sioux-Land, obwohl er kein Häuptling ist."

„Kennen Sie ihn, Charley?" fragte Ned.

"Ja ich kenne ihn. Er ist ein kleiner, stämmiger Indianer mit einem breiten, heimeligen Kopf, braunem Haar und einem hellen, pockennarbigen Teint. Nur Indianer, die ich je gesehen habe, hatten braunes Haar. Sein Sioux-Name ist Ta-tan-kah-yo-tan-kah. Er ist ein Unkpapa und sein Name als Junge war Jumping Badger, bis er einen Coup gegen einen Krähenkadaver zählte und den Namen seines Vaters annahm. Er ist kein Häuptling oder Sohn eines Häuptlings, außer einem Unterhäuptling, aber er ist der klügste lebende Sioux. Die Kriegshäuptlinge halten nicht viel von ihm. Seine Spezialität ist die Herstellung von Medikamenten und das Erraten, was passieren wird. Er kann auch gut raten. Und er kann wirklich den menschlichen Charakter erkennen."

„Wird er nicht kämpfen?"

„Oh, er hat einige Kämpfe abgeliefert, auf Indianer-Art. Oben in Buford (Fort Buford) haben sie einen alten Kader der 31. Infanterie, der Sitting Bull gehörte und den ein anderer Indianer ihm gestohlen hat. Er hatte es sich mit sich selbst und seinen Morden und Diebstählen vorgestellt. Er war also ein Krieger; aber unter den anderen Indianern gilt er als großer Mediziner und nicht als Mann wie Crazy Horse oder Gall oder Red Cloud; außer dass er die Weißen hasst und es immer tun wird, schätze ich."

„Kennst du Crazy Horse auch, Charley?"

„Ja, ich kenne Crazy Horse. Er ist ein Oglala Sioux, aber seine Gruppe besteht hauptsächlich aus nördlichen Cheyennes. Crazy Horse ist ein Kämpfer, das stimmt. Darauf können Sie wetten. Häuptling Gall ist jedoch ihr General. Neben ihm steht Krähenkönig. Wenn wir uns streiten, werden Gall, Crow King und Crazy Horse die Planung übernehmen und Sitting Bull die Prophezeiungen übernehmen und sie anspornen."

„Wir können sie trotzdem schlagen." Das war die selbstbewusste Stimme von Boston Custer. „Bos" war zum Futtermeister ernannt worden, daher zählte er sich nun zum Regimentsmitglied und war stolz darauf. Manchmal verkehrte er gerne unter den Soldaten und war einer von ihnen, auch wenn sein Bruder der kommandierende Offizier war.

„Vielleicht ja, vielleicht auch nicht", überlegte Charley Reynolds nüchtern. „Dieses Land der Bad Lands ist ein Schrecken, den man durchqueren muss. Diese Indianer sind auch besser bewaffnet als die Soldaten; mit Springfields, Winchesters und Remingtons, die sie direkt von den Agenturen bekommen

– zusammen mit reichlich Vorräten. Wenn du gegen diese Sioux antrittst, mein Sohn, wirst du wissen, dass du in einer schwierigen Lage warst."

Die Wochen vergingen. Bis zum ersten Februar waren die Bands Sitting Bull und Crazy Horse noch nicht im Reservat angekommen, und offensichtlich hatten sie auch nicht die Absicht, dort einzukehren. Eines Tages erschien in Fort Lincoln der alte Isaiah, ein Negerdolmetscher, der eine Sioux-Frau geheiratet hatte und dort lebte bei der Agentur Standing Rock.

„Nun, Isaiah, wo ist der Rest deiner Indianer?" begrüßte einen Soldaten.

"Wen meinst du?" forderte Jesaja.

"Sitzender Bulle."

„Hast du sein Wort nicht verstanden?" erwiderte Jesaja. „Er sagt zu den Soldaten: ‚Kommt. Es ist nicht erforderlich, einen Reiseführer mitzubringen. Du kannst mich leicht finden. Ich werde nicht weglaufen.' Das ist so, weil meine Squaw es mir gesagt hat, und sie weiß es."

# XXII
## AUS GEGEN DIE SIOUX

Der General und Mrs. Custer waren bis zu diesem Zeitpunkt den ganzen Winter über unterwegs gewesen, um New York zu besichtigen. Jetzt kehrten sie mit einer harten Reise durch einen Schneesturm zurück – und sie kamen gerade noch rechtzeitig zurück. General Sheridan, Kommandeur der Division West, hatte den Befehl an General Terry, Kommandeur des Department of Dakota, gesandt, dass das Department die ungehorsamen Sioux zur Rede stellen müsse. Natürlich würde die Siebte Kavallerie den Transporter übernehmen und der Langhaarige würde seine Krieger anführen.

Berichten zufolge sollte der Marsch sofort beginnen; dass General Sheridan einen weiteren Feldzug erwartete. Und es sah so aus, als General Custer in Fort Lincoln geschäftig herumlief und Vorräte und Truppen (nach Gesprächen unter den Offizieren) in St. Paul gesammelt wurden, um für die ersten Züge nach Bismarck bereit zu sein.

„Ach, ich habe gerade den Siebten ins Feld gebracht. Das ist genug. „Wir können die Sioux lecken und sie dazu bringen, am Tisch der Regierung zu essen", lautete der Slogan in Fort Lincoln.


Die Pläne schienen darin zu bestehen, dass das Department of Dakota von Osten und Westen und das Department of the Platte von Süden aus angreifen sollte. Daher wäre es für die Indianer ziemlich schwierig zu entkommen, es sei denn, sie gingen nach Norden nach Kanada.

Der Frühling war spät. Der Winter kam immer wieder zurück, es schneite noch ein wenig; und nach dem Schnee gab es viele Fröste und kalte Regenfälle. Der General wäre jederzeit aufgebrochen; aber General Terry in St. Paul war nicht bereit. Er würde die Kolonne von Fort Lincoln aus begleiten, obwohl General Custer das Kommando im Feld übernehmen sollte.

Inzwischen ließ der General seine Haare wieder lang wachsen, nachdem er sie für seinen Aufenthalt im Osten kurz hatte schneiden lassen, und bereitete sein Kommando vor. Es gab viele Übungen. Alle wollten unbedingt weg sein. Einige der Offiziere, wie Captain Benteen und Lieutenant Calhoun sowie Captain (er war befördert worden) Tom Custer und Lieutenant Smith sowie „Queen's Own" Cook und „Bandbox" Yates hatten zuvor gegen Indianer gekämpft; andere, wie der neue Major, Major Marcus Reno, und Leutnant Reily und Leutnant Sturgis, waren in dieser Angelegenheit eher unerfahren; und so war es auch mit den Mannschaften.

Was Ned betrifft, so war er zur Kompanie von Kapitän Benteen versetzt worden, die Truppe H war. Kapitän Tom befehligte nun Truppe C.

Es hieß, dass das Regiment sicher im April das Feld betreten würde, falls der Schnee jemals aufhörte. Dann, mitten in den Vorbereitungen, wurde General Custer plötzlich nach Washington gerufen. Alle wussten, dass er es hasste, dorthin zu gehen; doch er muss offensichtlich gehen. Er war aufgefordert worden, vor einem vom Kongress eingesetzten Ausschuss auszusagen, der einige mutmaßliche Betrügereien an den indischen Handelsposten untersuchen sollte. Natürlich wurde erwartet, dass er bald zurückkommen würde; Denn wer sonst war da, um die Krieger der großen Sioux-Nation zu besiegen?

Der März ist vergangen. Die Armee weiter westlich, in Wyoming, wo der Schnee nicht so tief war, hatte bereits eine Schlacht mit den Sioux geschlagen. Am 17. März, dem St. Patrick's Day, hatten die Zweite und die Dritte Kavallerie aus Fort Fetterman unter General JJ Reynolds, geschickt von General Crook, dem „Grauen Fuchs", Crazy Horses Dorf an der Mündung des Little Powder River angegriffen und dies getan zerstörte es.

Aber die Indianer waren entkommen und hatten auch ihre Ponyherde zurückerobert; so dass die Arbeit nach Meinung des Siebten nicht mit der guten Arbeit, die unten am Washita geleistet wurde, vergleichbar war. Es war jedoch Pech, hier in Lincoln auf Befehle warten zu müssen, während der Zweite und der Dritte mit der Arbeit beschäftigt waren.

Aber egal. Bei Temperaturen unter null Grad kehrten die Fetterman-Truppen wieder nach Hause zurück. Crazy Horse, jetzt verrückter denn je, würde sich Sitting Bull anschließen; und es gäbe genug Kämpfe für alle.

Der April kam und wuchs, und noch immer erschien kein General Custer. Es wurde gemunkelt, dass er wegen seiner Aussage, die Präsident Grant nicht gefiel, in Washington festgehalten worden sei; als nächstes wurde gemunkelt, dass er vom Kommando der „Custer"-Kolonne entbunden worden sei; und als nächstes wurde gemunkelt, dass er das Regiment überhaupt nicht begleiten würde! Das waren erschreckende Neuigkeiten für die Siebte. Was wäre eine Kampagne ohne „Old Curly!"

Jetzt, in diesen kalten Apriltagen, ging jeder Soldat vor Ungeduld auf die Zehenspitzen. Custer hin oder her, Custer, die Zeit war reif für den Marsch. Bald würde das Gras grün werden, die Sioux würden reisen können und der Vorteil würde bei ihnen liegen. Mittlerweile war jeder Bericht der Agenturen alarmierender. Die „Freundschafts-" oder „Reservat-Indianer" schlichen immer wieder davon und nahmen Vorräte und Waffen mit.

„Ich habe gehört, dass es unten in Standing Rock nur noch fünftausend Indianer gibt, wo früher siebentausend waren", behauptete Odell. „Der Rest hat sich auf den Weg gemacht, um zu ,besuchen' und zu ,jagen'; Aber Sie können sich darauf verlassen, dass sie in das Big Horn-Land fahren.

Die vier Truppen der Siebten aus Fort Rice und die sechs aus Fort Lincoln wurden aus den Kasernen ins Lager verlegt, um einen bequemeren Treffpunkt zu schaffen. Die Infanterieverbündeten trafen mit einer Batterie Gatlings ein; Das Gleiche galt für die Vorräte in den ersten Zügen. Die Stadt Bismarck war voller Aufregung bei den Vorbereitungen.

Bloody Knife, der Chefspäher von Arikara, konnte nicht verstehen, was mit dem Langhaar passiert war. Ned sah zu, wie er mit Charley Reynolds schnelle Gebärdensprache sprach; und danach düster davonpirschen.

„Bloody Knife fragt, warum das Lange Haar nicht kommt und seine Krieger hinausführt. Zu viel Aufhebens und Warten, sagt er. Die Sioux lachen und prahlen; und sende eine Nachricht von den Hügeln: „Sind die weißen Soldaten müde, bevor sie losfahren?" „Was ist mit dem Langhaar los?" „Ist das Lange Haar krank?" Und so weiter. Ich sage Bloody Knife, dass wir einen weiteren großen Häuptling namens Terry haben, der uns anführt; aber er sagt: „Ich will Terry nicht." Willst du langes Haar? Langes Haar wird nie müde, hat keine Angst, Haufenhäuptling.'"

„Terry ist der Mann, der Fort Fisher im Jahr 1965 erobert hat, nicht wahr?" fragte ein Infanteriesoldat, der in der Nähe stand. „Dann muss er ein guter Kerl sein."

"Ja; So bekam er seinen Generalsstern in der regulären Armee, und außerdem dank des Kongresses", antwortete Odell. „Und war nicht auch unser eigener Lieutenant Smith in Terrys Stab? Sicher, er trug die Fahnen, um ein Regiment anzufeuern, als ein Ball seine Schulter so sehr traf, dass er seinen Arm nie über eine bestimmte Höhe heben konnte. Terry geht es gut. Er war ein guter Anwalt, bevor er ein guter Soldat wurde. Jeder mag ihn. Aber er hat nie gegen Indianer gekämpft. Wir alle wollen Custer und Sie können sicher sein, dass Sheridan das auch will. Es ist der Präsident, der Oberbefehlshaber der Armee, der gegen ihn ist. Ich schätze, er hat zu freimütig geredet, und einige von Grants Freunden haben sich dadurch verletzt."

Doch wer sollte schon in der ersten Maiwoche ankommen als General Custer? Später wurde bekannt, dass er nur knapp davongekommen war, ganz zurückgelassen zu werden. Schließlich hatte er darum gebeten, an der Expedition teilnehmen zu dürfen, ob er nun befahl oder nicht. „Ich appelliere an Sie als Soldat, mir die Demütigung zu ersparen, mein Regiment dem Feind entgegenmarschieren zu sehen, und ich, seine Gefahren nicht zu teilen", lautete sein Telegramm an Präsident Grant.

General Terry hatte sich der Berufung angeschlossen, und nun hatte Präsident Grant zugestimmt. General Custer sollte nur sein Regiment befehligen; General Terry sollte die gesamte Kolonne befehligen; aber auf jeden Fall wäre „Old Curly" zur Stelle.

Er sah dünn und abgemagert aus, als hätte er sich große Sorgen gemacht. Sein Haar war kurz und konnte vor dem Marsch nicht wieder nachwachsen. Die Zeit drängt. Hier war es Mai, der Frühling hatte begonnen, die Indianer waren unterwegs und jeder Tag stärkte ihre Kräfte.

Die Familien der Offiziere und die Familien vieler der Mannschaften zogen vom Posten ins Lager. Ein weiterer Custer tauchte ebenfalls auf. Das war der junge Armstrong Reed oder „Autie", der Neffe des Generals. Seine Mutter war die älteste Schwester des Generals. „Autie" war jünger als „Bos" und Ned. Er war mit einem Schulfreund aus dem Osten gekommen, um seine Ferien entweder als Pfadfinder oder als Soldat zu verbringen, er war sich nicht sicher, was. Er und „Bos" wollten unbedingt auf die Expedition gehen; Viele der Soldaten waren ebenfalls eifrig und prahlten ein wenig; Aber die Frauen des Offizierszirkels und der Suds Row waren sehr nüchtern. Sie wussten, dass sich die Sioux versammelten, was die Verzögerung bewirkt hatte, um den Vorteil zu verändern, und wie ernst der Feldzug sein könnte. Mrs. Custers Augen schienen voller Tränen zu sein; und das galt auch für Mrs. Calhoun und Mrs. Yates und alle anderen.

Erst Mitte Mai erging der Befehl, das Lager aufzubrechen. Zuerst trafen General Terry und seine Mitarbeiter vom Hauptquartier der Abteilung in St. Paul ein. General Alfred Howe Terry, Kommandeur des Department of Dakota, war ein großer, soldatischer Mann mit langem Bart und ruhiger, höflicher Art. Ned gefiel sein Aussehen sofort.

Der 17. Mai war der Tag für den Start. Der „General" oder Aufruf zum Zeltstreik ertönte um fünf Uhr morgens. Der Waggonzug wurde vorausgeschickt, eskortiert von der Infanterie; aber General Terry hatte General Custer angewiesen, die Siebte als Kompliment an die dortigen „Frauen und Liebsten" um den Exerzierplatz in Fort Lincoln zu marschieren.

Das war nett von General Terry. Er hatte gesehen, wie sich die Frauen fühlten, und hoffte, sie aufzumuntern.

Stolz aufrecht saßen Offiziere und Männer, während Zug für Zug in blinkender Kolonne aus Gelb und Blau, angeführt von der Bande des berühmten Siebten Regiments – „Custer's Regiment" – der US-Kavallerie, immer wieder um den Exerzierplatz von Fort Abraham Lincoln ritt . Die Band spielte „Garryowen":

Unsere so starken Herzen haben uns Ruhm eingebracht,
denn bald wird bekannt, woher wir kamen;

Wohin wir auch gehen, sie fürchten den Namen
des glorreichen Garryowen!

Stimmen jubelten; Kinder tänzelten. Aber aus der Officers' Row und der Suds Row blickten tränenüberströmte Gesichter, die vergeblich versuchten zu lächeln, und aus dem Ankara-Dorf draußen erklangen die traurigen Gesänge trauriger Squaws.

Dennoch konnte Ned, der in einer Reihe mit Kapitän Benteens Zügen ritt, die Trompete am Oberschenkel, den Revolver an der Hüfte, nicht umhin, sicher zu sein, dass ein so großes Regiment in der Lage war, alle Indianer der Prärie zu vernichten.

Die Melodie der Band änderte sich zu „The Girl I Left Behind Me":

Die Hoffnung auf den endgültigen Sieg
brennt in meiner Brust,
vermischt mit süßen Gedanken an dich
und an meine liebevolle Rückkehr.
Aber sollte ich nie wieder zurückkommen,
wirst du mich immer noch deiner Liebe wert finden;
Der Atem der Schande wird niemals
den Namen beflecken, den ich hinter mir lassen werde.

Dies war ein Zeichen dafür, dass die Parade vorbei war. Aus den Garnisonsquartieren marschierte die Kolonne der Züge; und hier wurde der Befehl zum Anhalten und Absteigen gegeben.

„Offiziere und Soldaten dürfen die Reihen verlassen, um sich von ihren Familien zu verabschieden. Beim Klang von „Versammlung" werden sie ihre Befehle wieder übernehmen."

Das waren die Anweisungen. Der General blieb jedoch bei der Kolonne, ebenso wie Kapitän Calhoun. Ihre Frauen sollten wie üblich ein Stück mit ihnen reiten.

Einige der Offiziere und Mannschaften hatten verdächtige rote Augen, als sie bei der „Versammlung" wieder an ihren Platz kamen. Man konnte sehen, wie der Waggonzug weiterrollte und der trotteenden Infanterie folgte. Die Kavallerie bewegte sich schnell, um vorbeizukommen und den Vormarsch einzunehmen. Mrs. Custer und Mrs. Calhoun ritten mit dem General an der Spitze der Kolonne. Er war auf Vic montiert. Die Hirschhunde trotteten auf beiden Seiten. Sie waren immer dabei.

Wenn man diese lange Kolonne sah, die sich über zwei Meilen erstreckte, mit regelmäßigen Reihen, klirrenden Sporen, schräg gestellten

Infanteriegeschützen, fröhlich schwebenden Guidon und Flagge, schien es keinen Grund zu geben, warum die weißen „Wives and Sweethearts" und diese Ree-Squaws sich so schlecht fühlen sollten. Hier befanden sich die zwölf Truppen der kämpfenden Siebten Kavallerie unter Custer selbst; hier befand sich Infanterie – zwei Kompanien der Sechsten Regulären und eine der Siebzehnten; hier waren vier Gatling-Geschütze und ein Zug der 20. Infanterie zu ihrem Dienst; und vierzig Arikari- oder Ree-Späher unter Chief Bloody Knife; und Futtermeister „Bos" Custer und der junge „Autie" Reed, der zum Hirten für das Rindvieh ernannt wurde, und „Lonesome" Charley Reynolds, der weiße Pfadfinder, und Isaiah, der Squaw-Man-Schwarzpfadfinder aus Fort Rice; und ein großer Nachschubzug aus 114 Sechs-Maultier-Wagen, 107 weiteren Wagen und 85 Pack-Maultieren; insgesamt 1.000 Mann. Sie hatten Rationen und Futter für dreißig Tage, und jeder Soldat trug hundert Gewehr- oder Karabinerpatronen und fünfzig Revolverpatronen. Die Siebte hatte ihre Säbel zurückgelassen und sie waren froh darüber, denn die Säbel waren lästig. Sie könnten mit ihren Colt-Revolvern und ihren Remington-Karabinern bessere Arbeit leisten. Nicht einmal die Offiziere trugen Schwerter.

Dies war die „Lincoln-Kolumne". Von Wyoming aus marschierte die Crook-Kolonne – zehn Kompanien der Dritten Kavallerie und fünf der Zweiten sowie sechs Kompanien der Vierten und Neunten US-Infanterie: 1300 Mann unter General George Crook, dem „Grauen Fuchs", der gekämpft hatte die Apachen in Arizona. Aus West-Montana marschierte die „Montana-Kolonne" ein – vier Kompanien der Zweiten Kavallerie und zwei der Siebten Infanterie: 400 Mann unter General John Gibbon, der im Bürgerkrieg Rang und Ehre erlangt hatte. 2700 Soldaten unter drei berühmten Generälen sollten Sitting Bull und Crazy Horse besiegen.

Die Lincoln-Kolonne schlug ihr erstes Lager nicht weit von der Festung entfernt auf. Früh am nächsten Morgen verabschiedeten sich Mrs. Custer und Mrs. Calhoun von ihren Ehemännern und Freunden und mussten nach Lincoln zurückkehren.

Solange sie in Sichtweite waren, schwenkten sie ihre Taschentücher; Der General und Leutnant Calhoun winkten von ihren Positionen zurück. Als dies aufhörte, kam es Ned so vor, als hätte der Feldzug in das Land des Feindes endlich tatsächlich begonnen.

---

# XXIII

# AUF DER SUCHE NACH SITTING BULL

„Wie viele Indianer wird es Ihrer Meinung nach geben?" lud „Autie" Reed aufgeregt von Ned ein.

Dies war der Abend des 21. Juni. Die Expedition war über einen Monat von Fort Lincoln aus unterwegs. Jetzt befanden sie sich im Lager an der Mündung des Rosebud River, an der Südseite des Yellowstone River im Südosten von Montana – gleich hinter dem Tongue River, wo General Custer im Sommer 1873 zum ersten Mal in einer Schlacht mit den Sioux zusammentraf und fast niedergeschlagen worden wäre aus, und Doktor Honzinger und Sutler Baliran waren von Rain-in-the-Face getötet worden.

Es waren keine Indianer angetroffen worden. Viele der Offiziere und Männer waren der Meinung, dass niemand gefunden werden würde und alle fliehen würden. Aber als die Sucher hier endlich direkt im Haus des Feindes waren, sah es so aus, als würde es bald zu einem Kampf kommen. General Gibbons „Montana-Kolonne" lagerte auf der anderen Seite des Yellowstone. Sie waren von Westen her das Nordufer hinuntermarschiert und hatten berichtet, dass keine Sioux nach Norden gereist seien, sondern dass sie feindliche Indianer gesehen hätten, die sie vom Südufer aus beobachteten. Daher befanden sich die Sioux nach Ansicht von General Gibbon immer noch südlich des Yellowstone, in den wilden Jagdgebieten des Big Horn und der Powder Rivers.

General Crook, der Graufuchs, war mit seinen Soldaten dort unten. Von ihm hatte man nichts gehört, aber es wurde erwartet, dass er die Sioux vor sich hertreiben würde, wenn er sich näherte. Niemand wusste, dass General Crook am 17. Juni auf dem oberen Rosebud von Sitting Bulls Kriegern getroffen und zurückgedrängt worden war. Der rote General war dem weißen General überlegen. Die Sioux waren bessere Krieger als die Apachen.

Major Reno hatte von General Terry den Befehl erhalten, seinen Teil der Siebten zu übernehmen und nach Süden auszukundschaften, um das Land nach indianischen Zeichen zu untersuchen und vielleicht General Crook zu sichten. Er hatte General Crook nicht gesichtet, der hundert Meilen entfernt war und durch ein weites Stück raues, gefährliches Land abgeschnitten war. Aber er drehte sich im Kreis und kam zurück mit der Nachricht, dass er am Rosebud River auf einen breiten Pfad gestoßen war, der flussaufwärts führte und von vielen Sioux angelegt worden war. Das waren in der Tat Neuigkeiten und willkommene Neuigkeiten.

Auf dem Yellowstone verkehrten Dampfschiffe. Das Regierungsversorgungsboot Far West, Kapitän Grant Marsh, war aus

Missouri eingetroffen. General Terry und General Gibbon und General Custer hatten sich an Bord beraten, wo sie an der Küste festgemacht war und ihre Vorräte entlud; und die Ergebnisse waren bekannt.

Die „Montana-Säule" sollte zum Südufer überquert werden; und sie sollten zusammen mit der Infanterie unter General Terry und General Gibbon nach Süden den Big Horn River hinauf vorrücken , der der nächste Fluss jenseits des Rosebud war. Der Ferne Westen sollte so weit wie möglich begleiten. Aber die gesamte Siebte Kavallerie sollte den Rosebud hinauf zum Indianerpfad marschieren und sehen, wohin der Pfad führte. Wenn die Indianer dann versuchten, nach Osten oder Südosten zu fliehen, würde die Siebte sie vertreiben; und wenn sie versuchten, über das Big Horn nach Norden zu fliehen, würde die andere Kolonne sie umkehren.

Jeder Soldat war jetzt sehr interessiert, aber keiner war interessierter als „Autie". Also hatte er Ned, den Veteranen, aufgesucht, um sich mit ihm zu beraten. „Autie", der Neffe des Generals, war immer voller Insiderinformationen, die er unter den Offizieren aufschnappte. Zusammen bildeten sie also ein gutes Team.

„Wie viele Indianer wird es Ihrer Meinung nach geben?" fragte „Autie" am Lagerfeuer.

„Major Reno sagt, er hätte die Schilder von dreihundertachtzig Logen gezählt, nicht wahr?" antwortete Ned. „Charley Reynolds sagt, das bedeutet insgesamt etwa vierzehnhundert; vier- oder fünfhundert Krieger, wenn wir die Jungen mit einbeziehen. Indische Jungen über vierzehn können genauso hart kämpfen wie die Männer. Das haben sie unten am Washita getan."

„Bloody Knife und die Rees haben schon Angst", erklärte „Autie." „Sie stellen Medikamente her. Aber Half-Yellow-Face und Curly und die anderen Krähen haben keine Angst. (Einige Crow-Indianer hatten sich den Arikari-Spähern angeschlossen, um gegen die feindlichen Sioux zu kämpfen.) Mir gefallen sie jedenfalls am besten. Sie sind genauso fröhlich wie jeder von uns."

„Ja", stimmte Ned weise zu; „Das sind die besten Indianer, die ich je gesehen habe."

„Sioux können sie auspeitschen", grunzte eine Stimme. Es war das von Isaiah, dem schwarzen Squawman-Pfadfinder. „Die besten Sioux-Kämpfer in der Ebene."

„Aber sie können uns nicht auspeitschen", erwiderte „Autie." „Ist das Sitting Bulls Spur, der wir folgen werden, Ike?"

„Nein, das glaube ich nicht. Vielleicht geht die Band ins Dorf von Settin' Bull. Aber mach dir keine Sorgen, Junge. Wir finden Settin' Bull, schnell genug; oder er findet uns. Auch Crazy Hoss. Gall, Lame Deer, Black Moon, Two Moon, He Dog, Hump, Big Road, Crow King – sie alle sind da, mit ihren Minniconjous, Oglalas, Cheyennes, Sans Arc und Brules und Hunkpapas und Blackfeet machen Spaß, wenn wir es ihnen nur an der richtigen Stelle bringen.“

„Und Rain-in-the-Face“, schlug „Autie“ vor.

"Ja; Regen im Gesicht. Er sei da.“

„Das ist uns egal“, spottete „Autie“, getreu dem Siebten. „General Terry bot Onkel Autie die Gatling-Geschütze und einen Teil der Zweiten Kavallerie an; aber Onkel Autie sagt, der Siebte sei genug. Wir brauchen niemanden, der uns hilft; tun wir das, Ned!“

„Nein“, beteuerte Ned. „Wir können uns um alle Sioux kümmern, die kommen. Laut dem Bericht des Indian Department gibt es nicht mehr als dreitausend von ihnen außerhalb des Reservats; und nur sechs- oder achthundert davon sind Krieger. Die Siebte Kavallerie kann *sie auspeitschen* .“

„Sehen Sie“, grunzte Isaiah. „Es gibt genauso viele Sioux außerhalb des Reservats wie innerhalb des Reservats. Meine Squaw Sioux. Sie weiß."

„Das ist uns egal“, spottete erneut „Autie.“

Als die Siebte am nächsten Mittag begann, begannen sie mit Stil. Sie wurden vor General Terry, General Gibbon und General Custer überprüft. Der General sowie Kapitän Tom und Adjutant Cook und Kapitän Keogh trugen ihre Wildlederanzüge; das ganze Regiment war höflich und sachlich; Die Band spielte „Garryowen“ – aber sie sollten zurückgelassen werden, diesmal die Band. General Terry lächelte und begrüßte jede Truppe, die in Zügen vorbeizog. Beim tänzelnden Dandy saß der General aufrecht und stolz da, denn dies war sein Spitzenregiment.

An diesem Abend berichtete „Autie“ über den Offiziersrat, der im Zelt des Generals stattfand. „Onkel Autie“ hatte gesagt, dass das Regiment den Sioux folgen sollte, selbst wenn die Spur eindeutig zu den Behörden in Nebraska führte; und es muss für die Rationen von fünfzehn Tagen erfolgen. Das klang genau wie der General. Genau wie General Sheridan einmal erklärt hatte, schickte er Custer, wenn er etwas schnell erledigen wollte.

Der Rosebud war ein kleiner, aber reißender Bach, der durch ein steiles, karges Land nach Norden floss. Die Indianerspur wurde am nächsten Tag getroffen. Es gab Abdrücke von Hüttenpfählen und Ponyspuren und kleine Büsche, die aussahen, als hätten Hunde darunter geschlafen. Die Späher von Ree und Crow sowie Charley Reynolds und Isaiah und andere Späher, die keine Indianer waren, ritten im Vormarsch und untersuchten alle Zeichen genau. Sie dachten, dass die Spur etwa zehn Tage alt sei.

Rechts davon verlief der Big Horn River, der nordöstlich parallel zum Rosebud verlief. Aber dazwischen lag das Little Big Horn, das nach Nordwesten fließend in das Big Horn mündete. Die Theorie besagte, dass das Sitting Bull- oder das Crazy Horse-Dorf oder beide am Little Horn oder am Big Horn lagen. Die Siebte sollte in einer Kurve schwenken und auf die Infanterie und die Gibbon-Kolonne an der Stelle treffen, an der das Kleine Horn auf das Große Horn traf.

Dass dort irgendwo Indianer waren, schien sicher; denn heute, Samstag, 24. Juni, berichtete der Kundschafter Curly the Crow über Mitch Bouyer, den Dolmetscher, dass sie frische Indianerspuren gefunden hätten; und sie sahen Signalrauch im Westen oder auf der rechten Seite. Der Hauptweg war sehr breit und von den Hufen vieler, vieler Ponys zu Staub zertreten.

„Ike sagt, dass die Sioux den Staub, den wir machen, sicher sehen werden", beschwerte sich „Autie", sehr besorgt, als er im Mittagslager Ned fand. „Das Little Big Horn wird von den Sioux ‚Greasy Grass River' genannt." Es liegt direkt hinter diesen Hügeln. Es sind die Wolfsberge. Die Indianer könnten oben sein und uns ausspionieren. Vielleicht kriegen wir sie nicht."

Allerdings wusste General Custer genauso viel wie Jesaja. Den Kompanien wurde befohlen, in größeren Abständen zu marschieren, um so wenig Staub wie möglich zu verursachen; und in dieser Nacht wurde das Lager unter einer flankierenden Klippe aufgeschlagen, und die Feuer wurden gelöscht, sobald das Abendessen gekocht war. Der Weg war vom Tal des Rosebud abgezweigt. Es bewegte sich nach Westen, als wollte es zum Little Big Horn überqueren. Die Oberfeldwebel teilten den Kompanien mit, dass die Männer um halb zwölf wieder marschbereit sein würden. Nach dem Abhören schien es bei Kerzenlicht im Hauptquartier einen weiteren Offiziersrat zu geben. Ned lag in seiner Decke, mitten im Dunkeln, während Offiziere auf dem Weg zum General über ihn hinwegstiegen, und konnte erkennen, dass etwas nicht stimmte. Die Luft war voller Geheimnisse und Erwartungen.

Als der junge „Autie" tief und fest in seiner eigenen Decke schlief, wusste Ned wie andere Männer in den Reihen nicht genau, worüber die Offiziere gesprochen hatten. Aber um 11.30 Uhr ertönte das stille Wecksignal – das aus einer Handberührung und einem leisen Wort der Sergeanten und Korporale bestand –, und in Viererkolonnen ritt das Regiment durch die staubige Dämmerung hinaus; der Zug der Packesel folgte.

Es ging langsam voran. Lange nach Mitternacht wurde der Befehl zum Anhalten an die Kolonne weitergegeben; und bald wurde bekannt, dass die Späher behaupteten, sie könnten sie erst bei Tagesanbruch weiter über die Wasserscheide führen.

Alle warteten. Das Tageslicht war nahe. Nach etwa einer Stunde begann es im Osten aufzuhellen; In einer weiteren Stunde war es hell genug, um Kaffee zu kochen. Ned überbrachte eine Nachricht von Kapitän Benteen und erhaschte einen weiteren Blick auf „Autie", der zur Pferdeherde zurückging.

„Hallo", rief „Autie." „Du hättest dabei sein sollen! Onkel Autie und die Indianer-Späher haben sich unterhalten, und Bloody Knife sagte zu den anderen: „Wir werden genug Sioux finden, um uns alle zwei oder drei Tage lang kämpfen zu lassen." Und Onkel Autie lächelte nur und sagte: „Oh, ich schätze, wir werden eines Tages mit ihnen fertig sein!" Diese Rees haben schreckliche Angst. Ich wette, es wird ein großer Kampf. Ich frage mich, ob wir am Sonntag kämpfen werden. Ich muss mich um meine Pferde kümmern. Auf Wiedersehen."

Die Sonne war gut aufgegangen. Es war ein herrlicher Junitag; und es war der 25. oder Sonntag, wie „Autie" bemerkt hatte. Ziemlich bald, während die Truppen noch warteten und ruhten und wunderten, kam der General die Kolonne herabgeritten. Er war ohne Sattel auf Vic. Sein Gesicht strahlte unter seinem breitkrempigen Hut, sein gelbes Haar und sein gelbbrauner Schnurrbart glänzten, aber seine blauen Augen waren müde und gerunzelt, mit einem Anflug von Sorge.

„Wir marschieren um acht Uhr, Benteen", wies er den Kapitän an. „Die Späher haben den Standort des Indianerlagers etwa fünfzehn Meilen entfernt, drüben am Little Horn, ausgemacht. Viel Rauch und „Haufenponys". Varnum berichtet, dass sie auf Sioux-Gerüsten an einigen Leichen vorbeikamen. Lassen Sie mich Fletcher als meinen Pfleger haben."

„In Ordnung, Sir", antwortete Kapitän Benteen; und der General trottete weiter. Auf ein Nicken des Kapitäns beeilte sich Ned, aufzusitzen und ihm zu folgen.

„Wahrscheinlich kommen wir so nah wie möglich heran, um es zu erkunden. und früh am Morgen werden wir angreifen", bemerkte Leutnant Gibson zum Kapitän, als Ned davonraste.

„Es können nicht mehr als zwölf- oder fünfzehnhundert sein. „Diese Zahl können wir ganz einfach kürzen", lautete die Antwort.

Wer konnte dort sagen, dass jenseits des Bergrückens, gut versteckt im krummen Tal des Little Big Horn, ein großes Dorf lag – ein anderes Dorf wie das Dorf am Washita, nur größer – die verbündeten Banden der Oglalas, der Minneconjous, die Sans Arc oder Bowless, die Brules oder Burnt Thighs, die Hunkpapas, die Blackfeet, die Northern Cheyennes: 15.000 Indianer, davon mindestens 3000 gut bewaffnete Kämpfer, die vom weisen Gall und anderen mächtigen Häuptlingen kommandiert werden. Als Blüte der Sioux-

Nation fürchteten sie keine weißen Soldaten. Sie baten nur darum, in Ruhe gelassen zu werden.

Ned ritt nun mit dem General und der Marsch führte über einen kleinen Pass durch die Hügel der Wasserscheide. Ungefähr in der Mitte des Vormittags wurde erneut ein Halt in einer Schlucht angeordnet.

Aber der General galoppierte mit Adjutant Cook und seinen Pflegern sowie Bloody Knife voraus, um sich den Spähern auf einem Bergrücken anzuschließen. Ned und Sergeant Butler von Captain Toms Truppe (er war der andere Sanitäter) mussten die Pferde halten, während der General und der Adjutant zu Fuß vorwärts stahlen, um den Blick über den Hügelkamm zu schweifen.

„Rauch", kommentierte Sergeant Butler und nickte.

Hinter dem Bergrücken hing eine mit Staub vermischte Rauchschicht. Als die Beamten zurückkamen, hatten sie durch ihre Brille auch eine Ponyherde gesichtet. Das Indianerdorf muss dort unten sein.

In der Schlucht war es wieder heiß; Das Gestrüpp bebte in der Hitze, die von den Steinen reflektiert wurde. Die Kolonne wartete erwartungsvoll. Die Rees waren in einer Gruppe, entkleidet wie für einen Kampf. Ihr Medizinmann, Bob-Tail Bull, ging von einem zum anderen und schmierte sie mit Öl ein, um sie vor den Waffen des Feindes zu schützen. Die Krähen saßen da und waren Zeugen.

Kapitän Tom galoppierte dem General entgegen.

„Keogh berichtet, dass das von Yates zurückgeschickte Kommando, um den von ihm abgeworfenen Hardtack zu holen, auf einen Sioux stieß, der mit seinem Beil eine der Kisten öffnete. Der Kerl machte sich auf den Weg, bis er außer Reichweite war; Dann ritt er gemächlich den Bergrücken entlang und musterte uns."

„Guter Offiziersruf", forderte der General Ned auf.

Die Beamten versammelten sich.

„Meine Herren", sagte der General, „Indianer wurden auf dem Hinterweg und auf den Hügeln gesehen, und unsere Anwesenheit muss wohlbekannt sein." Dies wird es erforderlich machen, dass wir sofort angreifen, anstatt, wie ich es beabsichtigt hatte, bis zum frühen Morgen zu warten. Wenn wir warten, wird sich das Dorf zerstreuen und fliehen. Jeder Truppenkommandant wird einen Unteroffizier und sechs Männer abstellen, die die Rudel begleiten. Die Truppen werden auf Einsatz überprüft. Die Kolonne wird sich in der Reihenfolge bilden, in der die Abschlussberichte abgegeben werden, und die erste bereitgemeldete Truppe erhält den Ehrenposten im Vormarsch."

Kapitän French, M Troop, gewann die Ehre; und schnell wurde allen Truppen gemeldet: „Bereit, Sir."

„Bereitmachen zum Aufsteigen – Aufsteigen! Vorwärts – marschieren!" Um gegen die Sioux zu kämpfen, ritt die eifrige Siebte weiter. „Autie" war herbeigeeilt. Ned war der Ordonnanz des Generals, genau wie er es in der Schlacht am Washita gewesen war. Was für ein Glück!

Die Wasserscheide war überwunden, denn jetzt schien der Weg eher bergab zu führen. Der Rosenknospen war zurück; das Little Big Horn davor; aber die Hügel waren immer noch von allen Seiten umschlossen. Es wurde ein weiterer Halt gemacht und die Kolonne in drei Bataillone umgewandelt. Der Angriff würde also in mehreren Schlägen erfolgen – ebenfalls wie bei der Washita. Dies war die bevorzugte Kampfart des Generals. Er hatte es auch im Bürgerkrieg benutzt.

Major Reno hatte das erste Bataillon, bestehend aus drei Kompanien und den Spähern; der General hatte fünf Kompanien; Kapitän Benteen hatte drei, und die B-Kompanie unter Kapitän McDougall eskortierte den Packzug und die freilaufenden Pferde. Der General behielt Vic als sein Schlachtross; Dandy wurde mit den Statisten beauftragt.


Das Bataillon von Kapitän Benteen schwenkte nach links ab und begab sich auf einen Umweg in ein anderes Tal. Auch die Kolonne von Major Reno schwenkte weiter nach links. Der General zog mit ihm auf die rechte Seite des ersten Tals.

Während die beiden Kolonnen vorrückten, schlug Neds Herz, wie es immer vor einem Kampf schlug. Er sah Indianer in den Felsen und im Unterholz – aber sie verschwanden, als er genau hinschaute. Er hatte keine Angst; nein, keine Angst. General Custer selbst kommandierte, und die allerbesten Offiziere des Regiments waren hier: der tapfere Kapitän Tom und der tapfere Kapitän Keogh aus zwei großen Kriegen und Kapitän Yates, der Dandy, und Leutnant Smith mit dem verkrüppelten Arm und Leutnant Calhoun, der Maggie Custer geheiratet hatte , und Leutnant „Queen's Own" Cook, der Adjutant. Sie alle waren bei der Schlacht am Washita dabei gewesen. Und hier waren Captain Lord, der Chirurg, und der kleine „Autie" und der gute alte „Bos" und der Zivilist Mr. Kellogg, der für den New York Herald schrieb. Isaiah, der schwarze Squaw-Mann, und „Lonesome" Charley Reynolds waren mit Major Reno dort drüben.

Aber wo waren die Sioux? Wie lange würde es dauern, bis das Little Big Horn erreicht wäre, wo stand das Dorf?

Die Späher von Ree und Crow waren über das ganze Tal verteilt. Er konnte Bloody Knife und Bob-tail Bull und Stab und Half-Yellow-Face und Curly the Crow sehen, die Englisch sprachen. Jetzt hatten sie sich alle in einer Gruppe versammelt und eine Zigarette gemacht. Ja – es gab einige Sioux! Die Späher hatten den Rauch verlassen und verfolgten andere Reiter; nur ein paar. Als die Truppen die Rauchstelle erreichten, stellten sie fest, dass der Rauch von einem Tipi stammte, in dem sich ein toter Sioux befand. Die Späher hatten das Tipi in Brand gesteckt und Sioux-Krieger aus dem Ort vertrieben, der offenbar ein kleines Dorflager war.

„Oh, Cook", rief der General; und Adjutant Cook trottete auf ihn zu. „Sagen Sie Reno, dass die Indianer weglaufen. Das Dorf dürfte nur etwa zwei Meilen entfernt sein. Sagen Sie ihm, er soll so schnell weitergehen, wie er es für klug hält, und wenn er das Dorf erreicht, um anzugreifen; und das ganze Outfit wird ihn unterstützen."

Adjutant Cook galoppierte zu Major Reno. Major Reno drehte sich im Sattel um, um den Befehl zu erteilen; seine Kolonne begann in schnellem Trab; und inmitten einer Staubwolke gingen sie voran, bogen nach links ab und folgten dem Pfad hinunter an einem kleinen Bach entlang und um die Spitze eines hohen Bergrückens herum. Das Little Big Horn war vorher ganz in der Nähe, am Ende des Tals!

Aber der General führte seine Kolonne von der Spur weg, mehr nach rechts. Alle hörten zu und spähten; lauschte auf den Jubel und die Salven des Majors oder Kapitäns Benteen.


„Seid ruhig, Männer", warnte Kapitän Keogh auf seinem Pferd Comanche seine Kompanie hinter Neds Position.

Sie kletterten die hintere Flanke des Bergrückens hinauf, hinter dem Major Reno inzwischen verschwunden war. Die Augenblicke schienen Stunden zu sein. Mit schnellem Hufgetrappel galoppierte von hinten ein Soldat herbei; er war ein Unteroffizier, der Ordonnanz von Major Reno. An der Seite des Generals zog er sein Pferd in die Hocke und salutierte.

„Das Kompliment des Majors, Sir, und sagt, er ist am Fluss und hat alles vor sich und sie sind stark."

„Sehr gut, Sir", antwortete der General. Seine Stimme war schroff, angespannt vor Energie. „Adjutant, Sie sollten besser jemanden mit dem Befehl zurückschicken, dass dieser Zug und die Munition schnell weiterfahren."

Und Adjutant Cook schickte einen Sergeant vom Unterstab. Ned hatte seinen Namen vergessen. Er rannte davon.

Sie stiegen weiter schräg zum Hang hinauf. Jeden Moment würden sie die Rufe und Schüsse der Reno-Männer hören, das Jubelgeschrei und die Schüsse der Sioux.

„Wir werden einen großen Kampf haben, schätze ich", sagte „Autie" noch einmal und trat ein paar Schritte zurück, um mit Ned mitzureiten. Seine Stimme zitterte, sein braunes Gesicht war blass, aber seine Augen schnappten. Ned nickte ernst.

Der General hatte ungeduldig die Sporen gegeben; und in einer kleinen Gruppe, die auf einen hohen Hügel vor ihnen zusteuerte, verließen sie nach und nach die Kolonne. Der General erreichte als Erster die Spitze des Hügels. Er hatte sich ängstlich gebeugt und nach der Aussicht darüber gesucht. Jetzt hielt er wie überrascht an Vic vorbei. Adjutant Cook gesellte sich sofort zu ihm. Sie starrten aufmerksam. „Autie" auch. Ned drängte sich nach vorne, um nachzusehen. Links davor und darunter lagen das Tal des Greasy Grass und das Sioux-Dorf.

Eine unregelmäßige Reihe grüner Weiden und Pappeln markierte den Lauf eines sehr krummen Baches, der offensichtlich zwischen hohen Ufern und sanften Klippen floss. Hohe, dunkle Berge erhoben sich weit im Süden und schlossen ein flaches Plateau ab. Doch davon warf Ned nur einen flüchtigen Blick, denn etwas Wichtigeres lag näher.

Das Tal des krummen Baches war anderthalb Meilen entfernt, jedoch teilweise von einem anderen, niedrigeren Bergrücken verdeckt. Aber über dem Bergrücken schwebte brauner Staub, der von der Aufregung herrührte; und dort drüben am Bach schwamm noch mehr Staub. Die weißen Hütten der Sioux schimmerten hindurch, als sie sich über eine Meile und mehr Länge drängten! Ein gewaltiges Dorf, das! Ameisenähnliche Gestalten bewegten sich hierhin und dorthin; die Ponyherden (die den Staub erzeugten) grasten auf dem Plateau hinter den Tipis; schrille Schreie von Squaws und das Bellen von Hunden wehten schwach durch die stille, sonnige Luft. Ned blickte nach der Kolonne von Major Reno, aber sie war noch nicht zu sehen.

"Ein großer!" rief der General mit strahlendem Gesicht. "Gut! Schicken Sie eine weitere Bestellung an Benteen, Cook, zurück. Wir müssen sofort diese Rucksäcke mit ihrer Munition und mehr Männer haben."

Leutnant Cook zog sein Feldnotizbuch hervor, kritzelte hastig mit seinem Bleistiftstummel und legte das Buch auf sein Wildlederknie. Während er mit aller Ernsthaftigkeit schrieb, las er:

„Benteen, komm schon. Großes Dorf. Sei schnell. Bringen Sie Rucksäcke mit.“

Er warf einen kurzen Blick darauf und fügte noch ein oder zwei Wörter hinzu. Er warf Ned das gefaltete Papier zu.

„ Hier “, sagte er knapp. „ Bringen Sie das zu Kapitän Benteen und schonen Sie Ihr Pferd nicht. ”

**„HIER, BRINGEN SIE DAS ZU KAPITÄN BENTEEN UND SCHONEN SIE IHR PFERD NICHT.“**

# XXIV
# SITTING BULL IN BAY

Salutierend, herumgerollt Ned. Er erhaschte einen kurzen Blick auf das Gesicht des Generals. Die blauen Augen leuchteten, der breitkrempige Hut wurde der Kolonne zugeschwenkt, die im Trab vorwärts drängte.

„Wir haben sie beim Schlafen erwischt, Jungs!" jubelte die hohe, klare Stimme des Generals. „Jetzt gegen Gebühr!"

Ned donnerte die Säule hinunter auf den hinteren Pfad zu. Bekannte Gesichter, staubig und verschwitzt, aber alle entschlossen, grinsten ihn an; ein oder zwei Hände winkten. Aus der Dunkelheit im hinteren Teil der eifrigen Reihen schaute er sich`um. Die Säule hatte den Grat überragt. Unter der Führung des Generals, des Adjutanten und des jungen „Autie" folgten dicht gefolgt das Sternenbanner und das Hauptquartier bzw. die Flagge des „Generals", während die Kavallerieführer in Rot und Weiß in der Sonne strömten, um jede Truppe zu markieren, Pferde im harten Trab Männer beugten sich nach vorn, die Hutkrempen waren aufgeweitet, die Zügelhände nach vorne, Karabiner und Pistolen noch nicht gezogen, Rang für Rang, Guidon für Guidon tauchten sie hinüber, in eine Mulde und verschwanden. Sie waren weg, aber sie hinterließen einen Jubel.

Ned blickte nicht noch einmal hin. Er hatte seine Pflicht zu erfüllen. Er war sich nicht sicher, wo er Major Benteen finden würde; aber es würde irgendwo in Richtung des Flusses sein; Die Verzweigung der Wege würde den Weg weisen.

"Mach weiter! Mach weiter!" Er drängte in die gespitzten Ohren seines Pferdes ein weiteres „Buckie".

„Putsch-knall! Thud-ity-thud! Thud-ity-thud!" Das Unterholz und die Felsen taumelten schwindelerregend vorbei, die braune Spur vieler Hufe floss darunter hindurch. Er holte die Nachricht aus seiner Bluse, um sie zu lesen und sicher zu sein, dass sie verloren ginge. Ja, das war es in Adjutant Cooks hastigem Gekritzel:

Benteen, komm schon. Großes
Dorf. Seien Sie schnell. Bringen Sie Rucksäcke mit.

KOCH , adj't.

P.S. Packt mit.

„Cl'k!" gluckste Ned zu Buckie; und stach ihn erneut mit den Sporen. Sie müssen es schaffen. Der General wäre auf sie angewiesen. Adjutant Cook hatte die Worte „Bringt Packs" wiederholt, was zeigte, wie wichtig die Angelegenheit war.

„Putsch-knall! Thud-ity-thud! Thud-ity-thud!" Der Schaum war weiß, wo die Zügel Buckies nassen Hals rieben; sein Atem pfiff, gelegentlich schnaubte er, um Staub und Feuchtigkeit aus seiner angestrengten Nase zu blasen; aber er gab nie nach. Gutes Pferd!

Weit und schwach hörte man von rechts das Knattern von Gewehrschüssen, wie bei einem Scharmützelfeuer; und dann Prost! Das muss Major Reno oder Captain Benteen sein; und dort drüben würde der Fluss liegen.

Galopp, galopp, den hinteren Pfad hinauf, mit den abgerundeten Hängen, salbeiartig und heiß, die den langen, langen Weg umgürten. Wo war Kapitän Benteen? Wo war der Packzug? Ah, da kam jemand – ein Reiter, der ebenfalls schnell galoppierte. Er zog Neds Revolver hervor; aber bald verwandelte sich der Fleck in einen Mann im Gewand eines weißen Mannes. Sah aus wie ein Soldat. Es war „Bos!" „Bos" Custer, Futtermeister.

Er sah Ned und winkte. Ned zog für einen Moment kaum die Zügel an, als sie sich trafen.

"Wo warst du?"

„Zurück, um ein neues Pferd zu holen."

„Wo ist Kapitän Benteen? Ihn gesehen?"

„Ich habe ihn einfach verlassen. Geradeaus. Behalten Sie die Spur. Ein Kampf, nicht wahr?"

„Darauf kannst du wetten." Und Ned war weg, in die eine Richtung; „Bos" galoppierte weiter, um sich seinem großen Bruder anzuschließen. Fünf Mitglieder der Familie Custer sollten an diesem Kampf teilnehmen: drei Brüder, ein Schwager und ein Neffe.

Ned hielt Ausschau nach einem Zeichen der Benteen-Kolonne. Hurra! Da waren sie – eine lange, staubblaue Masse, die sich im Trab den Pfad entlang bewegte, Kapitän Benteen und sein Adjutant voran. Der Packzug war nicht in Sicht. Weiter galoppierte Ned (Revolver wieder im Holster verstaut) und traf Kapitän Benteen, der seine Annäherung beobachtet hatte.


„Eine Nachricht vom Hauptquartier, Sir", keuchte Ned und hielt es ihm hin.

Während er ritt, las Kapitän Benteen es schnell. Ned hielt sich bereit, sich auf ein Wort herumzudrehen und den Befehl an die Rudel weiterzugeben. Doch während der Kapitän las, steigerte sich das Plätschern der Schüsse in der Ferne plötzlich zu einem ununterbrochenen Lärm. Der Kapitän hob den

Kopf, lauschte und blickte. Immer lauter erklang das Gewehrfeuer, als ob die Schlacht im Anmarsch wäre. Die Indianer wurden auf diese Weise vertrieben? Was--? Aber der Befehl des Kapitäns ertönte deutlich.

„B'tall-*yun* , zieh – Pistolen! Galopp – marsch!"

Jubelnd stürmten sie mit erhobenen Pistolen und wachsamen Augen voraus, bereit, den fliehenden Sioux entgegenzutreten und sie wieder zurückzudrängen.

Das Tal weitete sich; In diese Richtung sei das Major-Reno-Bataillon geritten, erinnerte sich Ned, als auch er mit erhobener Pistole galoppierte.

„Rechts und links in einer Reihe – marschieren!" schrie Kapitän Benteen, um den Boden mit Kampffront zu bedecken.

Dann, als alle galoppierten und die Linie bildeten, öffnete sich der Zug zu einem breiten Quertal, und da war das Schlachtfeld – eine buschige, zerklüftete Arena, durchschnitten von dem von Weiden gesäumten, krummen Bach, dunstig vom Rauch brennenden Grases und Pulvers Durch das Echo hallten Schüsse, Rufe und Sprechchöre, und durch das man undeutlich Reiter sehen konnte, die in alle Richtungen rasten, als würden sie ein gemeinsames Objekt in ihrer Mitte angreifen. Auf einer Klippe rechts fand eine weitere Schlacht statt – oben Soldaten, unten Indianer.

Der Galopp hörte schnell auf. Wohin soll es nun gehen oder was ist zuerst zu tun?

"Achtung! Hier kommen welche!"

Der Schrei und das Murmeln gingen von Mann zu Mann. Eine verwirrte Masse bewegte sich schnell das Tal hinauf auf sie zu.

„Nein, das ist in Ordnung. Sie haben signalisiert. Es sind Krähen mit einer Ponyherde."

Das waren sie. Als sie wie in indianischer Manier wild an ihnen vorbeijagten und ihre Beute wegjagten, riefen ihnen Stimmen zu, die fragten, wo Reno und Custer seien. Einer der Crows deutete mit der Hand auf die Klippe.

„Soldaten da", sagte er.

„Rechts schräg, Trab – Marsch!" befahl Kapitän Benteen. Und für den Bluff, den sie gemacht haben.

Bei den Männern auf der Klippe handelte es sich um Major Reno und sein Bataillon. Sie saßen ab und feuerten aus großer Entfernung die Hänge hinunter. Die Kämpfe unten waren von der Nachhut auf dem Rückzug zur Klippe ausgetragen worden. Major Reno trug ein Taschentuch um den Kopf gebunden. Ned dachte, er sei verwundet worden, hatte aber nur seinen Hut verloren. Auch seinen Revolver hatte er verloren. Er begrüßte Major Benteen fieberhaft.

„Wo ist Custer? Hast du Custer gesehen?"

"NEIN."

„Ich auch nicht. Er hat versprochen, mich zu unterstützen. Es war dort zu heiß für uns. Wir wurden vertrieben. Fünf zu eins." Der Major schien fast außer sich zu sein. „Ich sage Ihnen, wir kämpfen gegen die gesamte Sioux-Nation und alle Gesetzlosen und Mischlinge östlich der Rocky Mountains. Steigen Sie mit Ihren Männern ab, Kapitän, und stationieren Sie sie als Scharmützler entlang des Hügels im Süden."

Ja, Major Reno und seine 200 Männer hatten begonnen, das Dorf auf der anderen Seite des Flusses anzugreifen; aber es hatte ausgesehen, als würden sie in einen Hinterhalt geraten; Als sie angehalten hatten, um sich einen Überblick zu verschaffen, waren die Sioux herausgeströmt, immer dichter. Sie kamen zu Fuß und zu Pferd. „Hi-yih hi-yih yip-yip-yip!" hatten sie schrecklich geweint. Die Rees auf der linken Flanke waren schlagartig geflohen. Der Major hatte seine Männer in einem Holzscheit abgestiegen; aber kein Custer war in Sicht, die Indianer umzingelten ihn und er hatte einen Rückzug auf die Klippe auf dieser Seite befohlen.

Das war knapp gewesen. Auf dem Rückzug waren Leutnant Don McIntosh und Leutnant Benny Hodgson, der amtierende Adjutant, getötet worden, ebenso wie Doktor DeWolf, „Lonesome" Charley Reynolds und der schwarze Isaiah. Auch das treue Blutmesser war gefallen; niedergeschlagen, sagte jemand an der Seite von Major Reno. Auch 29 weitere Männer waren tot. Es fehlte eine Partitur. Die Leichen der meisten Getöteten lagen noch immer dort unten.

Das Bataillon hätte vielleicht besser abschneiden können, wenn es im Wald beim Dorf geblieben wäre und vom Pferd aus gekämpft hätte. Aber wo war Custer? Wo war der General?

Die Signalhörner schrillten.

„Hört auf zu schießen, Männer! Hören Sie auf zu schießen!" befahl den Sergeanten, entlang der Scharmützelreihe kniender Männer die Klippe zu schützen.

Jetzt könnten alle innehalten, nicht über die heißen Karabinerläufe zu blinzeln und sich die Stirn abzuwischen. Die Indianer im Tal galoppierten entlang der Hügel und des Baches nach Norden.

Was war da los? Oh! Hören! Custer muss im Einsatz sein. Seine Karabiner klapperten immer schneller. Aber warum schickt er keine Nachricht? Warum wurde das Bataillon hier festgehalten? Warum hat der Major keinen Vorschuss bestellt?

Hören Sie *jetzt zu* ! Absturz! Volleyschuss! Und wieder „Crash!" Ein anderer. „Old Curly" hat es ihnen bestimmt schwer gemacht. Wer kam da? Ah, McDougall und die Rudel. Gut! Der General hatte eine Nachricht für die Rudel geschickt; War es nicht an der Zeit, mit Gewalt vorzustoßen und sich ihm anzuschließen oder ihm durch einen Angriff zu helfen?

Wasser wurde benötigt; Doch als Soldaten versuchten, es aus dem Fluss unten zu holen, wurden sie sofort beschossen. Das Schießen in die Richtung, in der sich der General befand, verklang in einem unruhigen Klappern; es waren nur wenige Indianer zu sehen; und schließlich befahl Major Reno, sich auf den Klippen nach Norden auf den General zuzubewegen. Dann versammelten sich die Indianer schnell und wütend, und das Kommando wurde zur ersten Klippe zurückgedrängt. Das Bataillon des Generals war in Sichtweite gewesen, zwei Meilen entfernt, auf einem Hügel. Zumindest herrschte dort drüben ein Wirbel aus Reiten und unregelmäßigem Schießen. Von dort kamen plötzlich viele Indianer herbeigeeilt, um die anderen weißen Soldaten anzugreifen. Es sah also so aus, als ob der General besiegt worden wäre und seine Nachhut seinen Rückzug verteidigt hätte.

Aber warum schickte er keinen Kurier oder gab Signale, um den Rest des Regiments zu informieren?

Der Bluff war ein lebhafter Ort. Immer stärker belagerten die Sioux und Cheyennes es. Von allen Seiten, von oben wie von unten, brüllten ihre Verspottungen, jaulten ihre Kugeln. Der Tag war fast vorbei. Als die Sonne in den trostlosen Hügeln versank, jaulte der rote Feind umso lauter und feuerte umso schneller; jeder Salbeibüschel und jeder Stein schien einen Indianer zu beherbergen; Unten am von Weiden gesäumten Bach sangen die Squaws rachsüchtig im Dorf, das immer noch stand und triumphierte.

Selbst in der Dämmerung wagten die Indianer nicht, anzugreifen. Stetig und verzweifelt antworteten die Soldaten auf ihre Kugeln. Offizier und Mann gleichzeitig erschossen; und Ned unter ihnen. Sein dicker Kavalleriekarabiner traf ihn immer wieder. Es würde die Schale nicht extrahieren. Rechts und links hörte er auch, wie sich seine Kameraden über ihre Karabiner beschwerten. Sie müssen anhalten und ihre Messerklingen benutzen, um die Schalen zu lösen.

Die Dämmerung verblasste; die Dämmerung legte sich; und die Indianer gaben auf. Die Berichte über Gewehre und Karabiner hörten auf; und für einen Moment segnete Stille das Tal. Ned war froh, aufzustehen, seine verkrampften Beine und seinen Rücken zu strecken und sich umzusehen.

"Horchen!" wieder einmal jemanden gewarnt. „Ich höre Befehle! Truppen kommen! Hurra für Crook!"

„Siehst du sie dort nicht? Direkt da drüben an der Skyline! Ah – jetzt sind sie verschwunden. Aber sie kommen – Terry oder Crook oder Custer! Hurra!"

"Hurra!" Von diesem Hügel und entlang der Klippe, wo auch die Reno-Männer aufgewühlt wurden, ertönte der Jubel.

„Guter Stall, Fletcher", sagte Kapitän Benteen von Ned. „So laut du kannst, um sie zu erreichen und zu führen."

Mit ausgetrockneten und aufgesprungenen Lippen gab Ned sein Bestes und blies aus seiner ramponierten Trompete die ausgelassene, vertraute Melodie:

Kommt alle, die ihr könnt, in den Stall
und gebt euren Pferden etwas Hafer und etwas Mais;
Denn wenn Sie es nicht tun, wird Ihr Oberst es wissen,
und dann werden Sie es so sicher bereuen, wie Sie geboren sind.

"Hör zu!"

Es schien, als würde der antwortende Signalhornruf durch die Dämmerung hereinschweben. Aber nachdem Schüsse abgefeuert und weitere Rufe erklangen, müssen sich Offiziere und Mannschaften darüber einig sein, dass ihre Hoffnungen sie getäuscht haben. Niemand kam. Wo war Custer?

Barrikaden aus Kisten und Pferdekadavern wurden aufgetürmt, und es wurde befohlen, Gewehrgruben für den Kampf am nächsten Tag auszuheben. Die Dunkelheit legte sich allmählich. Es gab kein Wasser für den Kaffee und jeder Mund war zu trocken, um Brot zu kauen. Die Klippe war elend, aber das Dorf unten war fröhlich. Große Feuer flackerten rot; und um sie herum tänzelten und jaulten die Indianer in einem gewaltigen Skalptanz. Mit Flammen und Schreien und Schreien und dem Abfeuern von Gewehren und dem Schlagen von Tom-Toms dauerten die Tänze die ganze Nacht. Aber die Indianer waren nicht unaufmerksam gegenüber den Beobachtern auf der Klippe; Denn als Major Reno Kundschafter aussandte, um einen offenen Weg zu finden, krochen sie schnell zurück und teilten ihnen mit, dass ihnen überall nichts als Sioux, Sioux, Sioux begegnet sei.

Egal; Custer würde am Morgen kommen; und bald würden Terry und Gibbon und Crook der Graufuchs kommen.

Das Ausheben der kleinen Gewehrgruben dauerte fast die ganze Nacht. Ned hatte einem der Trupps geholfen. Sie waren mit ihrer Grube fertig und er hatte für einen Moment die Augen geschlossen (er war so müde!), als er mit einem Satz aufwachte. Zwei Gewehrschüsse hallten in seinen Ohren wider.

Als das Signal ertönte, ertönte erneut ein grässlicher Lärm aus Jubelrufen und schnellen Knallgeräuschen; Die Kugeln schlugen ein, schlugen auf den Felsen ein und zerschnitten die trockene Erde und den brüchigen Salbei. Es bestand keine Notwendigkeit für eine „Versammlung"; In die Gruben tauchten die Männer.

Der Osten war kaum rosa. Kaum war der Morgen angebrochen. Die Stunde muss sehr früh sein. Aber für Weiß und Rot hatte der Tag begonnen.


„Gebt es ihnen, Männer; Gib es ihnen, aber sei vorsichtig, wie du schießt. Lassen Sie jede Kugel erkennen." Die scharfen Worte von Captain Benteen und Lieutenant Gibson, als sie hinter Truppe H auf und ab gingen, beruhigten die Nerven aller.

Wie schnell regneten die Kugeln herein! Sie schlugen von vorne und von hinten zu. Als die Morgendämmerung heller wurde, konnte man die gefiederten Häuptlinge gestikulieren und befehlen sehen, während ihre nackten Krieger hierhin und dorthin liefen, um bessere Positionen einzunehmen. Es gab Schwärme von ihnen; *Schwärme* !

„Beim Heiligen Patrick, aber sie sind alle Scharfschützen!" keuchte Private McDermott neben Ned. „Die Hälfte von ihnen ist mit diesen abgesägten Karabinern außerhalb unserer Reichweite."

Sie waren also allesamt Scharfschützen. Schnell und sicher wurde ihre Führung an den Schützengräben und Barrikaden immer weiter gepickt; durchsuchte die Mulde, in der die Packesel und die zusätzlichen Pferde zusammengetrieben wurden . Entlang der Linie der H-Kompanie wurden Männer getötet, einige durch Kugeln von hinten. Maultiere und Pferde schrien vor Wunden. Pulvergeruch erfüllte die stille Luft. Der Kopf schmerzte von dem Lärm, der Hals schmerzte vom Rauch.

Major Reno muss sich in seiner Position im Norden zurückhalten; Kapitän Benteen und jeder andere Offizier müssen sich zurückhalten. Die Indianer kamen näher. Mit kleinen Sprüngen und Sprüngen schlichen sie sich durch das Unterholz hinauf. Mit Sausen und Prasseln begannen die Pfeile den Kugelhagel zu zerstreuen.

„Muss an Munition mangeln", murmelte Private McDermott.

"Warten! Ich hole mir einen dieser roten Bettler", rief Private Burns. Von seinem Platz kroch er vorwärts und umarmte das Unterholz, um besser zielen zu können. Er ging weiter und spähte; aber seht! Halb aufgerichtet sprang er auf und fiel, zusammengekrümmt zu einem schlaffen Haufen.

Mit jubelndem Schrei schoss eine bemalte, kupferfarbene Gestalt auf ihn zu, schnell wie ein Reh, drei Meter lang, ausgestreckt, um seinen Körper zu berühren und sich einen Skalp zu schnappen. Doch ein halbes Dutzend Karabiner sprachen miteinander, und die bemalte, schimmernde kupferfarbene Gestalt stürzte zu einer mattroten Masse zusammen.

Deutlich? Ja. Dort zwischen den Linien lagen Soldaten und Sioux, während Kugeln und Pfeile, Schreie und Stöhnen über ihnen hinweg und wieder vorbeizogen. Tatsächlich wurde der Kampf immer verzweifelter.

„Das geht nicht", sagte Kapitän Benteen. Major Reno war vorbeigekommen. „Wir müssen schnell handeln, sonst geraten sie in unsere Reihen. Wir müssen sie zurückdrängen, Major; treibe sie zurück.

„Dann machen Sie Ihre Männer bereit für den Angriff", wies der Major an.

„Alles bereit, Männer", rief der Kapitän energisch. „Jetzt ist deine Zeit. Hip, hip, los geht's! Gib es ihnen! Gib es ihnen!"


"Hurra!" jubelte Leutnant Gibson.

Aus dem Schutz heraus und den Salbeihang hinunter strömte die blauhemdige Linie. Ned nahm sich keine Zeit, die „Ladung" zu verkünden; er hat geschossen. Es wurde Blei und nicht Messing benötigt. Die Karabiner brüllten, die Männer schrien heftig, und hinter dem Fluss brachen die Indianer zusammen.

„Zurück, Männer! Komm zurück!" befahl Major Reno, der mit den anderen Offizieren dicht dahinter folgte.

Also ging es wieder in die Schützengräben.

Der Mittag war nahe; Entweder hatten die Indianer keine Munition mehr, oder sie waren erschöpft, denn ihre Schüsse ließen nach. Der amtierende Adjutant Hare eilte zu Kapitän Benteen.

„Herzlichen Glückwunsch an den Major. Würden Sie Ihre Gefechtslinie weiter ausbauen, um die Freiwilligen beim Wasserholen zu decken?"

Die Wassersammler machten sich auf den Weg durch Mulden und Schluchten zum Fluss vor ihnen. Sie trugen Campingkessel und Bündel von Feldflaschen. Dies war eine gefährliche Arbeit, und einige von ihnen wurden verwundet; aber sie füllten die Kantinen. Diese wurden entlang der Linien weitergegeben. Ah, aber es war schön, endlich etwas zu trinken!

Die Sonne war von Osten nach Westen gewandert. Der Nachmittag nahm zu und ab: Manchmal schossen die Indianer wütend; manchmal schienen sie sich auszuruhen. Was sollte als nächstes passieren? Was hatten sie vor? Die

Beamten gingen umher und forderten die Männer auf, bereit zu sein und keine Angst zu haben.

„Sicher, aber für mich sieht es so aus, als würden die Bettler gehen", sinnierte Private McDermott und blickte verwirrt.


Dann, gegen Sonnenuntergang und am Ende dieses zweiten Kampftages, erklang von der Klippe ein Murmeln und ein Schrei. Die Indianer gaben auf und ritten davon! Es war zu schön, um wahr zu sein; aber trotzdem fielen die Tipis, während die Squaws hart arbeiteten, um das Dorf zu packen. Bald zogen frische Rauchschwaden auf. Das Gras war erneut abgefeuert worden; Dahinter waren Gestalten zu sehen, die es mit Decken zufächelten.

Offiziere und Männer starrten. Im kühlen Schein der Dämmerung tauchte das ganze Dorf – oder was scheinbar das ganze Dorf war – aus dem verhüllenden Rauch auf und entfernte sich über das kahle Plateau, das einst die Ponyweide gewesen war.

Sie stellten eine riesige, regelmäßige Masse her; Kein Wunder, dass die Siebten Kavalleriebataillone dieses ganze Volk nicht ausgepeitscht hatten.

„Sie sind so groß wie eine Brigade der Potomac-Armee und in ebenso guter Ordnung", verkündete Major Reno, der inmitten seiner Offiziere zusah.

Die Indianer könnten jedoch eine Falle planen. Achtzehn Tote und zweiundfünfzig Verwundete lautete der Bericht von Doktor Porter, dem Chirurgen auf der Klippe. Major Reno wagte es nicht, sich weit vorzuwagen, aber er verlegte die Kompanien wegen des Wassers näher an den Fluss. So brach am Little Big Horn die Nacht über Montag, den 26. Juni 1876, herein.

Der Dienstag, der dritte Tag, brach klar und friedlich an. Früher waren die einzigen beweglichen Objekte ein paar am Boden grasende Indianerponys; Es war kein Indianerhüttenfeuer zu sehen. Wo war Custer? Wo war Crook? Wann sind Terry und Gibbon zu erwarten?

Nach dem Frühstück saßen die Männer vorsichtig, aber entspannt herum, mit Ausnahme der Verwundeten. Die Sonne schwebte höher und der Salbei schimmerte vor Hitze. Kaum ein Laut unterbrach den Kampflärm, außer dem heiseren Krächzen der Elstern. Auf einer Anhöhe saßen auch Major Reno, der amtierende Adjutant Hare und Hauptmann Benteen sowie andere Offiziere – Ned und seine Kollegen waren ganz in der Nähe.

Das Gespräch drehte sich hauptsächlich um Custer und darum, warum er keine Nachricht schickte. Einige der Beamten waren ungeduldig mit ihm. Aber plötzlich verstummte das Gespräch. Major Reno blickte aufmerksam durch sein Glas nach Norden. Was war das? Von den herumlungernden

Männern erklang erneut ein Murmeln. Sie sprangen auf – so wie Major Reno und alle aufsprangen.

„Ertönen Sie in der Versammlung, Trompeter! Zu Ihren Beiträgen, meine Herren!" befahl der Major.

Auf den Berggipfeln weit unten am krummen, halb verborgenen Fluss war eine weitere Staubwolke zu sehen, die wie eine bräunliche Wolke aussah. Zu den eiligen Tönen der „Versammlung" durch Signalhorn nach Signalhorn eilten die Männer vom Fluss unten herbei, ergriff Karabiner und ging wieder in die Reihe. Die Indianer kamen zurück!

NEIN! Für die indischen Fahrer kam der Staub nicht schnell genug heran. Es war eher wie der Staub eines Kavallerie- oder Infanteriemarsches. Und doch – wenn es Indianer waren, konnte der Bluff ihnen auch an einem anderen Tag standhalten?

Ned spürte, wie sein Herz vor Angst sank. Offensichtlich hatte Major Reno Zweifel. Er überlegte einen Moment; und schrieb schnell eine Bestellung.

„Ich möchte, dass drei Männer diese Botschaft weitertragen", sagte er zum amtierenden Adjutanten Hare. „Sie sollen so nah wie möglich an die herannahende Kolonne herangehen und sehen, was es ist. Wenn es Indianer sind, sollen sie diese Nachricht an Terry am Big Horn weitergeben, damit er sich beeilt. Wenn es sich um eine weiße Säule handelt, müssen sie sofort umkehren und uns Bescheid geben. Sie können aus den Reihen nach Freiwilligen fragen. Unsere Indianer sind nicht gut. Ich kann mich nicht auf sie verlassen."

Die drei tapferen Kuriere waren davongeritten, indem sie der Klippenlinie gefolgt waren. Die beiden Bataillone müssen warten.

„Das könnte Terry sein, finden Sie nicht, Major?" fragte Adjutant Hare.

"NEIN. Wenn es sich um Kavallerie handelt, muss es sich um Custer handeln. Terry hätte kaum Zeit gehabt, so weit vorzudringen."

„Dann suchen Sie nach der grauen Pferdetruppe", schlug Kapitän Benteen vor. „Truppe E; Smiths. Das wird die Geschichte erzählen."

Eine Stunde verging; Und Hurra, da kamen die drei Kuriere und eilten den Bergrücken entlang! Bei ihnen war ein vierter Fahrer. Auch der Staub näherte sich; Bald würden die Männer darunter in Sicht sein.


Die Vierergruppe kam keuchend vor Eile an. Der zusätzliche Mann war seiner Meinung nach ein Pfadfinder. Er war müde und von der Reise erschöpft.

„Es ist eine Armeekolonne; Kavallerie und Infanterie, Sir“, berichtete der Unteroffizier der drei Kuriere. und der seltsame Späher überreichte Major Reno einen schmutzigen Zettel.

Der Major las es – las es zweimal und gab es an den nächsten Offizier weiter.

„Was halten Sie davon, meine Herren?“ fragte er besorgt. „Du sagst, das da ist Terry?“ Er fragte den Späher:

Der Kundschafter nickte und antwortete mit angespannter Miene.

"Jawohl."

„Und Custer ist nicht bei ihm?“

"Nein Sir."

„Diese Notiz ist an General Custer gerichtet“, sagte Lieutenant Hare; „von General Terry.“ Und er las es laut vor: „General: Ein Krähenspäher ist gerade ins Lager gekommen und hat gesagt, Sie seien ausgepeitscht worden. Ich glaube es nicht, aber ich komme mit medizinischer Hilfe.“

„Ich habe letzte Nacht versucht, in Ihre Reihen einzudringen“, informierte der weiße Späher, „aber die beschuldigten Sioux waren so mächtig, dass sie mich zurückhielten.“ Ich nahm an, du wärst Custer. Wo ist Custer, darf ich fragen?“

Aufhellendes Gesicht verwandelte sich in aufhellendes Gesicht. Ned merkte, dass er vor großer Angst blass und zittrig wurde.

„Wenn Custer Terry nicht kennengelernt hätte –“

„Und hat nicht mit uns kommuniziert –“

„Oder mit ihm –“

„Wir müssen auf das Beste hoffen, meine Herren“, stockte Kapitän Benteen.

Wie ein Blitz raste durch die Schützengräben das Gerücht, dass dem Custer-Bataillon eine große Katastrophe widerfahren sei. Auf kleine Ausrufe des Staunens und Mitleids folgte erwartungsvolles Schweigen.

Aber hier im Tal, genau dort, wo einst das stolze Sioux-Dorf gestanden hatte, erschien die Spitze der Kolonne; Es erschienen Kavallerie und Infanterie unter Führung und Banner. Hurra für Terry und Gibbon! Hurra für Kameraden in Blau! Hüte wurden geschwungen, schmutzige Hände ergriffen die schmutzige Hand.

Die Kolonne kam zu den jubelnden Reihen. General Terry an der Spitze war ernst. Offensichtlich überbrachte er sehr schlechte Nachrichten. Nüchtern waren alle Offiziere bei ihm, nüchtern waren die Männer; und nüchtern wuchs das ehrfürchtige Lager.

„Custer! Was ist mit Custer?"

Köpfe wurden geschüttelt.

„Ich weiß es sicher noch nicht. Aber irgendein Befehlshaber wurde getötet, offenbar jeder Mann dort auf diesen Hügeln. Wir kamen an etwa zweihundert nackten Leichen vorbei."

Ned erhaschte einen Blick auf ein bekanntes Gesicht. Es war das von Curly, dem Crow-Scout. Er eilte zu Curly.

„Wo ist der General, Curly? Wo ist das lange Haar?"

Curly schüttelte den Kopf, während auch andere Köpfe geschüttelt wurden.

„Long Hair tot", sagte er kehlig. "Alle tot. Mir ist nur noch einer übrig. Haare runterlassen wie Sioux, Sioux-Farbe auftragen und rausfahren. Also fast alle getötet."

Also war Curly bei dem Kampf an der Seite von Custer gewesen.

Die Stimme des amtierenden Adjutanten Hare war erstickt, er konnte kaum sprechen, als er zu gegebener Zeit Captain Benteen aufsuchte und sagte:

„Der Major hat die Erlaubnis von General Terry, eine Kompanie auszusenden, um das Schlachtfeld zu inspizieren, auf dem die Leichen gesehen wurden. Er weist Sie daher an, in Begleitung zu kommen und so schnell wie möglich mit einem Bericht zurückzukehren."

Kapitän Benteen nahm den Gruß nüchtern entgegen; und ritt nüchtern mit ihm seine Männer der Kompanie H davon, darunter Ned, der Kavallerie-Trompeter.

Ja, da lagen sie, am Hang und auf dem Bergrücken, zwei Meilen von Reno Hill entfernt. Da lagen sie: 212 Kämpfer des großen weißen Häuptlings Long Hair, überwältigt von den 2000 Kämpfern der großen roten Häuptlinge Gall und Crazy Horse und der Medizin von Sitting Bull.

Kompanie für Kompanie, auf dem Weg von Position zu Position, konnten sie nicht von Führern, sondern von Offizieren und Mannschaften erkannt werden. Hier war der schöne Calhoun und seine Linie; hier waren der dunkle Kapitän Keogh und seine; Hier waren die Yates-Männer und die Smith-Männer und die von Tom Custer, unterstützt von ihren Offizieren. Hier war „Queen's Own" Cook; und „Bos" und der kleine „Autie"; und im Kreis der Tapferen war der General.

Die Kopfhaut war abgenommen worden, Beil und Keule waren im Einsatz; Aber General Custer lag ruhig und gelassen da, hatte nur zwei Wunden und sah fast so aus, wie Ned ihn schon tausendmal zuvor gesehen hatte. Sogar das Messer von Rain-in-the-Face war an ihm vorbeigegangen. Die Sioux sagten: „Von allen tapferen Männern, gegen die wir je gekämpft haben, war der Langhaarige der Tapferste."

Zweihundertfünfundsechzig Tote und zweiundfünfzig Verwundete lautete die namentliche Aufstellung der Siebten Kavallerie nach dieser Schlacht am Little Big Horn am 25. und 26. Juni 1876. Die Sioux flohen, Crazy Horse, nach Osten, sitzend Bull im Westen. Die Verfolgung dauerte lange. Eine Bande nach der anderen muss der Kavallerie und der Infanterie weichen. American Horse wurde getötet; Iron Dog ergab sich; Dull Knife the Cheyenne wurde besiegt; Lame Deer wurde getötet; Two Moons und Hump ergaben sich; Crazy Horse wurde besiegt und muss kapitulieren; Sitting Bull wurde zweimal besiegt und musste die wenigen seiner verbliebenen Leute durch Schnee und Kälte nach Kanada führen. Fünf Jahre nach der großen Schlacht am Greasy Grass ergab sich auch er. Die Vereinigten Staaten hatten die Black Hills gekauft. Aber der Häuptling mit dem langen gelben Haar und fast dreihundert seiner Siebten Kavallerie ritt nie wieder.